VALENTINA CAMBI

# IL PIÙ GIOVANE DEI RE

## I SEGRETI DEL REGNO DI HATTI

PIEMME

Questo romanzo è un'opera di fantasia. Personaggi e situazioni sono invenzioni dell'autrice e hanno lo scopo di conferire veridicità alla narrazione. Qualsiasi analogia con fatti, eventi, luoghi e persone, vive o scomparse, è puramente casuale.

Pubblicato per

PIEMME

da Mondadori Libri S.p.A.


ISBN 978-88-566-9001-9

I Edizione giugno 2023

Anno 2023-2024-2025 - Edizione 1 2 3 4 5 6 7 8 9 10

*Ai miei meravigliosi genitori,*
*che mi hanno sempre sostenuto*
*e incoraggiato a inseguire*
*i miei sogni.*
*"Perché nessuno può dirti*
*chi sei e quello che vuoi.*
*Solo tu lo sai".*
*A Roberto, che accende sempre*
*il mio cuore e il mio sorriso.*

TUMMANA
PALA
Wilusa
Hattusa
SEHA
Marassantiya
ARZAWA
MIRA
HAPALLA
PAESE BASSO
Apasa
Milawanda
LUKKA
KIZZUWATNA
ALAŠIYA

KASKA
AZZI
HAYASA
PAESE ALTO
PAESE
DI HATTI
ISUWA
Kummani
MITTANI
Aranzaha
Karkamiš
Alalah
Halpa
Mala
Aštata
ASSUR
UGARIT
NUHHAŠŠE
AMURRU
Kinza

# *Personaggi*

Mursili, *Gran Re di Hatti*
Gassulawiya, *moglie di Mursili*
Suppiluliuma, *padre di Mursili e Gran Re*
Henti, *prima moglie di Suppiluliuma*
Tawananna, *seconda moglie di Suppiluliuma e Gran Regina*
Arnuwanda, *figlio di Suppiluliuma e Gran Re*
Telipinu, *figlio di Suppiluliuma e viceré di Halpa*
Piyassili, *figlio di Suppiluliuma e viceré di Karkamiš*
Zannanza, *figlio di Suppiluliuma*
Muwatti, *figlia di Suppiluliuma*
Sunaili, *capo tribù kaskeo*
Armawiya, *figlia di Sunaili*
Mashuiluwa, *marito di Muwatti*
Mittannamuwa, *Grande degli scribi*
Nuwanza, *Grande del vino*
Lupakki, *Grande degli inservienti di palazzo*
Arimelku, *Grande dei coppieri*
Hassuili, *fratellastro di Mursili / Comandante delle guardie del corpo reali*
Hannutti, *Governatore del Paese Basso*
Amminnaya, *figlia di Suppiluliuma e Tawananna*
Zuwanna, *cortigiano*
Annella, *ancella di Gassulawiya*

Uhhaziti, *re arzawita*
Piyama-Kuruntiya, *figlio di Uhhaziti*
Tapalazunawali, *figlio di Uhhaziti*
Mezzulla, *maga*
Pihhuniya, *capo tribù kaskeo*

# *Prologo*

Quella mattina Mursili si alzò di soprassalto, destato dal fitto mormorio che circondava la sua tenda. Si vestì velocemente e uscì, mostrandosi ai suoi più fedeli ufficiali che, vedendolo, ammutolirono di colpo.

Il sole splendeva alto nel cielo, ma la luna, che non era ancora stata fugata dai raggi del giorno, oscurava impavida una parte dell'astro luminoso. Un evento raro, che presagiva sventura! Gli dèi stavano mandando un chiaro segno: la vita del sovrano del regno di Hatti era in pericolo.

Mursili non disse nulla, mentre continuava a fissare in lontananza il simbolo del suo potere che si stava eclissando piano, ma senza possibilità di scampo.

Nell'accampamento militare, lo sgomento dei soldati era palpabile, mentre gli uccelli avevano smesso di cantare e cercavano rifugio nei propri nidi.

L'aria stava diventando a poco a poco sempre più fredda e i brividi che percorrevano la pelle del re lo distraevano dai suoi pensieri, che si affastellavano confusi l'uno sull'altro, esacerbandogli l'anima.

Lontano dalla sua amata città, Hattusa, che lo aveva accolto così tante volte vittorioso, sembrava indifferente al suo destino, quasi che non gli importasse più di combattere, come aveva fatto a lungo e strenuamente fino ad allora per rendere fieri i suoi dèi e il suo popolo.

Mentre la luna divorava il sole, una domanda colmava di timore il cuore dei suoi affetti più cari e instillava audacia nei suoi più temibili avversari: era definitivamente calata la notte sul "più giovane dei re"?

# PRIMA PARTE

# 1

## *Un nuovo giorno*

La primavera con il suo tepore e il suo cielo terso addolciva l'altopiano su cui si stagliava Hattusa, la gloriosa capitale del regno di Hatti.

Le montagne, che circondavano in lontananza la città, sembravano meno minacciose e la neve sui loro declivi si era ormai del tutto sciolta, mentre greggi di pecore e montoni pascolavano sugli ampi appezzamenti di terreno che si perdevano a vista d'occhio.

Il profumo dei fiori appena sbocciati si spandeva tutto intorno, mischiandosi con quello del legno bagnato dei boschi, su cui si riversavano propizi i temporali, frequenti in quella stagione. A mandarli era Tarhunta, il potente dio della Tempesta, che si trovava al vertice del pantheon ittita insieme alla sua sposa, la dea Sole di Arinna. A lui appartenevano il cielo, la terra e gli uomini, ed era lui ad aver designato come suo amministratore il *tabarna*[1], cui aveva affidato tutto il paese.

Al rombare del primo tuono era stata approntata una speciale festa in suo onore, una delle tante festività che si celebravano ogni anno e con le quali la famiglia reale, i più alti dignitari di corte e il popolo magnificavano la gloria dei mille dèi di Hatti.

Tuttavia, quella non era una primavera come le altre,

perché Arnuwanda, figlio del Gran Re Suppiluliuma, si era ammalato gravemente, dopo un solo anno dalla sua ascesa al trono; anche lui era stato colpito da quell'oscuro e terribile morbo che in poco tempo aveva decimato la popolazione ittita.

Quella mattina, Mursili, il GAL *MEŠEDI*, era stato convocato d'urgenza al cospetto del fratello maggiore e sovrano. Vestito con una lunga tunica di lino blu, sostenuta alla vita da un'alta cintura di pelle cui pendeva su un lato una corta spada dalla lama ricurva e il pomello a forma di mezzaluna, stava percorrendo di fretta un lungo corridoio del palazzo reale.

Aveva appena diciannove anni, ma il suo volto sottile contornato dai lunghi capelli lisci nero corvino e il naso dritto ispiravano sicurezza, mentre gli scintillanti occhi color verde giada denotavano un animo fiero.

Le guance leggermente arrossate facevano trapelare una certa ansia, che il principe cercava di tenere sotto controllo, lanciando occhiate veloci in segno di saluto a quanti incontrava sulla sua strada.

Nonostante la differenza di età, Arnuwanda aveva una grande considerazione per il fratello minore, l'ultimo dei figli di primo rango di Suppiluliuma, il sovrano grazie al quale il regno era prosperato e aveva allargato i propri confini, ponendo gli antichi nemici nuovamente sotto il giogo di Hatti. La sua prematura scomparsa, sempre a causa dell'epidemia, non aveva tuttavia alimentato sommosse o brame di conquista straniere, perché Arnuwanda, illuminato condottiero e stratega, aveva saputo tenere salde le redini dell'impero. Il giovane re si era distinto sul fronte siriaco-mittanico quando era *tuhkanti* e nessuno, a corte e tra i più alti ufficiali ittiti, aveva messo in dubbio la sua legittima ascesa al trono, salutata con rispetto anche dagli avversari.

La sua salute, però, si era improvvisamente aggravata e su di lui aleggiava l'ira degli dèi. Il suo corpo vigoroso mostrava i segni di quella misteriosa quanto infida malattia: piccole pustole pruriginose gli flagellavano le membra, madide di sudore, e il respiro affannoso gli concedeva rari momenti di quiete.

Mursili non poteva credere che il suo amato fratello sarebbe ben presto diventato un dio[2], come suo padre. Qual era la colpa che infliggeva una tale punizione alla famiglia reale?

Solo pochi giorni prima avevano dovuto assistere, impotenti, alla morte del giovane figlio di Arnuwanda, Tulpi-Šarruma, anche lui vittima di quel morbo che continuava a stroncare le vite degli Ittiti, senza fare differenza di rango o età.

Il GAL *MEŠEDI* aveva ancora impresso negli occhi il volto innocente del nipote, che giaceva esanime nel suo letto, quasi stesse dormendo. Su un lato del sottile collo, tuttavia, si intravedevano ancora i linfonodi ingrossati, segno evidente che la malattia non aveva risparmiato nemmeno quel viso imberbe, deturpandolo brutalmente.

Il principe continuava a chiedersi la causa di tutto quel dolore. Aveva una fiducia cieca nel volere delle divinità, ma c'erano giorni come quello in cui la sua fede e il suo innato ottimismo sembravano lasciare il passo alla più cupa delle disperazioni.

Pregava spesso e con ardore gli dèi, e la sua carica prevedeva che partecipasse attivamente anche ad alcuni riti a essi dedicati. Era un momento per lui molto importante, che prendeva con grande serietà e responsabilità.

Aveva più volte pensato che il motivo che si celava dietro a quel funesto e incessante castigo divino non fosse stato investigato abbastanza. Dovere del re, che era ritenuto il tramite tra gli uomini e gli dèi, era ricercare l'origine dell'offesa, fosse essa stata cagionata da un individuo, da una città, dalla rottura di un patto, dalla mancata celebrazione di una festa o da un'altra causa che aveva condotto a una condizione di impurità, e compensarla con rituali e preghiere per riportare il mondo al suo naturale stato di ordine. Suo padre, però, preferiva la guerra agli obblighi cultuali, e la sua disattenta devozione non si era rinsaldata con la malattia, così la questione davanti al tribunale divino era rimasta ancora aperta. I suoi successi sul campo di battaglia, tuttavia, sembravano esentarlo da ogni colpa. Quale divinità offesa, infatti, gli avrebbe permesso di conseguire così tanta gloria?

Arnuwanda, dal canto suo, aveva tentato alcune ricerche oracolari e intensificato le offerte ai templi, ma egli stesso era caduto vittima del morbo, lasciando ancora disatteso il risarcimento agli dèi.

Che cosa poteva fare Mursili? Sapeva bene che, in qualità di Comandante delle guardie del corpo, il suo compito principale era occuparsi di difendere il re e condurre al suo fianco vittoriose spedizioni militari. Aveva conseguito il titolo di recente, prendendo il posto dello zio Zida, dopo aver sedato con successo alcune rivolte nelle terre dei Kaska, tribù barbariche del Nord ostili agli Ittiti da tempo immemore. Erano uomini empi a tal punto da aver depredato i templi di molte città di confine durante il regno del Gran Re Arnuwanda, da cui il fratello aveva ereditato il prestigioso nome, e della sua consorte, la Gran Regina Ašmu-Nikkal. Si trovava ancora eco delle loro odiose profanazioni nell'accorata preghiera che la coppia reale aveva rivolto alla dea Sole di Arinna e agli dèi tutti.

Preso da questo groviglio di pensieri, Mursili svoltò con decisione l'angolo del lungo corridoio che portava alla sala delle udienze, ma si bloccò di colpo quando vide la figura austera di una donna che attendeva di entrare.

«Immaginavo che ti avrebbe mandato a chiamare» disse con voce ferma e suadente la matrona regalmente abbigliata.

La sua tunica, a differenza di quella delle regine che l'avevano preceduta, era succinta e le fasce che le trattenevano i seni più strette, a marcare la perfezione delle forme. Il velo sulla testa era tirato più indietro del normale per far risaltare sul bianco candido i suoi lucenti capelli neri. Portava una vistosa collana d'oro con al centro incastonata una pietra di lapislazzuli, la stessa che impreziosiva i lunghi orecchini che mettevano in evidenza il suo collo affusolato.

Il passare del tempo non aveva scalfito i lineamenti raffinati della donna, che mostrava in modo sfacciato la sua beltà, mista a cupidigia.

«Anche la tua presenza qui non mi sorprende» rispose Mursili, il cui ritegno e il rispetto per la MUNUS.LUGAL.GAL spesso lasciavano il passo a una confidenza eccessiva. Era, infatti, l'unico dei figli di Suppiluliuma cui la Gran Regina concedeva una certa intimità.

Da quando, giovanissima, aveva dovuto lasciare la sua patria, la rigogliosa Karduniya[3], tra i membri della famiglia reale la sua presenza era mal sopportata. Era un sentimento reciproco, dato che anche lei non amava il Paese di Hatti, una terra piena di contraddizioni, fredda d'inverno e afosa d'estate. Non solo era infastidita dal clima, ma anche la lingua e le sue usanze le erano aliene: una distanza che non si sarebbe mai sanata. Anzi, con il tempo si sarebbe acuita e avrebbe portato lutto e dolori al popolo ittita.

In quel momento, però, Mursili non nutriva timori nei confronti della matrigna, ma un affetto sincero; era stato accolto tra le sue braccia quando era solo un bambino e ricordava vagamente il volto della sua vera madre, la regina Henti. Suo padre, un uomo ingegnoso quanto ambizioso, aveva ripudiato quest'ultima per designare al suo posto la conturbante principessa di Karduniya, che era entrata nel suo harem come sposa di secondo rango. Il regno di Mittani andava fermato nel suo delirio espansionistico e l'unico modo per avere la neutralità babilonese era stipulare un matrimonio interdinastico. Il re cassita Burnaburiaš non ci aveva pensato due volte a sancire l'accordo con Suppiluliuma, uno dei più potenti sovrani che fossero mai esistiti. Sua figlia, che aveva un animo altrettanto avido, si era mostrata favorevole, preferendo le ragioni di stato a quelle del cuore. In poco tempo era riuscita a prendere sempre più potere a corte estromettendo Henti, anche grazie alle pressioni di suo padre, che ne lamentava la posizione subalterna rispetto alla moglie di primo rango del re ittita. Per integrarsi al meglio, al momento della designazione come Gran Regina, la giovane principessa aveva deciso di assumere il nome di una delle più antiche sovrane di Hatti, Tawananna[4].

Mursili ringraziava di non essere designato al trono e di aver potuto scegliere la sua sposa non per strategie politiche, ma spinto dall'ardore e dall'ammirazione che nutriva nei suoi confronti.

Sua moglie, Gassulawiya, aveva diciotto anni e un volto angelico, con le sopracciglia nere e folte, che dipingevano un arco preciso sopra due occhi grandi e vivaci color nocciola, che sembravano costantemente stupirsi del mondo che la circondava. Era una ragazza dolce e arguta, che univa un'indole volitiva a un innato candore. Mursili era incantato dalle sue labbra carnose, che non vedeva l'ora di baciare ascoltandone i piccoli gemiti durante i loro amplessi.

In quel momento, però, il suo unico pensiero era scoprire che cosa avesse di tanto urgente da riferirgli il fratello malato.

La porta all'improvviso si aprì, e lui e Tawananna, senza proferire parola, vi scomparvero dietro.

# 2

## *Il volere degli dèi*

Sunaili, un uomo di trentacinque anni dall'aspetto austero con il volto solcato da una vistosa cicatrice sopra l'occhio destro e la barba incolta, sedeva pensoso su un nudo scranno di pietra grezza, all'interno di una modesta abitazione fatta di mattoni di fango e legno.

Era il capo di una tribù kaskea che viveva nella regione di Ishupitta, nella parte settentrionale dell'Anatolia, a nord del fiume Kummesmaha, un territorio amministrato dal regno di Hatti, soggetto da sempre a continue rivolte e scorrerie.

Da anni era costretto a fornire agli esosi re di Hattusa uomini per l'esercito e la manodopera agricola, e per lui non c'era differenza tra Suppiluliuma o Arnuwanda o chi altro fosse assurto al potere nella lontana capitale. La sua gente doveva morire in guerre che non erano le loro e coltivare i campi per sostentare il popolo ittita, in quel momento più che mai, perché si diceva che fosse afflitto da una tremenda epidemia. Sunaili, però, voleva essere libero e condivideva questo pensiero con molte delle altre tribù kaskee che vivevano nel selvaggio ma fertile Nord, dove i raccolti erano abbondanti e il terreno propizio alla pastorizia.

All'improvviso, entrò nell'angusta capanna un giovane,

trafelato. «Giungono voci da Hattusa che il sovrano sia molto malato» disse.

«I suoi dèi non lo proteggono più» commentò il capo tribù, sogghignando.

«Purtroppo, ci sono anche cattive notizie. Un contingente di Hatti proveniente dal Paese Basso è entrato nella regione, e si sta dirigendo a Humisina.»

Sunaili si alzò di scatto. «Devo parlare con gli anziani. Non possiamo tollerare ulteriori tributi.» Poi strinse con forza il pugno e un lampo gli balenò negli occhi. «E se il re sta per morire, potremmo volgere la situazione a nostro vantaggio.»

«Preparerò subito un incontro» replicò il messaggero, uscendo veloce dalla porta, su cui era comparsa una ragazza longilinea dai capelli ricci castani; il vento, che si era appena alzato, li increspava lievemente facendoli sembrare serpenti.

Armawiya aveva diciassette anni e il suo sguardo altezzoso e i suoi occhi blu intensi, come le acque del mare che lambiva le coste del Nord, incutevano rispetto e ammirazione. "Inviata dal dio Luna"[1] era esattamente come quell'astro divino: poteva illuminare l'immenso buio del cielo notturno con la sua luce, e al tempo stesso far emergere dall'oscurità gli istinti più profondi e inconfessabili. Aveva un animo selvaggio e indomito e detestava starsene al telaio a tessere, come le donne della sua tribù, preferendo inerpicarsi per gli angusti sentieri montani o sfidare le rapide dei torrenti, dove amava immergersi circondata solo dalla natura.

Raramente si recava in città, quando il fratello Tuttu portava la merce da scambiare con i mercanti ittiti. I Kaska di Humisina, centro nevralgico della regione di Ishupitta, preferivano una vita più civilizzata e sedentaria, vivendo a stretto contatto con il "nemico". Armawiya e la sua tribù, invece, praticavano la transumanza e durante l'estate vivevano tra le montagne con le loro greggi e il loro odio sopito, mentre d'inverno scendevano a valle.

«Padre, che cosa ti preoccupa così tanto?» domandò, dopo essersi avvicinata a Sunaili, che guardava fuori da una piccola apertura laterale dell'abitazione.

«È tornato il tempo di combattere» disse lapidario l'uomo, guardandola di sfuggita.

Armawiya non sembrò particolarmente turbata al suono di quelle parole. «Questa terra ci appartiene. Sono sicura che gli dèi scenderanno in campo al nostro fianco.»

L'altro accennò un sorriso: era orgoglioso di sua figlia e della sua voglia di libertà. Era preoccupato, invece, che alla sua età non avesse ancora preso marito; i suoi tentativi di darla in sposa a Nanaziti, il sagace figlio di Pata, che contava un gregge molto nutrito, erano stati vani. Sapeva bene, però, che nessuno poteva domare Armawiya, tantomeno poteva dirle a chi donare il suo cuore.

Arnuwanda era seduto sull'imponente *kishi* della grande sala delle udienze, che in passato come allora aveva accolto tra le sue mura i dignitari dei paesi vassalli e gli ambasciatori dei potenti regni che avevano un rapporto paritario con gli Ittiti, come gli Egizi, gli Assiri e i Babilonesi. Era lì che il sovrano prendeva le decisioni più importanti e le comunicava ai suoi sottoposti e agli emissari degli altri Gran Re, con cui intesseva rapporti diplomatici che potevano cambiare le sorti del mondo.

In quella gigantesca sala rettangolare attraversata da cinque file parallele di cinque massicci pilastri e illuminata su tre pareti da maestose finestre, Suppiluliuma aveva ricevuto solo pochi anni prima il messo egiziano Hani. L'uomo aveva confermato quanto scritto al LUGAL.GAL dalla sua regina, Dahamunzu[2]: «Mio marito è morto e non ho figli, mentre di te si dice che hai molti figli. Se mi darai un tuo figlio egli potrebbe diventare mio marito[3]». Suppiluliuma non aveva creduto a quelle parole e aveva mandato il ciambellano Hattusaziti in Egitto per sincerarsi della veridicità dell'insolita proposta matrimoniale. Il diplomatico era tornato a Hattusa con Hani per confermare la volontà di Dahamunzu e la possibilità che un giovane principe ittita diventasse faraone!

L'adorato Zannanza, abile guerriero e amante della festa di primavera AN.TAḪ.ŠUM, che durava trentotto giorni e portava la coppia reale e alcuni tra i più alti dignitari di Hatti in pellegrinaggio per i principali centri di culto del regno, era stato designato per assolvere a questo importante incarico. Mursili era stato felice per il fratello maggiore ma allo stesso tempo triste, perché avrebbe sentito la sua mancanza, soprattutto del suo coraggio. In lui scorreva il sangue di un leone, sempre pronto a cacciare impavido le sue prede e a difendere con orgoglio il suo territorio.

Dirigendosi al cospetto di Arnuwanda, fu questo il primo pensiero che balenò nella mente del GAL *MEŠEDI*: come una scelta potesse cambiare non solo il destino di un uomo, ma quello di un intero popolo. E fu proprio così che successe dopo quell'infausta decisione di suo padre. Zannanza, infatti, venne ucciso sulla strada che lo portava nel lontano Paese di Mizri[4], e Suppiluliuma, non potendo sopportare l'affronto, condusse delle rappresaglie in terra egiziana per vendicare il suo quartogenito, riportando a casa non solo prigionieri e bottino, ma anche la terribile epidemia.

Fortunatamente Mursili sapeva di non dover mai prendere decisioni tanto importanti. Ne sarebbe stato capace?

Arrivato in fondo all'ampia sala, Arnuwanda gli fece un cenno con la testa. I lunghi capelli sciolti lambivano le sue spalle forti, scosse a intervalli da rantoli e colpi di tosse secca. Il viso perfettamente rasato era costellato da piccole gocce di sudore e da pustole nella prossimità degli occhi, che tradivano lo stadio avanzato della malattia. Si trovava in uno stato di *papratar*, quella condizione di impurità così temuta da ogni ittita, quanto più grave se a esserne colpito era il sovrano.

Mursili s'inchinò al suo cospetto, con tutta la reverenza e l'affetto che provava nei suoi confronti. Tawananna, al contrario, restò in disparte, con lo sguardo fisso a scrutare il figliastro che si consumava velocemente. Da quando Suppiluliuma era morto, aveva mantenuto il titolo di Gran Regina, come voleva la tradizione. Nessuno poteva toglierle quel diritto, per il quale aveva lottato fin da quando era arrivata alla corte di Hatti.

«È giunto il momento di prendere una decisione importante» esordì Arnuwanda, con un filo di voce. «Gli dèi sono adirati con noi e io non vedrò ancora molte lune.»

«Non dire così, non tutto è perduto. Il medico che hai fatto chiamare da Karduniya sta per arrivare, Tawananna te lo potrà confermare» rispose Mursili con le parole che gli tremavano in gola, mentre la donna faceva un placido gesto di assenso.

«Io non lo incontrerò» riprese Arnuwanda. «E quando diventerò un dio, Hattusa non dovrà farsi trovare impreparata» aggiunse, continuando a guardare il fratello dritto negli occhi.

«I nostri fratelli Piyassili e Telipinu sono d'accordo. Resteranno a Karkamiš e Halpa[5], in qualità di viceré. I sovrani di Assur e di Mizri sono sempre pronti a travalicare i confini, e nessuno come loro è in grado di contrastarli» disse solennemente il re.

Da alcuni anni, infatti, Piyassili, il terzogenito in linea dinastica, aveva assunto la regalità di Karkamiš, città conquistata in soli sette giorni di duro assedio durante le campagne condotte da Suppiluliuma nella Siria settentrionale. A una a una, le altre roccaforti si erano assoggettate al potere di Hatti, sul cui trono l'astuto sovrano ittita aveva posto dignitari locali. Aveva, però, deciso di insediare il figlio nella più potente città siriana. Il giovane e ambizioso principe, che aveva una mente strategica e un temperamento focoso proprio come il padre, aveva scelto il titolo dinastico di Šarri-Kušuh, per sottolineare la continuità con la popolazione e l'élite di origine hurrita. Era orgoglioso di quel prestigioso titolo e non rimpiangeva la lontananza dalla capitale, così come il fratello Telipinu, cui Suppiluliuma aveva affidato il governo di Halpa. Già nominato dal padre sommo sacerdote di Tešub di Kummani nel Paese di Kizzuwatna, il secondogenito della famiglia reale aveva accresciuto il suo status con questa ulteriore carica, con cui aveva reso più florida e devota la città, che era già un rinomato centro cultuale del dio della Tempesta hurrita.

«Terremo saldo il controllo anche nelle terre dei Kaska. Ho chiesto a Hannutti di recarsi nella regione di Ishupitta per portare a termine una missione di grande importanza. Lo sai per esperienza, sono gente infida, sempre pronta a saccheggiare e a infrangere gli accordi.»

Poi Arnuwanda fece una lunga pausa e chiosò: «Tu dovrai occuparti del popolo e della terra di Hatti, prostrata da questo terribile flagello: è il tuo compito principale, adesso. Alle guerre, se saranno necessarie, ci penseranno i generali».

Mursili ristette alle parole di Arnuwanda e indietreggiò, incerto: che cosa avevano deciso i suoi fratelli a sua insaputa?

«Sarai tu il LUGAL.GAL» disse Tawananna con voce risoluta, togliendo le parole dalla bocca del re, che cominciava a emettere un respiro sempre più affannoso.

Il giovane principe la guardò basito.

«Non puoi sottrarti al tuo destino» aggiunse la donna, che da tempo sosteneva quella decisione, vedendo nel figliastro un ragazzo responsabile e pio, ma soprattutto facilmente manipolabile.

«Non sono pronto, e non credo che sia questo il mio destino» si schermì Mursili, cui gli occhi per la prima volta tremavano insicuri.

Arnuwanda accigliò la fronte e, ritrovando un breve momento di calma da quel fuoco subdolo che gli bruciava i polmoni, affermò: «Nessuno come te ama questa terra e ha un così profondo rispetto per le sue mille divinità. Nessuno come te è fiero come un'aquila e coraggioso come un leone. Che ne sarà del nostro popolo, se tu oggi ti sottrai al volere degli dèi?».

L'altro chinò il capo, scoraggiato. L'unica cosa che voleva era che tutto finisse, che il male che dilaniava il corpo del fratello si dissipasse in un attimo.

All'improvviso, un raggio di sole penetrò da una delle imponenti finestre della sala delle udienze e per un momento riscaldò il volto di Mursili, che sentiva rabbia e paura, e un vuoto incolmabile che stava per impossessarsi di lui.

«La dea Sole di Arinna ti sta mandando un segno» commentò Tawananna, posando delicatamente una mano sulla spalla del figliastro, che la guardò per un lungo istante senza dire niente. La regina non faceva trapelare alcun sentimento, era come se non trascendesse mai dal suo ruolo di MUNUS.LUGAL.GAL, e Mursili si era chiesto tante volte se fosse davvero in grado di amare. C'erano stati rari momenti, quando era bambino, in cui aveva visto il volto della matrigna addolcirsi. E si chiedeva se ci fosse qualcosa di cui lei avesse paura. "Di perdere il potere", ripeteva spesso con sarcasmo sua sorella Muwatti.

Arnuwanda cominciò a tossire e il suo volto si fece

rosso. «Vai a chiamare Mittannamuwa e i Grandi» disse con un rantolo, mancandogli d'un tratto il respiro.

Il GAL *MEŠEDI* uscì ansante dalla imponente sala delle udienze per chiamare a raccolta i dignitari più importanti della corte, i più alti ufficiali dell'esercito e il Grande degli scribi, che era anche medico.

Mentre camminava veloce per i corridoi del palazzo reale, il nuovo *tuhkanti* si sentiva impotente come Tešub di fronte a Ullikummi, il gigante fatto di pietra diorite che era stato creato dal potente dio Kumarbi, suo padre, per ucciderlo. Nemmeno l'intervento di sua sorella D*IŠTAR*, la dea della guerra e dell'amore, aveva smosso il colosso. Adornatasi di gioielli, con in mano l'*arkammi* e i *galgalturi*, si era recata sulla riva del mare; là, scuotendo con sensualità il tamburino e i crotali aveva intonato un dolce canto, ma Ullikummi, cieco e sordo, non aveva ceduto alle sue lusinghe.

Mursili aveva ascoltato quell'*ishamai* così tante volte da piccolo; anche la sua guerra contro un mostro invincibile era iniziata, ma come sarebbe finita?

# 3

## *A caccia di alleati*

Mittannamuwa, il GAL DUB.SAR, era sopraggiunto velocemente, seguito da uno dei suoi pupilli. Era un uomo mingherlino, con la schiena ricurva, lo sguardo che sembrava tenere sempre tutto sotto controllo e una voce calda, con cui scandiva lentamente le parole. Aveva preso le redini del difficile ufficio dopo la morte improvvisa del padre, il precedente Grande degli scribi, deceduto a seguito del terribile morbo che appestava Hattusa e che si stava propagando in tutto il regno.

Erano tantissime le tavolette che ogni giorno venivano redatte, copiate e archiviate nella capitale: rituali, trattati internazionali, testi amministrativi, donazioni, indagini oracolari, inventari, testi letterari, preghiere e le numerose feste previste dal calendario cultuale ittita. Il suo compito era quello di supervisionare l'operato dei tanti DUB.SAR che lavoravano per l'istituzione scribale che amministrava gli archivi dei templi e del palazzo reale, oltre a gestire una scuola dove veniva insegnato questo nobile mestiere.

Mittannamuwa era un uomo colto, che conosceva perfettamente l'accadico, nelle sue varianti assira e babilonese, il hurrita, il luvio, il palaico e l'antico hattico. Il suo era un lavoro di velocità e precisione, ma non solo, richiedeva doti di analisi e memoria eccellenti. Grazie alla conoscenza delle tante tavolette di riti dedicati alla guarigione di malattie e malocchi, gli scribi più dotati padroneggiavano rudimenti di medicina; Mittannamuwa era molto portato per questa disciplina e da tempo ricopriva a corte anche il ruolo di $^{\text{LÚ}}$A.ZU.

Quel giorno, però, la sua visita aveva uno scopo ben preciso: raccogliere le ultime volontà del re. Il suo sottoposto scriveva veloce quanto Arnuwanda dettava, intervallato da sempre più frequenti attacchi di tosse.

Ad ascoltare c'erano tutti i Grandi, che ricoprivano i più autorevoli ruoli burocratici, militari e religiosi dopo il sovrano. Il generale Nuwanza, il GAL GEŠTIN, spiccava per la stazza e i sottili capelli radi alle tempie. Da sempre fedele alla famiglia reale, aveva preso il posto di Himuili, che aveva ricoperto il prestigioso incarico durante il regno di Suppiluliuma. Arnuwanda, con cui aveva combattuto fianco a fianco in molte battaglie, gli riconosceva doti strategiche fuori dal comune e una rara capacità di infondere orgoglio e disciplina alle truppe. Per questo motivo gli aveva conferito la carica, ma soprattutto lo aveva fatto per la sua incondizionata lealtà; come gli aveva ripetuto spesso suo padre, quella era la dote più importante da ricercare nei pochi dignitari cui era dato il privilegio di stare a stretto contatto con il sovrano.

Non appena Arnuwanda annunciò di avere designato come suo *tuhkanti* Mursili, si levò un leggero mormorio.

«Mio Sole[1], il principe è ancora molto giovane. Perché a sedersi sul trono di Hattusa non sarà Piyassili o Telipinu, entrambi saggi e forti guerrieri?» chiese Lupakki, il GAL DUMU$^{\text{MEŠ}}$ É.GAL, un uomo dall'aspetto molto curato e gli occhi che sembravano fessure.

Allora proruppe Arimelku, il GAL SAGI, con tono preoccupato: «Che cosa penseranno i nostri avversari?».

E gli fece eco l'*uriyanni*, che ricopriva un ruolo di primo piano nella gerarchia militare: «Che il glorioso popolo di Hatti è governato da un ragazzino?».

«Lo vogliono gli dèi. Ho sognato mio fratello e Tarhunta lo prendeva per mano, conducendolo su questo stesso trono. Gli oracoli hanno confermato, questa è la sua volontà» rispose il re, con decisione.

«È così, è stata effettuata la verifica anche tramite il KIN» intervenne Tawananna, validando con disinvoltura quanto il figliastro aveva appena detto.

Arnuwanda cominciò a tossire, allarmando i presenti, soprattutto Mursili, che era sempre più confuso dalle sue parole e da quelle della matrigna. Perché non gli avevano detto la verità? Avevano mentito poco prima o lo stavano facendo in quel momento?

«Andate, voglio restare da solo con il *tuhkanti*» disse infine il sovrano, emettendo un lungo sospiro. Quando tutti furono usciti dalla grande sala del trono, chiese all'amato fratello di avvicinarsi fino ad avere il suo volto vicino.

«Perché non mi hai raccontato del sogno?» lo incalzò l'altro senza lasciarlo parlare. «Oppure è una bugia?»

«Ben presto capirai come interpretare il volere divino e come usarlo a tuo vantaggio» rispose Arnuwanda. «Tu sarai il LUGAL.GAL, questa è l'unica verità che conta.»

«Tarhunta ti punirà per questo» disse con rabbia Mursili.

«Lo sta già facendo, ma non per questo motivo. La mia colpa è oscura, come quella di tutta la famiglia reale» ribatté il fratello, ormai allo stremo.

«Io non so ancora come si parla agli dèi, ma non li ingannerò mai e non mentirò al mio popolo» ribatté fiero il *tuhkanti*, mostrando per la prima volta di avere un pensiero chiaro nella testa.

Il re gli mise una mano sulla spalla e accennò un lieve

sorriso. Non sorrideva da tempo, oppresso dalle responsabilità e dalla malattia, che aveva già portato nel mondo dei morti il figlio e la moglie di primo rango. «Sarai un Gran Re.» Riprendendo fiato, proferì lentamente: «Se osserverete le mie parole, allora proteggerete il mio paese. Se alimenterete il fuoco nel focolare, non violerete le mie parole. Se, invece, non alimenterete il fuoco nel focolare, allora avverrà che la Serpe avvilupperà Hattusa[2]».

Mursili ristette, pensando che il fratello stesse ormai delirando. Quella, infatti, era la raccomandazione che il celebre sovrano Hattusili aveva fatto al suo successore e a tutta la corte, agli albori del regno ittita. Il *hassa* non doveva mai spegnersi e la famiglia reale doveva rimanere sempre unita, altrimenti sarebbe stata la fine della stessa e del Paese di Hatti.

«Che intendi dire?» esclamò Mursili, con gli occhi fissi sulla bocca di Arnuwanda, ormai priva di fiato.

«Guardati da Tawananna. È falsa, volevo che lo vedessi con i tuoi occhi. Anche se quella bugia terrà buoni per un po' quanti dubitano di te. Poi dovrai essere tu a convincerli che sei degno di questo trono» sussurrò il re. «E guardati dal suo corpo, che già annebbiò la mente di nostro padre e la mia.»

L'altro indietreggiò sbigottito. Tutti a corte conoscevano l'avidità di Tawananna e i suoi costumi poco consoni a una regina ittita, ma Mursili non credeva che Arnuwanda avesse potuto cedere alle sue lusinghe. Anche allora, però, come quando si era insediata a palazzo molti anni prima, appena adolescente e non ancora insignita del titolo di Gran Regina, il viso e il corpo della matrigna seducevano lo sguardo di quanti si chinassero al suo cospetto.

Mursili percorreva veloce a bordo del suo carro le strade di Hattusa ancora affollate a quell'ora tarda del pomeriggio. L'aria sottile e il cielo che cominciava a imbrunire gli davano un senso di tranquillità, come quando sdraiato sul letto si stava per assopire.

Passò accanto al tempio di Tarhunta, il più maestoso di tutto il regno, in cui presto lui stesso avrebbe celebrato i riti in suo onore come sommo sacerdote, e per la volontà del quale i dignitari credevano che fosse stato designato *tuhkanti*.

Non vedeva l'ora di arrivare all'*arzana* fuori dalle mura della città, dove era certo di trovare Hassuili.

Quando entrò nella locanda affollata di ufficiali e cortigiani intenti a bere e a mangiare, intervallati da risate che si fondevano con il suono in sottofondo della musica, il giovane principe vide in un angolo il GAL KUŠ7, in compagnia di una giovane donna dalla pelle olivastra.

«Che ci fai da queste parti?» lo apostrofò quello, invitandolo contemporaneamente a sedersi.

«Ti devo parlare» disse rapido l'altro. «Da solo» aggiunse poi, lanciando un'occhiata alla ragazza, che continuava a toccare i lunghi capelli di Hassuili, raccolti in una treccia perfetta che gli cadeva lungo le spalle larghe e muscolose.

«Sembra una cosa seria» rispose con il suo solito tono ironico il militare che, dopo un'estenuante giornata di allenamento sul carro da battaglia e i tanti ordini impartiti per addestrare il corpo di élite cui era a capo, amava bere vino e passare le serate in compagnia di prostitute.

«Arnuwanda sta per diventare un dio e io dovrò sedermi sul trono di Hatti» dichiarò Mursili con gli occhi pieni di paura.

«Che cosa?!» esclamò Hassuili, abbassando il bicchiere quasi vuoto. Allora aggiunse, ridendo: «Quindi, ti dovrò chiamare "il mio Sole" e sarai circondato da concubine. Niente male, direi».

«Smettila di scherzare!» alzò leggermente la voce Mursili, destando l'attenzione degli avventori vicini, che lo avevano riconosciuto.

«Sono molto felice per te e questa scelta di Arnuwanda non mi stupisce» disse Hassuili con un lampo negli occhi.

«Vorrei poter dire la stessa cosa, amico mio e fratello» rispose il *tuhkanti*, addolcendo il tono di voce.

L'altro s'irrigidì a quelle parole. Mursili non l'aveva mai chiamato fratello, sebbene avessero avuto lo stesso padre e fossero nati a pochi mesi di distanza. La differenza, però, era che Hassuili non era figlio della moglie di primo rango del re, ma di una concubina, una di quelle donne di cui Mursili, in qualità di LUGAL.GAL, avrebbe goduto i favori e i corpi, proprio come in passato aveva fatto Suppiluliuma.

Hassuili non era un ragazzo ambizioso e provava un sincero affetto per il fratellastro, sebbene si lamentasse spesso del suo lato melanconico e poco incline agli scherzi. Da piccoli avevano giocato insieme e avevano perso entrambi la verginità proprio in quella *arzana*. Erano stati iniziati alle arti della guerra dagli stessi grandi generali ittiti e avevano affrontato uniti la loro prima battaglia alla tenera età di dodici anni.

«Ti ricordi quel giorno?» disse Mursili dopo un lungo silenzio. «Io mi sentivo perso e frastornato da tutto quel clamore, quel gonnellino mi stava stretto e la lancia era troppo lunga e pesante, mentre tu sognavi già di diventare un combattente su carro, con il tuo arco e le tue frecce infallibili, incedendo impavido sul campo.»

«Proprio come Hannutti» sorrise Hassuili a quel ricordo. «A proposito, come sta il vecchio?» chiese, interessandosi alle sorti del generale, per cui nutriva grande stima e ammirazione.

«Se sapesse che lo hai chiamato così, ti riempirebbe di

frustate» rise il fratello, per la prima volta lasciando andare tutta la tensione che aveva accumulato in quelle ore.

«Da GAL KUŠ$_7$ è diventato Governatore del Paese Basso, un avanzamento di carriera più che meritato» commentò l'amico, facendosi portare altro vino.

«Non vorresti anche tu avere un nuovo incarico?» prese la palla al balzo Mursili, tracannando tutto d'un sorso il liquido rossastro che riempiva il suo bicchiere. «Diventare il mio GAL *MEŠEDI*.»

Hassuili scrutò per un attimo i suoi occhi verdi intensi. «Tutto il giorno a scortarti e, in guerra, lasciare la gloria agli altri per restare nelle retrovie, fermo davanti al tuo carro?» disse, tornando serio. «No, grazie.»

L'altro lo incalzò: «Ti voglio al mio fianco, perché mi fido ciecamente di te. Avrai anche missioni importanti da gestire in autonomia, come le ebbe Zida e tutti gli altri che sono stati GAL *MEŠEDI* prima di te, compreso quel Hassuili di cui porti il nome e che alla corte di Hantili ebbe questo stesso prestigioso incarico».

Il fratello fece un ghigno. «Quando diventerai re, non c'è ordine cui non potrò obbedire. Fino ad allora, però, preferisco restare dove sono.» Amava, infatti, il suo incarico di Comandante dei combattenti su carro. Insieme al suo scudiero e al suo auriga dominava le battaglie, conducendo alla vittoria lo squadrone dell'ala destra. Tutto il mondo invidiava i carristi ittiti e i loro arcieri provetti che non sbagliavano un bersaglio, invincibili in campo aperto, ma allenati a muoversi con abilità anche di notte e nei terreni più impervi. I loro cavalli, che a coppie trainavano il leggero veicolo da guerra con le ruote a sei raggi, predisposto all'allogamento di tre guerrieri al posto dei canonici due degli schieramenti nemici, erano addestrati secondo il metodo del maestro Kikkuli. L'ingegnoso *assussanni* che proveniva dal regno di Mittani era stato assoldato da Suppiluliuma, e i risultati non avevano tardato ad arrivare. Dopo un'attenta selezione basata su caratteristiche fisiche ben precise, come testa e collo di dimensioni ridotte, groppa e arti possenti e un ampio torace, i cavalli venivano allenati a un esercizio progressivo così da fortificarne le ossa, i muscoli e il cuore prima di essere sottoposti a uno sforzo. Questo permetteva agli stalloni di ottenere una resistenza straordinaria, che li portava a percorrere lunghe distanze al giorno, a diverse andature.

Al diniego dell'amico, Mursili insistette ancora una volta, diventando rosso in volto: «Ho bisogno di te e del tuo sostegno. Questa è la tradizione, il re ha spesso designato un fratello come Comandante delle guardie del corpo, te lo sei dimenticato?».

«Le tradizioni sono importanti e sono sicuro che le saprai rispettare al meglio, ma ci saranno dei momenti in cui dovrai trovare il tuo modo di essere re, proprio come nostro padre» chiosò Hassuili, volgendo lo sguardo verso la seducente ragazza che lo aspettava vicino alla tenda di una stanza della locanda. «Ora, vorrei divertirmi un po', e tu ti devi riposare» aggiunse, cambiando discorso.

Il novello *tuhkanti* era molto deluso dalle parole del fratellastro, ma condivideva i suoi sentimenti: anche lui odiava le imposizioni. Diventare LUGAL.GAL, per quanto potesse sembrare un paradosso, non gli avrebbe più permesso di fare quello che voleva. Da quel momento in poi avrebbe dovuto mettere da parte i suoi desideri per un bene più grande, quello degli dèi di Hatti e del suo glorioso popolo.

Allora si alzò e imboccò la porta della locanda, mentre Hassuili si dileguava tra le braccia della prostituta.

Tawananna non aveva tempo da perdere, doveva accertarsi che la costruzione dell'ALAM commemorativa di

Arnuwanda fosse in fase di ultimazione, perché i giorni del re erano ormai contati; sarebbe stata quella statua, infatti, a fare le veci del sovrano ittita durante la celebrazione dei funerali.

La regina aveva mandato a chiamare con urgenza il sacerdote responsabile della "casa di pietra", in cui erano conservati i resti dei defunti della famiglia reale e dove venivano propiziati i rituali a essi dedicati. Oltre al mausoleo, questa potentissima istituzione cultuale possedeva appezzamenti terrieri, bestiame e aveva alle sue dipendenze numerosi addetti al culto, personale amministrativo e agricolo. Gli Ittiti avevano un profondo rispetto e venerazione dei morti, di cui temevano la vendetta dall'oltretomba, se il loro ricordo non fosse stato ossequiato a dovere.

Tawananna aveva iniziato a devolvere parte dei fondi del tesoro reale alla É.NA4 soprattutto dopo la morte di Suppiluliuma, l'unico uomo di cui paventava il giudizio e l'ira. Era molto devota a tutte le divinità ctonie, in particolare alla dea Lelwani. Inoltre, la sua osteggiata presenza a corte, soprattutto da parte dei figliastri, l'aveva portata a elargire ingenti offerte al santuario rupestre della sua divinità protettrice per assicurarsi un ulteriore appoggio politico, oltre che divino.

Tra i sacerdoti e gli addetti alla lettura dei presagi divini, come veggenti, aruspici, àuguri e maghe, Tawananna era benvoluta e influente, non solo per il suo innato carisma, ma anche perché in maniera sagace e lungimirante ne aveva comprato il rispetto.

Il GAL SANGA, quindi, non si fece attendere e confermò che la statua era pronta. «Mia Signora, tutto è stato preparato a dovere.» Abbassando la testa, però, aggiunse: «C'è, purtroppo, un problema».

«Quale mai?» chiese la donna, impaziente.

«Molti degli animali previsti per i sacrifici sono morti, colpiti dall'epidemia, e dobbiamo al più presto sostituirli» le spiegò il *sankunni*.

Tawananna spalancò gli occhi, ma mantenne il suo consueto contegno. «Provvederò subito a porvi rimedio.»

Mentre il religioso si congedava, giunse trafelato al cospetto della regina un uomo obeso, pelato e dalle movenze leggermente effeminate. Era Zuwanna, uno dei più influenti cortigiani, che aveva appoggiato la principessa babilonese fin dal suo arrivo a palazzo; era stato ricompensato più volte per la sua fedeltà e discrezione con donazioni di terre e regali preziosi. Faceva parte di quella ristretta cerchia di funzionari che potevano accedere alle stanze reali e all'harem.

«Sono molto indaffarata, ti darò udienza nei prossimi giorni» gli disse la sovrana, che aveva altro cui pensare.

«Non sono qui per me, mia Signora, ma per Amminnaya» rispose l'eunuco.

«Che cosa ha fatto stavolta la principessa?» chiese l'altra, volgendo gli occhi al cielo.

«Ha litigato di nuovo con la figlia di Arimelku e l'ha graffiata sul viso. Il suo temperamento irascibile non si addice al ruolo che ricopre» si affrettò a dire Zuwanna.

Tawananna si alzò dal suo seggio. «Mi occuperò personalmente della questione. Grazie per i tuoi servigi.»

Il cortigiano si inchinò ripetutamente e uscì dalla stanza, lasciando la regina avvolta nei suoi pensieri.

Come nella capitale, anche a Humisina, la città vessillo dei Kaska della regione di Ishupitta, gli animi erano in subbuglio. Non tutti i capi tribù erano d'accordo con la strategia di Sunaili. Tuttavia l'uomo era riuscito a convincere la maggior parte a opporsi alle nuove ingerenze del governo di Hattusa sul loro territorio. Le richieste del

Governatore Hannutti non potevano essere soddisfatte: non avrebbero fornito ulteriori uomini per rimpolpare le milizie e le aziende agricole ittite.

«Il re è gravemente malato e il popolo di Hatti sta morendo decimato dall'epidemia» affermò convinto Sunaili, brandendo la sua ascia. «Sono deboli e dobbiamo ribellarci ora.»

«Arnuwanda non starà a guardare» disse uno degli anziani di Humisina. «Che ne sarà della nostra gente e dei nostri commerci, se il suo esercito attaccherà i villaggi e li darà alle fiamme?»

Sunaili si alzò in piedi e cominciò a girare intorno alla stanza fredda, guardando negli occhi i Kaska uno a uno. «Daremo un segnale forte, che metterà in ginocchio il sovrano e lo terrà lontano dalla nostra terra per un po'.»

Si sollevò un mormorio tra le facce irsute dei presenti, avvolti nei loro mantelli di lana grezza. Che cosa aveva in mente il livoroso capo tribù, che aveva quasi perso un occhio e la moglie in uno dei suoi tanti scontri con i valorosi guerrieri ittiti?

# 4

## *Oscuri dubbi*

Quando Mursili rientrò nella villa che aveva ospitato prima di lui gli altri insigni GAL *MEŠEDI*, trovò Gassulawiya ad aspettarlo, mentre teneva in braccio il piccolo Halpasulupi, che aveva compiuto da poco tre anni. Bastò il suo sorriso a fargli riprendere il coraggio che sembrava tutto d'un tratto averlo abbandonato.

«Come sta Arnuwanda?» chiese premurosa la ragazza, accarezzando il viso del marito.

«È allo stremo» s'incupì nuovamente Mursili. «Domani potrei essere io il re.»

La moglie alzò leggermente le sue splendide sopracciglia, non sicura di avere capito bene. «È impossibile!»

«È questo che vogliono gli dèi» commentò fermamente l'altro, non distogliendo lo sguardo dal figlio. «È deciso, così ha parlato mio fratello, e Piyassili e Telipinu sono d'accordo.»

«Sono orgogliosa di te» lo rassicurò Gassulawiya. Allora chiese con timore: «E Tawananna? Lo sai che niente a corte viene deciso senza il suo consenso».

«Ha detto che sarà dalla mia parte e di stare tranquillo» replicò Mursili, che aveva preso in braccio il piccolo. «Mio padre l'amava, nonostante tutto, e io non intendo toglierle i suoi diritti e il suo ruolo di Gran

Regina, che ha sempre ricoperto negli interessi della famiglia reale.»

«È una donna senza scrupoli, non le importa che di se stessa» commentò la giovane sposa, infastidita dall'affetto che il marito provava verso la matrigna.

L'altro le tappò velocemente la bocca. «Sei impazzita? Se qualcuno ti sentisse, potresti essere accusata di tramare contro la sovrana di Hatti» la mise in guardia.

«Hai ragione. Non sta a me giudicarla, ma agli dèi. Deve avere sofferto molto, lontano dalla sua terra, e per aver perso il suo unico figlio maschio» sussurrò.

Poi prese Halpasulupi e lo mise nel suo lettino, cominciando a baciare Mursili con passione. Quando sarebbe diventato re, avrebbe dovuto condividerlo con le donne dell'harem o, peggio, con principesse provenienti da regni stranieri; questa era la sua paura più grande: che un'altra donna potesse prendere il suo posto nel cuore dell'amato sposo. Sapeva che era la tradizione e che un giorno, alla morte di Tawananna, sarebbe diventata Gran Regina, ma per lei quel potere non valeva un simile prezzo.

In quello stesso momento, Tawananna entrò nella stanza dove giocava Amminnaya, che era molto alta e robusta e, sebbene fosse ancora una bambina, sembrava più adulta della sua età, soprattutto per quel suo sguardo schivo e feroce, come di chi avesse già combattuto molte battaglie.

La madre si avvicinò e le disse, severa: «Zuwanna mi ha detto che hai litigato ancora con Huella. Ti avevo ordinato di non farlo più».

«Si è rivolta a me con insolenza, dicendo che non sarei mai diventata regina» si difese quella, con il viso imbronciato. «Nessuno mi può parlare in quel modo.»

«Sei la figlia del Gran Re Suppiluliuma. Ed è per questo che non ti devi abbassare al livello delle altre donne» le spiegò Tawananna, guardandola fissa negli occhi. «E un giorno, sarai tu la MUNUS.LUGAL.GAL, ma fino ad allora dovrai imparare a comportarti come tale.»

«Se sei venuta per punirmi, fa' pure, ma non chiederò mai scusa» le rispose sfrontata Amminnaya.

«Sono qui per darti questo» replicò con calma Tawananna, porgendole un fermaglio impreziosito da lapislazzuli.

La figlia lo prese avida e se lo mise subito tra i capelli, rimirandosi felice in uno specchio.

«Non è per te, ma per Huella» aggiunse la madre, togliendole il cimelio dalla chioma e poggiandolo su un tavolino.

«Come? Non capisco, ho detto che non chiederò scusa» ribatté la principessa con voce rabbiosa.

«Sì che lo farai, e sarai gentile e le farai capire che siete amiche» le ordinò l'altra.

Amminnaya la guardò con odio e incrociò le braccia. Allora la regina tirò fuori dalla veste una piccola statuetta di legno e gliela diede furtiva. «Pronuncia a voce alta il nome di Huella e poi sotterrala, ma non farti vedere da nessuno.»

La bambina osservò estasiata la bambolina che aveva tra le mani e su cui era inciso il nome della "nemica". «A che cosa serve?»

«Tu fallo, e vedrai che la statuetta farà il resto! Huella riceverà una punizione ben peggiore di un semplice graffio» chiosò Tawananna. «Ricorda, però, di agire di nascosto, perché l'*alwanzatar* è condannata con la morte!» Vedendo lo sguardo impavido della figlia, proseguì: «Pensi che ne valga la pena?».

La principessa sogghignò e strinse forte al petto la

statuina. «Sì, purché Huella sparisca per sempre dalla mia vista.»

Hattusa si trovava su un ampio pendio che degradava verso nord, creando un dislivello naturale fra i due distretti in cui era divisa. Il tessuto roccioso intervallato da picchi di calcare era stato inglobato e piegato alle esigenze dell'uomo dai più ingegnosi architetti del regno.

La città si ergeva a dominio dell'intero territorio circostante e le sue lunghe e imponenti mura potevano essere viste da molto lontano, incutendo ammirazione e timore in chiunque si avvicinasse.

La doppia cinta muraria, intervallata da maestose torri aggettanti merlate e provviste di parapetti sulle sommità, era inespugnabile.

Nel distretto settentrionale si trovava il gigantesco tempio di Tarhunta e della sua paredra, la dea Sole di Arinna, gli edifici residenziali, alcuni palazzi adibiti a uso amministrativo e numerosi magazzini. Al di fuori delle mura era dislocato il grande mercato, che pullulava di merci di ogni tipo.

Su una sommità rocciosa si ergeva la cittadella, sede del palazzo reale, difesa da una cinta muraria e da un dirupo naturale sulla parete nordorientale. Dall'accesso principale, una via pavimentata con lastre di pietra rossa portava alla corte inferiore, uno dei tre maestosi cortili porticati che cadenzavano lo spazio del complesso degli edifici regi.

Un viadotto collegava l'acropoli al rione meridionale, la parte più alta della città. Questa zona della capitale, anch'essa fortificata da una doppia fila di mura scandita da alti torrioni, comprendeva numerosi templi, palazzi amministrativi, alcune case, tra cui la villa del GAL *MEŠEDI*, e le caserme, in cui vivevano e si esercitavano i valorosi guerrieri ittiti, temuti dagli altri regni per la loro tecnica e la loro disciplina ferrea.

La potenza di Hatti era immediatamente evidente anche dalle entrate monumentali che aprivano il varco alla capitale e di cui la principale era la porta dei leoni.

Le statue dei due enormi felini ai lati del maestoso portone di legno istoriato incutevano riverenza in chi li guardava, ma allo stesso tempo infondevano un placido senso di calma e regalità. Chiunque entrasse a Hattusa doveva sentirsi protetto e non attaccato.

Sotto lo sguardo fiero delle due magnifiche sculture di pietra fece il suo ingresso un convoglio che proveniva dalla lontana Impa, nella regione di Mira.

Sporgendo il volto fuori dal carro, Muwatti, una donna dalle labbra sottili e il naso finemente appuntito che sembrava scrutare sempre tutti dall'alto in basso, sentì un sospiro di sollievo. Era finalmente tornata a casa, dove era cresciuta nello sfarzo del palazzo reale.

Le notizie sulle condizioni precarie di Arnuwanda l'avevano spinta al lungo viaggio dalla città di provincia dove si era trasferita molti anni prima, quando era stata data in moglie a Mashuiluwa, per volere di suo padre, il Gran Re Suppiluliuma.

Detestava quella vita monotona, ma soprattutto non sopportava il marito, così grezzo e codardo che, sebbene fosse il figlio di un re arzawita, era stato costretto all'esilio e si era rifugiato alla corte ittita. Nel suo vile comportamento Suppiluliuma aveva come sempre intravisto un'opportunità politica. Avere un uomo di fiducia nel territorio di Arzawa avrebbe prima o poi creato la possibilità di spodestare definitivamente la dinastia locale a favore di un membro della famiglia reale di Hatti. Per questo motivo il sovrano aveva adottato Mashuiluwa e gli aveva dato in sposa Muwatti. I disegni del padre, tuttavia, non erano mai stati di alcun interesse per la principessa, il cui unico scopo nella vita era avere un figlio. E il marito non era ancora stato in grado di darglielo. Era, infatti, convinta che fosse sua la colpa della mancata gravidanza, ritenendo che lo sposo fosse inviso agli dèi per lo scarso timore che mostrava nei loro confronti. Lei, invece, era sempre stata piena di riguardo verso le divinità e ligia alle loro regole.

Ad accoglierla fu Gassulawiya, che provava un sincero affetto per la cognata. «Sono così felice di vederti» le disse subito, prendendola sottobraccio e facendole cenno di entrare nella sua dimora.

L'altra finse lo stesso trasporto: «Anch'io, mi sei mancata».

Quando la fidata ancella Annella portò alla padrona il piccolo Halpasulupi, Muwatti ebbe un moto di invidia, ma di nuovo mostrò il suo falso sorriso. «È tutto suo padre.»

Mentre le mostrava la sua stanza, Gassulawiya le chiese se fosse finalmente in attesa di un figlio.

«Purtroppo no» si affrettò a dire quella, e cambiò discorso. «Devo parlare subito con il re.»

«È molto malato, non so se potrà riceverti oggi» le rispose la cognata, instillando una certa ansia nella donna.

Arnuwanda non poteva più reggersi in piedi, così Mursili gli aveva fatto visita nei suoi appartamenti privati per sapere di più della missione di Hannutti. Il giovane *tuhkanti*, infatti, si chiedeva come mai il sovrano avesse incaricato il Governatore del Paese Basso di recarsi nella regione di Ishupitta, così lontana dalla sua sfera di azione, e perché non gliene avesse parlato prima. Deteneva il più alto grado tra i dignitari, e fino a quel momento il fratello lo aveva messo sempre al corrente di tutte le sue strategie politiche.

«Abbiamo bisogno di uomini, grano e bestiame, adesso più che mai» gli spiegò Arnuwanda, che aveva il viso emaciato e respirava a fatica. «E i Kaska non sono stati decimati dall'epidemia e sono ottimi combattenti ed eccellente forza lavoro.»

«Quei tessitori e porcari sono gente ribelle e selvaggia,» lo apostrofò Mursili «non acconsentiranno mai ad aumentare il tributo, se non saranno costretti con la forza.»

«Hannutti saprà convincere i capi tribù più ostili, ne sono convinto. Molti Kaska si sono abituati a una vita sedentaria e potranno coltivare i campi e condurre le loro greggi anche nelle nostre terre, senza dover ricorrere alla guerra» concluse il re, cominciando a tossire.

In quel momento, il cortigiano Zuwanna annunciò la presenza di Muwatti, che aveva chiesto ripetutamente di conferire con il fratello.

Arnuwanda acconsentì, poi disse al *tuhkanti*, sorridendo a stento: «Nostra sorella ottiene sempre quello che vuole. Fai in modo che sia tua alleata».

La principessa entrò, vestita con un nuovo abito e i capelli coperti da un velo pulito, per mostrarsi pura di fronte al sovrano. Si inchinò al suo cospetto, mentre guardò dall'alto in basso Mursili.

La madre Henti aveva sempre avuto per quest'ultimo particolari premure, proprio come i suoi fratelli maggiori, e Muwatti si era chiesta più volte che cosa avesse di così speciale; per lei era un ragazzino insulso e maldestro. Quando erano bambini, infatti, Mursili l'aveva spinta per errore e, a causa di quella caduta, le era rimasta una cicatrice sul ventre. Quell'imperfezione era un segno divino? Se non era colpa di Mashuiluwa, era forse la ferita causatale dal fratello a impedirle di restare incinta? Era sempre più ossessionata da questi pensieri, ma li scacciò cominciando il suo discorso.

«Mio Sole, ho una brutta notizia da darti. Sapendo delle tue condizioni di salute, molti uomini di Hatti che vivono nella regione di Lukka hanno disertato, chiedendo asilo a Uhhaziti» lo informò, abbassando leggermente la testa.

«È molto grave. Bisogna scrivere immediatamente al re di Arzawa per chiedergli di restituire i fuggiaschi. Questo sarà il tuo prossimo compito non appena sarai il LUGAL.GAL» commentò Arnuwanda, guardando il fratello.

La principessa alzò la testa sorpresa: aveva sospettato fin dal suo ingresso a Hattusa che fosse già stato designato il nuovo *tuhkanti*, ma non credeva che sarebbe stato Mursili.

«Hai capito bene, e tu dovrai giurargli fedeltà, come hai fatto con me» le ordinò Arnuwanda, che leggeva nel cuore dei suoi sudditi anche i pensieri più reconditi. Non si fidava del cognato Mashuiluwa, ma su sua sorella sapeva di avere un forte ascendente, anche perché era stato l'unico a opporsi al suo matrimonio.

Gli attacchi di tosse presero il sopravvento e il sovrano chiese di restare in preghiera da solo. Non poteva accedere al tempio, ma cominciò a ripetere tra sé e sé le stesse parole che il Gran Re Hattusili aveva pronunciato sul letto di morte rivolgendosi a Hastayar: "Lavami con cura e tienimi stretto al tuo seno, e sul tuo petto proteggimi dalla terra[1]".

Mentre prendeva commiato, Mursili non riuscì a capire chi stesse invocando il fratello, ma di una cosa era certo: quando sarebbe venuto il suo momento di diventare un dio, sapeva che avrebbe rivolto quell'accorata preghiera alla sua amata Gassulawiya.

Mentre si incamminavano in silenzio per il lungo corridoio, all'improvviso Muwatti gli disse: «Chi avrebbe mai detto che saresti diventato re. Tutto è possibile, se lo vogliono gli dèi. Il popolo non poteva augurarsi di meglio e nostro padre avrebbe approvato». L'altro le sorrise spontaneo, rincuorato di averla dalla sua parte.

Quello stesso giorno, però, una grande sciagura si abbatté sul regno di Hatti. Il LUGAL.GAL Arnuwanda esalò il suo ultimo respiro, lasciando Mursili e la famiglia reale in preda alla disperazione.

# 5

## *Sallis wastais*[1]

Il giorno in cui Arnuwanda divenne un dio iniziarono i riti funebri, che sarebbero durati quattordici giorni, in cui nessuna festa sarebbe stata celebrata e tutti gli abitanti di Hattusa, adulti e bambini, avrebbero partecipato alle lamentazioni.

Al cospetto del re venne portato un bue da aratro ancora vivo. Gli venne tagliata la gola e gli astanti recitarono così: «Che questo diventi ciò che tu sei diventato! Fa' discendere la tua anima in questo bue![2]».

Mursili vedeva il sangue scivolare veloce e gli venne in mente il giorno in cui, da ragazzino, si era fatto un taglio a una mano con la lama ricurva della sua spada, la prima volta che l'aveva sfoderata, e il fratello maggiore lo aveva rassicurato.

«Il sangue è vita, il sangue rende puri» gli aveva detto, mentre gli prendeva il palmo ferito e glielo spalmava sul volto, imbrattandoglielo, proprio come aveva visto fare in un rituale per l'edificazione di un nuovo tempio, in cui la statua della divinità, le mura e gli oggetti sacri e di culto erano stati cosparsi di *eshar*.

Il futuro sovrano rivide il volto di Arnuwanda prendere vita nei suoi ricordi e sorrise, ma l'incanto fu spezzato all'improvviso da un rumore secco: gli addetti al rito, infatti, avevano libato del vino e, quando il liquido all'interno della brocca si era consumato del tutto, questa era stata ridotta in frantumi.

Allo scendere della notte, un caprone venne fatto oscillare avanti e indietro sul cadavere del corpo esanime del LUGAL.GAL per purificarlo, poi cominciò la lunga veglia notturna.

«Vivrà sempre nel tuo cuore» ripeteva dolcemente Gassulawiya per cercare di lenire il dolore di Mursili, ma quello sembrava pietrificato e ipnotizzato dalla salma del fratello.

Il giorno dopo, vennero offerte delle speciali pagnotte alla dea Sole della Terra, al dio Sole del Cielo, agli antenati del re e al $^{D}$UD.SIG$_{5}$[3]; dopodiché diedero da bere e da mangiare al defunto.

Posero delle foglie d'oro sulle sue labbra e sui suoi occhi, venne annunciato il banchetto per i partecipanti al rituale e "bevvero"[4] numerose divinità, cui furono offerte pagnotte dolci e acide, mentre i cantanti intonavano un canto accompagnandosi al suono della *hunzinar*, la grande lira della dea $^{D}$*IŠTAR*.

Allora i familiari, uno dopo l'altro, baciarono Arnuwanda e Mursili gli mise in mano un arco e le frecce. Gli addetti al rito offrirono cinquanta pecore e fecero le invocazioni. Una $^{MUNUS}$ŠU.GI bruciò nel focolare alcuni oggetti appartenenti al sovrano, poi le donne *taptara* vennero fatte entrare al cospetto del defunto e cominciarono il lamento funebre.

Nella notte tra il secondo e il terzo giorno il corpo di Arnuwanda venne posto sulla pira per essere cremato, e quello fu il momento più duro per Mursili. Non avrebbe mai più rivisto il viso dell'amato fratello, se non nei suoi sogni.

Tawananna si avvicinò, rischiarata dalla luce del fuoco. «Presto banchetterà con gli altri dèi e veglierà su di noi, se sapremo ossequiarlo a dovere» disse, senza palesare alcuna emozione.

La salma, avvolta dalle fiamme, bruciava lentamente spargendo un fitto fumo che velava il cielo buio di Hattusa, dove la luna, che era solo una fessura, sembrava anch'essa vergognarsi del "grande peccato" che sconvolgeva l'ordine divino.

All'alba, le donne si recarono al rogo e spensero il fuoco con dieci vasi di birra e altrettanti di vino e di bevanda *walhi*.

Raccolsero con pinze d'argento le ossa e le misero in una brocca d'argento del peso di venti mine riempita d'olio fine, poi le adagiarono a una a una su un panno di lino, sotto cui si trovava un drappo sottile, e le coprirono con entrambi i tessuti. Infine, le posero su una sedia, che fungeva da trono del sovrano divinizzato.

"È questo tutto ciò che resta del Gran Re di Hatti?" si chiedeva tra sé e sé Hassuili, senza perdere di vista nemmeno per un momento Mursili, che stava con gli occhi chiusi in contemplazione.

Nel frattempo, erano state deposte intorno alla pira spenta dodici pagnotte e su di esse del pane con grasso. I responsabili del culto misero una tavola davanti alla sedia e spezzarono pagnotte calde, focacce e pani dolci. I cuochi e gli addetti alla tavola la imbandirono con antipasti e zuppe, e gli antipasti li offrirono a coloro che avevano raccolto le ossa; poi, diedero tre volte da bere al morto e tre volte "bevvero" la sua anima.

In seguito misero al centro della pira la statua di Arnuwanda e la decorarono con fichi, uva passa e olive. Vennero fatte nuove offerte di pane e di birra, sulla pira venne versato dell'olio e furono sacrificati un bue e nove pecore alla dea Sole della Terra e all'anima del defunto.

Seguite da un lungo corteo, le ossa vennero deposte

nella tomba, tolte dal trono e adagiate su un letto, illuminato da una lampada a olio, e dopo furono offerti all'anima del re un bue e una pecora.

Ai gemiti delle donne, alla musica cadenzata e all'odore di pane appena sfornato e carne arrostita per il banchetto funerario si mischiava l'olezzo del sudore, gli escrementi e il sangue degli animali immolati.

Muwatti provava disgusto e cercava di tapparsi il naso evitando di essere vista per non destare l'ira degli dèi e il biasimo dei suoi familiari.

Gli ovini, i bovini, gli asini e i cavalli non servivano solo come offerte propiziatorie, ma anche come bestiame per il morto nella sua nuova vita.

Nell'ottavo giorno, infatti, una MUNUSŠU.GI prese una zolla di prato erboso e la mise su una grossa pagnotta. Prima di deporla nel luogo in cui gli animali erano stati bruciati, dispose una bilancia di fronte al sole e recitò così: «Concedigli questo pascolo, dio del Sole. Fa' in modo che nessuno glielo porti via o glielo contesti. Fa' sì che gli animali pascolino per lui in questo prato[5]».

Mursili seguiva con trasporto quel momento così importante, in cui veniva preparato per il fratello nell'oltretomba lo stesso trattamento di cui aveva goduto da re. Cercava, tuttavia, di scacciare il dolore e mantenere il contegno che gli imponeva il suo ruolo. Gli vennero in mente le parole della struggente preghiera che il principe Kantuzzili aveva rivolto al dio Istanu, chiedendo il suo intervento divino per guarire dalla malattia. «La vita è appesa alla morte, la morte è appesa alla vita: l'essere umano non vive in eterno, i giorni della sua vita sono contati. Ma se anche l'essere umano vivesse in eterno e se lo cogliesse una grave malattia umana, non ci sarebbe per lui possibilità di riparazione?[6]»

Per Arnuwanda, tuttavia, non c'era stata occasione di rimediare al torto arrecato agli dèi.

Il giovane *tuhkanti* provava rabbia e avrebbe voluto fermare il tempo. Aveva perso di recente il padre, la cognata e il nipote, ma pensava che mai si sarebbe potuto abituare a quella sofferenza sorda, e si sentiva impotente, perché nessuno può vincere la morte, nemmeno il sovrano di Hatti. Sapeva per esperienza che sul momento la mancanza della persona cara era quasi impalpabile, ma con i giorni e i mesi il lutto sarebbe diventato come un macigno, e nessuno avrebbe potuto alleggerire quel fardello.

Gassulawiya avrebbe voluto aiutare Mursili, ma non sapeva come fare, perché si sentiva persa e intimorita dalle grandi responsabilità che il suo sposo avrebbe assunto su di sé di lì a poco. Continuava a tenergli stretta la mano, cercando di infondergli l'amore che provava e la forza di cui era capace.

Hassuili era rimasto per tutti quei giorni al suo fianco, soffrendo anche lui in silenzio per la morte di Arnuwanda. Non aveva avuto un rapporto stretto con il fratellastro maggiore, sia per la distanza di età sia perché il sovrano non lo aveva mai considerato un vero membro della famiglia reale. Era sempre stato molto protettivo nei confronti dei fratelli di primo rango, mentre aveva per i figli dell'harem, al contrario, una scarsa considerazione.

«Adesso devi essere ancora più forte» disse Hassuili a Mursili, mettendogli una mano sulla spalla. «Anche se tu sei già forte, come un leone, non lo dimenticare.»

«Lo sarò per la mia famiglia e il mio popolo,» rispose l'altro «finché le Gulses non avranno finito di filare i miei anni.» Gli occhi gli si inumidirono all'improvviso e il fratello gli si parò davanti, cosicché nessuno vedesse la sua commozione, proprio come avrebbe fatto il più degno e nobile dei GAL *MEŠEDI*.

Tawananna, invece, sembrava imperturbabile e fredda,

come la morte. Era riuscita a sopperire alla mancanza di animali sacrificali in tempo, occupandosi prima di tutto delle questioni ufficiali piuttosto che del dolore dei suoi cari.

Durante i funerali regi, tuttavia, si era raccolta in preghiera davanti a una tomba: apparteneva a un principe bambino che era deceduto molti anni prima durante il parto. La MUNUS.LUGAL.GAL aveva rischiato la vita pur di dare un erede maschio a Suppiluliuma. Tuttavia, tutti i tentativi di restare nuovamente incinta dopo il tragico evento erano stati vani, così il fantasma del marito la perseguitava e le sue continue donazioni alla É.NA4 non riuscivano ad alleviare il suo senso di colpa.

Inoltre, in maniera lucida, sapeva che, se avesse avuto l'appoggio politico della potente istituzione cultuale, le sarebbe stato più facile sovvertire il potere di un re che non era frutto del suo grembo.

Le brutte notizie non erano ancora finite. Mentre stavano per volgere al termine i giorni di lutto reale che avevano gettato il popolo ittita e la corte in una condizione di sconforto e paura, arrivò l'annuncio della morte improvvisa di Hannutti in territorio kaskeo.

Mursili non aveva ancora preso le redini del regno ed era la statua del fratello a continuare a mantenere la regalità sulla terra di Hatti.

Non c'era, però, tempo da perdere, soprattutto perché alcune tribù dei Kaska avevano cominciato a fare degli attacchi nella regione di Turmitta, incentivate dall'improvvisa scomparsa di uno dei più potenti dignitari ittiti. Agli occhi dei nemici quello poteva essere un chiaro segnale che l'impero vacillava e che i suoi giorni erano contati, soprattutto quando si fosse sparsa la notizia della morte di Arnuwanda.

Mursili temeva soprattutto che il Paese di Arzawa potesse approfittare della vacanza di potere per violare i trattati o, peggio, muovere guerra. Intravedeva il rischio corso durante il regno del nonno Tuthaliya, quando i confini furono attaccati su ogni fronte e Hattusa fu addirittura data alle fiamme.

«Dobbiamo intervenire subito» suggerì il generale Nuwanza, che allo stesso modo presagiva un pericolo imminente.

«Quando sarò incoronato re, porrò tutti sotto giuramento» rispose Mursili, raccogliendo le idee e cercando di non prendere decisioni affrettate. «Allora mi confronterò con Piyassili e Telipinu, che stanno sopraggiungendo.»

Il GAL GEŠTIN annuì e si congedò, lasciando che prendesse il suo posto Hassuili, cui era appena stata data la triste notizia.

«Non puoi lasciare che la morte di Hannutti resti invendicata» disse immediatamente, con il viso tirato.

«Non appena mi siederò sul trono, il primo provvedimento sarà per il popolo di Hatti» replicò il fratello.

«Che cosa intendi dire?» gli domandò l'altro, sorpreso.

«La sciagura che si è abbattuta su di noi non si placa e gli dèi continuano a flagellare la nostra terra. Tributerò nuove offerte in onore di ogni divinità» dichiarò Mursili.

«Ti preoccupi sempre per gli dèi, ma se i nostri confini non sono sicuri, nemmeno la nostra gente lo sarà» affermò Hassuili senza peli sulla lingua.

«Sono gli dèi che concedono al LUGAL.GAL la gloria e camminano davanti a lui in guerra. Senza il loro favore, Hattusa non sarebbe quella che è» ribatté il futuro re, sicuro della sua fede.

L'amico fece un sospiro, perché non credeva altrettanto ciecamente nelle divinità e nel loro insondabile giudizio. Come potevano, infatti, essere così potenti se avevano bisogno degli uomini e dei loro ripetuti doni per vivere?

«Sei tu che d'ora in avanti dovrai interpretare il loro volere, io ho un altro compito» e aggiunse, guardandolo dritto negli occhi: «Sarò il tuo GAL *MEŠEDI*, non dovrai mai temere per la tua incolumità».

Gli occhi di Mursili s'illuminarono d'un tratto: quella era la prima buona notizia che riceveva da giorni. «Ne sono onorato, e Hannutti sarebbe orgoglioso di te.»

Hassuili aveva maturato la decisione proprio a seguito della dolorosa scomparsa di quello che reputava il suo vero padre. Non il Gran Re Suppiluliuma, l'UR.SAG ovvero "l'eroe", ma il generale che gli aveva insegnato a combattere e a difendere il valore per lui più importante: l'onore.

Il giovane Comandante dei combattenti su carro voleva vendicarlo e al contempo non voleva che succedesse nulla al fratello: non se lo sarebbe mai perdonato! Lo considerava la sua unica famiglia, non avendo mai pensato di formarne una tutta sua.

Erano passati alcuni giorni dalla fine dei funerali regi e l'incoronazione di Mursili sarebbe avvenuta non appena Piyassili e Telipinu avessero raggiunto la capitale, scortati dai loro più fidati ufficiali.

Muwatti non voleva che il tempo a Hattusa trascorresse invano e aveva organizzato un rituale in onore di Huwassanna di Hupisna, una delle dee madri che tutelavano il parto ed erano propizie alla fertilità.

Tawananna aveva usato la sua influenza tra i sacerdoti per aiutare la figliastra a reperire le offerte e gli animali sacrificali il prima possibile, così da officiare velocemente il rito.

La principessa la detestava profondamente per essere stata la causa dell'esilio della madre. Era sicura, inoltre, che avesse spinto Suppiluliuma a darla in sposa a Mashuiluwa, per far prendere il suo posto a corte alla piccola Ammin-naya. Perché l'aiutava ad avere un figlio? Se lo chiedeva con insistenza, ma non trovava risposta.

«Dovresti provare alcuni rimedi di Karduniya» le disse Tawananna, mentre tornavano a palazzo.

«Con te hanno forse funzionato?» le chiese Muwatti con malizia, sapendo di toccare un nervo scoperto.

La regina non si scompose, conosceva bene il livore della figliastra nei suoi confronti, e continuò, eludendo la risposta: «Oggi è arrivato un LÚA.ZU dalla corte di mio padre, dovresti approfittarne. Fossi in te, vorrei essere sicura di non aver lasciato nulla di intentato».

L'altra rimase in silenzio, poi acconsentì con la sua solita autocommiserazione. «Lo incontrerò. E vedremo se i medici di Karduniya sono sapienti come quelli di Mizri, che dicono siano i più illustri, ma purtroppo io non ne ho mai incontrato uno.» Date le tensioni politiche tra il regno ittita e quello egiziano, Suppiluliuma non aveva potuto accontentare la figlia e chiamare a Hattusa un medico dalla corte del faraone.

Entrate nella residenza reale, le due donne si recarono negli appartamenti privati della regina, dove incontrarono il terapeuta babilonese per ottenere uno dei suoi rimedi, affinché Muwatti restasse incinta.

L'uomo si rivolse a Tawananna e le indicò una cura da seguire, che lasciò inorridita la principessa: doveva essere scuoiato un topo commestibile, aperto e riempito con una pianta amara; dopo averlo lasciato asciugare nell'ombra, doveva essere tritato fino a farlo diventare polvere e, in-fine, mischiato con lardo. A quel punto, la donna doveva inserire la mistura nell'utero.

La MUNUS.LUGAL fece chiamare Lupakki e gli chiese di approntare quanto necessario per la ricetta.

«Sarà subito fatto, mia Signora» rispose il Grande degli inservienti di palazzo, inchinandosi di fronte alla sovrana, che emanava un profumo afrodisiaco. Era ammaliato dal suo fascino e da tempo sognava di possederne il corpo.

Tawananna diede una sacchetta piena di sicli d'argento al medico per il suo servigio, e i due uomini uscirono dalla stanza, lasciandola da sola con la figliastra.

«È disgustoso!» sbottò Muwatti. «Sono esausta di tutti questi rimedi che non portano mai a nessun risultato.» Poi, presa dalla rabbia, proseguì: «Sono sicura che non sia mia la colpa!».

Si morse le labbra, ma la matrigna aveva già capito a chi era rivolto il suo biasimo.

«Hai ragione a farti delle domande, Mashuiluwa potrebbe essere impuro» disse la regina congiungendo le mani.

«Gli ho chiesto più volte di effettuare il rituale di Tunnawi, cui io stessa mi sono ripetutamente sottoposta, ma si è sempre rifiutato» rispose sdegnosa l'altra, confidando più di quanto dovesse.

Tawananna la prese sottobraccio e le rivelò all'orecchio un modo sicuro per smascherare la colpa del marito e rimanere gravida. «Concediti a un altro uomo.»

Muwatti torse leggermente le labbra che erano rimaste spalancate al suono di quelle parole, e scostò con forza il suo braccio. «Che cosa dici! Sai che la legge mi punirebbe con la morte.»

Senza scomporsi di fronte a quell'affermazione, la sovrana corrucciò leggermente la fronte: conosceva bene quali erano le pene capitali del regno di Hatti. «Che cosa desideri più di ogni altra cosa?» le domandò allora con voce ferma.

«Avere un figlio» rispose la principessa accarezzandosi istintivamente il grembo.

La matrigna si diresse verso la porta senza voltarsi e si congedò. «Ho molte faccende da sbrigare, a più tardi.»

Rimasta sola in quella grande sala, Muwatti si affacciò alla finestra da cui si vedeva il dirupo che proteggeva la cittadella dal lato nordorientale. Sentiva le vertigini, ma qualcosa l'aveva scossa dentro: avrebbe ottenuto quello che voleva, a qualunque costo.

# 6

## *Il nuovo re*

Era tarda mattina e il sole brillava alto nel cielo di Hattusa, quando dalla monumentale porta dei leoni fecero il loro ingresso i contingenti che scortavano i due viceré.

Piyassili e Telipinu vennero accompagnati da Hassuili attraverso la corte dei *MEŠEDI*, in cui dodici guardie del corpo erano disposte lungo un muro con le lance in mano e lo sguardo fisso in direzione del palazzo, mentre i LÚ$^{\text{MEŠ}}$ ŠUKUR KÙ.SIG$_{17}$, gli uomini dalla lancia d'oro, stavano in piedi vicino a un altro muro, scrutando il portone.

Chiunque conoscesse i due figli di Suppiluliuma sapeva che non potevano esistere fratelli tanto diversi nell'aspetto e nel carattere. Il primo ero basso e tarchiato con gli zigomi alti e fieri, mentre l'altro era alto e magro, e sulla sua fronte era impressa una grossa macchia scura.

Il sovrano di Karkamiš era un uomo nervoso e facile all'ira, ma aveva un innato carisma e la capacità di volgere ogni situazione a proprio vantaggio. Il viceré di Halpa, invece, era taciturno e sempre pesato nelle parole, il cui afflato religioso era tale da suggestionare chiunque gli stesse accanto.

«Miei cari fratelli, finalmente siete arrivati» esordì Mursili, accogliendo i due uomini nella maestosa sala delle udienze, dove sarebbe avvenuta il giorno seguente l'incoronazione. Stava in piedi di fronte a una finestra, che rischiarava la stanza più delle altre.

«Sono giorni tristi per tutti noi» disse Piyassili, prendendo la parola.

«Come vi ho scritto, la situazione è precaria nelle terre dei Kaska e, inoltre, Uhhaziti si rifiuta di restituire i fuggiaschi» lo interruppe subito Mursili, concitato.

«Quel traditore di un arzawita!» esclamò infuriato il fratello. Poi riprese il contegno. «Questa circostanza potrebbe tornare a nostro favore» ponderò, portando una mano all'elsa della spada ricurva che gli pendeva su un fianco. «La nostra terra ha bisogno di uomini e risorse, e una guerra potrebbe portare ingenti bottini, oltre a esaltare la tua immagine agli occhi dei Grandi e dei nemici.»

«Una guerra, adesso? Con questa oscura malattia che continua ad affliggere i corpi e gli animi?» chiese Mursili, sorpreso.

«Nostro padre aveva un disegno preciso. Dopo Mittani, il suo obiettivo era il regno di Arzawa, e Arnuwanda aspettava solo il momento opportuno per attaccare» spiegò il viceré di Karkamiš.

«Mi ha detto che per prima cosa avrei dovuto fermare con ogni mezzo l'epidemia» disse confuso l'altro.

«Perché non aveva previsto la morte di Hannutti e la paura della corte, soprattutto di essere governata da un ragazzo» aggiunse Telipinu, socchiudendo leggermente gli occhi.

«Non sono un ragazzo!» sbottò Mursili, mostrando per la prima volta il suo orgoglio, mentre un lampo gli balenava negli occhi rendendo il suo sguardo così simile a quello di Suppiluliuma.

«Devi dimostrare a tutti che sei il Gran Re e che sei degno di sederti sul trono di nostro padre» chiosò Piyassili. «Non lasceremo, però, che ti avventuri in una guerra più grande di te.»

«Non sei ancora pronto per affrontare Uhhaziti» sottolineò Telipinu. «Al contrario, combattere contro qualche tribù kaskea ribelle ti porterà prestigio, e non ti impegnerà più di qualche mese.»

«Farò come mi consigliate» disse il *tuhkanti*. Un raggio di sole gli illuminò il volto e lo scaldò, così aggiunse con tono deciso: «Ma prima di partire celebrerò la festa in onore della dea Sole di Arinna, che è rimasta sospesa da tempo».

«È una scelta saggia» si congratulò Telipinu. «Nostro padre era troppo indaffarato a presidiare il regno di Mittani per occuparsene. Così renderai giustizia agli dèi anche in suo nome.»

«E sia, ma dovrai affrettarti a radunare l'esercito e partire» commentò Piyassili, che non aveva un particolare sentimento religioso, motivo principale per cui mai sarebbe voluto diventare il LUGAL.GAL; Hattusa era la città del regno con il più alto numero di templi e stele, e compito del sovrano ittita era officiare molteplici feste e riti durante tutto l'anno. Un'afflizione, dal canto suo, che lasciava volentieri al pio fratello minore, mentre lui preferiva occuparsi di ben altro ufficio: la conquista del mondo! Ambizione che da sempre aveva condiviso con il padre.

I due viceré stavano per andarsene, quando Mursili li fermò e domandò, guardandoli entrambi di sottecchi: «Voi sapevate che Arnuwanda trovava conforto tra le braccia di Tawananna?».

Piyassili proruppe in una risata scomposta. «No, ma non mi stupisce, l'ha sempre desiderata fin da quando ha messo piede a Hattusa, e lei avrebbe fatto di tutto pur di mantenere il suo potere.»

Telipinu portò il dito alla bocca, poi proferì piano, facendolo oscillare davanti alle labbra. «È importante che la sua autorità resti salda a corte e che tu non le manchi mai di rispetto. È nell'interesse di tutti.»

Piyassili sbottò, preso da uno dei suoi soliti scatti di ira. «Un giorno, però, allontanerai quella squallida prostituta di Karduniya da Hattusa, per farle pagare l'affronto a nostra madre. Non doveva essere esiliata.»

Su quella decisione Piyassili si era scontrato molte volte con il padre, ma a niente erano valse le sue rimostranze. La principessa babilonese non aveva saputo attendere la morte di Henti per assurgere al ruolo di MUNUS.LUGAL.GAL, ottenendo in poco tempo quello che più desiderava, senza curarsi di umiliare la donna più amata dagli Ittiti e dai figli del re.

«È una storia vecchia» disse Telipinu; sebbene provasse anche lui rancore nei confronti della matrigna, non lo aveva mai palesato apertamente. Sapeva bene che i muri del palazzo reale avevano occhi e orecchie dappertutto! «Se questo non fosse stato il volere degli dèi, Tawananna sarebbe morta dopo quel parto infelice. Loro la proteggono» commentò.

«Non lo faranno per sempre» concluse Piyassili, astioso.

Allora i due fratelli imboccarono la porta, lasciando Mursili ai suoi pensieri. Aveva ascoltato con attenzione i loro consigli, ma aveva anche preso una decisione autonomamente, e di questo andava fiero.

Era arrivato il giorno tanto atteso dell'incoronazione: gli Ittiti reclamavano il loro sovrano.

Come prevedeva il cerimoniale, Mursili si recò nella stanza preposta al bagno, dove si lavò e si cosparse di Ì.DÙG.GA, l'olio fine che veniva usato anche nei rituali e nelle feste per purificare e attrarre le divinità con la sua fragranza. Il profumo delicato si spargeva sempre più forte, infondendo un senso di calma nel giovane re, perché gli ricordava la madre Henti; il corpo della donna, cosparso dal prezioso balsamo, lasciava una scia impalpabile al suo passaggio, che si faceva più intensa quando con gentilezza sfiorava la fronte di Mursili con un bacio.

Lo stesso odore, però, gli fece venire in mente la salma di Arnuwanda, esanime sul letto, mentre il prezioso olio riluceva sulla sua pelle, come se fosse ancora vivo. Dov'era sua madre, anche lei era scesa nella Nera Terra[1]? Non ne aveva avuto più notizia dall'esilio e, in quel momento, il suo ricordo così dolce si tramutò in un dolore quasi insopportabile.

Non poteva, tuttavia, cedere allo sconforto, così prese e indossò con cura gli abiti designati alla solenne celebrazione: una tunica bianca lunga fino alle caviglie, avvolta da una stola che gli ricadeva sul petto, in testa il *lupanni*, lo speciale copricapo a calotta su cui risplendeva un diadema, mentre ai piedi infilò un paio di scarpe con le punte all'insù. La pelle di cui erano fatte doveva essere pura come tutte le vesti e provenire solo da carni macellate nella cucina del palazzo reale.

Infine Mursili impugnò saldamente il *kalmus*, il bastone ricurvo che era un simbolo di giustizia e accumunava il re al dio del Sole, ritenuto "il pastore dell'umanità". Era pronto per sedersi sul *kishi* e sentire nominare il suo nome in maniera ufficiale davanti a tutti i più alti dignitari della corte.

E quando il suo nome risuonò tra le spesse mura della sala delle udienze, capì che non sarebbe stato mai più quello di prima, che avrebbe dovuto mantenere costantemente una condotta pura nel corpo e nell'anima per essere benvoluto dagli dèi e fare il suo dovere di

LUGAL.GAL. A lui non era permesso di peccare, perché tutto il suo popolo avrebbe pagato per le sue colpe.

Tawananna aveva seguito la cerimonia con lo sguardo fisso e malinconico: che cosa rimpiangeva? Che su quel trono, ai cui lati erano scolpiti due maestosi leoni di pietra, non fosse seduto uno dei suoi figli? Che cosa bramava ancora nel suo cuore, così inaccessibile a tutti?

Poi venne il momento del giuramento dei sudditi e dei familiari del re. Mittannamuwa lesse le tavolette di ogni vincolo, che si chiudevano con la lunga lista di divinità che suggellavano il patto sacro e le consuete benedizioni e maledizioni, per chi lo avesse trasgredito. Ce n'era uno per ogni categoria di dignitari e uno redatto singolarmente sia per Piyassili sia per Telipinu. Su ognuna delle tavolette Mursili appose il suo sigillo ufficiale in cui spiccava il grande disco solare alato.

Muwatti, che era rimasta silenziosa per l'intera giornata, nel suo intimo era infastidita dalla scelta fatta da Arnuwanda, pur sapendo che il suo ruolo non avrebbe avuto sorte diversa se un altro dei suoi fratelli si fosse seduto su quel trono. Auspicava, però, un conflitto imminente contro Arzawa, perché voleva che il marito Mashuiluwa ottenesse un incarico più prestigioso del governo di una semplice città di provincia. Tuttavia, pensava che fosse troppo pavido per ambire a qualcosa di più grande, e indulgeva nel vino, sotto il cui influsso diventava violento e meschino.

Mursili, che ai suoi occhi come a quelli di molti cortigiani era solo un ragazzino, avrebbe avuto il coraggio di intraprendere una guerra di tale entità, che avrebbe portato innumerevoli lutti tra il guerriero e fiero popolo ittita?

Il primo provvedimento che Mursili prese da re fu quello di inviare un messaggio a Uhhaziti, affinché gli restituisse i fuggiaschi che erano entrati nel suo territorio.

Un giovane scriba incideva velocemente quanto il sovrano dettava, sotto lo sguardo vigile di Mittannamuwa.

La missiva era molto importante e doveva essere presa ogni cura per incutere il giusto timore nel sovrano arzawita, che era venuto meno ai patti.

Quando il LUGAL.GAL ebbe terminato, ordinò al giovane di congedarsi, mentre chiese al Grande degli scribi di rimanere.

«Ho un compito della massima urgenza da darti» esordì, con aria solenne. «L'epidemia non si placa nonostante le continue offerte agli dèi. Devo scoprire al più presto il motivo della loro ira.»

«Sono stati più volte consultati i veggenti, gli aruspici, gli àuguri e le "vecchie", mio Sole» disse Mittannamuwa. «In che cosa posso servirti meglio di loro?»

«Non hanno mai confermato nessuna ipotesi, nessuna colpa manifesta. Devi controllare se qualcuno dei rituali o qualche giuramento sia stato trascurato. Anche i più antichi» dispose il re.

«Mi metterò subito all'opera, ma temo che non avrò presto risposte. L'archivio del palazzo reale è molto grande, per non parlare delle tavolette conservate nei numerosi templi di Hattusa» rispose l'uomo, con raziocinio misto a un'innata pacatezza.

Mursili lo guardò comprensivo e lo congedò. «Confido nella tua discrezione ed esperienza.»

I giorni, intanto, passavano inesorabili e il cielo della gloriosa capitale ittita era carico di tensione e di incertezza verso il futuro. La morte aleggiava nelle strade, nelle case e nei templi, continuando a stroncare vite come fossero nugoli di mosche spazzate via da una folata di vento. Le campagne erano sempre più afflitte dall'epidemia e il bestiame soffriva la stessa crudele sorte degli uomini. La speranza risiedeva nelle grida di gioia e nelle risate dei bambini, che spensierati vivevano ogni giorno senza chiedersi se sarebbe stato l'ultimo. E tra di essi c'era Huella.

Come ogni mattina, la piccola figlia del GAL SAGI stava giocando nel cortile interno della sua bella casa. Portava con orgoglio tra i capelli il fermaglio di lapislazzuli che le aveva regalato Amminnaya, a suggellare la sua vittoria sulla spocchiosa principessa.

Suo padre, Arimelku, era un potente dignitario, che svolgeva importanti compiti durante i rituali, tra cui quello di porgere alla coppia reale le bevande e i pani destinati alle offerte e riprenderli dalle loro mani, supervisionare che le varie azioni cultuali fossero svolte nell'ordine prestabilito e dare inizio alle musiche e ai recitativi; era stato molto riconoscente alla regina per il prezioso dono, e si auspicava che le due bambine sarebbero diventate finalmente amiche.

Mentre Huella correva nel patio, urtò un gradino e, cadendo, si ferì un palmo con un chiodo che sporgeva da sotto un pilastro. Cominciò a singhiozzare e venne subito soccorsa dalla madre, che la rassicurò, dicendo che non era niente di grave. Dopo che la ferita fu medicata, la bambina si calmò, riacquistando il suo sorriso.

Subito dopo l'incoronazione, Mursili si era trasferito negli appartamenti del palazzo reale e aveva lasciato al novello GAL *MEŠEDI* la villa in cui aveva vissuto per poco più di un anno.

Gassulawiya aveva scelto alcuni fidati servitori da portare con sé nella nuova residenza, tra cui Annella, la nipote di Lupakki.

Mentre l'ancella percorreva un corridoio con una brocca d'argento in mano, s'imbatté nel re, che era scortato dal Comandante delle guardie del corpo.

Mursili la salutò e lei subito si fermò e s'inchinò al suo cospetto, arrossendo leggermente. «Vorrei conferire con Gassulawiya, sai se è nelle sue stanze?» le chiese.

«No, mio Sole» rispose la ragazza, alzando lo sguardo. «È andata alla É NA4KIŠIB.»

Hassuili, che sostava al fianco del re, non le aveva tolto gli occhi di dosso per un attimo. Annella aveva diciassette anni e la sua pelle era lucida e sottile, mentre i suoi capelli leggermente ondulati sporgevano ai lati del velo. Aveva i fianchi larghi, evidenziati ancora di più dalla vita sottile, adornata da una cintura di stoffa. Il suo seno abbondante era racchiuso dall'abito di lana accollato, impreziosito da una semplice collana.

«Ti ringrazio, adesso puoi andare» la congedò Mursili.

Annella, a testa bassa, riprese la sua strada titubante, e inciampò.

Il GAL *MEŠEDI* la sorresse e quella incrociò il suo sguardo: aveva gli occhi cerulei e fieri, di chi non ha paura di niente, e ne fu subito colpita.

«Se non stai attenta, una cosa di così tanto pregio potrebbe rompersi» disse Hassuili con malizia, tenendola tra le braccia.

Annella era timida ma non indifesa, così rispose gentilmente allo sfacciato militare, destandone l'ammirazione.

«Grazie, mio Signore. Non devi preoccuparti, l'ho trattata con dedizione finora e saprò prendermene cura anche in futuro.»

Mursili sorrise leggermente e riprese la sua strada, scortato dall'amico, provocandolo bonariamente: «Non credevo che ti interessassero così tanto le brocche d'argento. Se vuoi, posso nominarti GAL DUMU$^{\text{MEŠ}}$ É.GAL al posto di Lupakki».

«Non chiedo di meglio, mio Sole» rise il fratello, complice, e ribattendo per avere l'ultima parola: «Ma sarà difficile convincere lui a tornare sul campo di battaglia. Ha fatto troppa carriera dai tempi in cui serviva Suppiluliuma come Decurione dell'esercito».

Mentre l'animo di Mursili era rallegrato dal buon umore del fratello, quello di Gassulawiya era in subbuglio: da quando il marito si era seduto sul trono della regalità di Hatti, sentiva una nuova responsabilità nei suoi confronti. Un giorno sarebbe diventata MUNUS.LUGAL.GAL e avrebbe dovuto occuparsi di gran parte dell'amministrazione dell'erario reale, soprattutto durante le lunghe campagne militari che il suo sposo avrebbe condotto per molto tempo lontano dai confini di Hattusa.

La "casa del sigillo" era un luogo importante, dove venivano registrati e depositati con cura i doni e i tributi ricevuti dal re e dagli alti dignitari ittiti da parte degli stati vassalli, oltre ai regali che i membri della corte elargivano alla famiglia reale.

Dopo l'incoronazione erano stati mandati molti doni al novello sovrano e Tawananna era impegnata a gestirne la registrazione per poi fare trasportare quelli più pregiati nella É LÚŠÁ.TAM, dove si trovava il tesoro regio.

Passando davanti a una delle stanze dell'edificio, Gassulawiya la vide in compagnia di uno scriba e di una donna abbigliata con una raffinata tunica e un grosso bracciale d'argento al polso; la regina stava apponendo il proprio sigillo su una cretula che accompagnava l'omaggio della matrona e la tavoletta che ne protocollava il contenuto. Si trattava di una cesta che conteneva alcune vesti per il culto e un paio di orecchini d'oro.

«Mia Signora, qualcosa ti turba?» le chiese Mezzulla, comparendo all'improvviso. «Oh, no, niente» si schermì Gassulawiya, vedendo la maga per la prima volta da vicino:

aveva i capelli grigi e scomposti sotto il velo, e profumava d'incenso misto a cedro. Era la MUNUSŠU.GI più fidata di Tawananna, di cui aveva spesso interpretato i sogni premonitori. A corte tutti la rispettavano e ne avevano allo stesso tempo timore, perché si vociferava che praticasse la magia nera.

La regina scorse le due donne che sostavano sulla porta e fece finta di niente, ma congedò in fretta la cortigiana e il DUB.SAR. Poi fece cenno a Mezzulla di entrare, indicandole di chiudere la porta.

La maga entrò nella stanza, lasciando la principessa perplessa: che cosa ci faceva "la vecchia" alla É NA4KIŠIB?

Quando Gassulawiya tornò a palazzo, fece visita a Mursili nelle sue stanze, dove si stava preparando per la sua prima uscita in pubblico da re, che sarebbe avvenuta durante la celebrazione della festa in onore della dea Sole di Arinna.

«Andrà tutto bene, conosci ogni dettaglio del cerimoniale a memoria» lo rassicurò «lo hai visto fare tante volte a tuo padre, e Tawananna sarà lì ad aiutarti.» E, dopo una breve pausa, aggiunse: «A proposito, l'ho incontrata alla "casa del sigillo" in compagnia di Mezzulla».

Mursili sollevò lo sguardo e la scrutò. «Perché sei andata là?»

Gassulawiya si sentì a disagio e quasi sotto accusa. «Volevo solo dare un'occhiata. Un giorno dovrò occuparmi insieme a te di amministrare i beni del Palazzo, e vorrei imparare a farlo al più presto.»

«Hai ragione. Chiederò a Tawananna di mostrarti le procedure più importanti, come mio padre fece con me e i miei fratelli» le disse sorridendo il sovrano, trovando che il viso della moglie diventasse ancora più bello, quando si sentiva punta nell'orgoglio.

La ragazza lo baciò teneramente sulla guancia. «Mi dispiace, ti ho interrotto.»

Mursili tornò chino sul tavolo di legno intarsiato che gli stava dinnanzi, dove erano impilate alcune tavolette con le istruzioni per la festa, che si era fatto portare da Mittannamuwa. «È fondamentale che ogni cosa sia perfettamente eseguita per evitare un ulteriore biasimo da parte degli dèi» asserì, ancora preoccupato.

Era pratico di cuneiforme ed era convinto che la parola del re avesse tanto più valore se fosse stata resa manifesta attraverso le opere che ne esaltassero le imprese. Aveva letto le gesta degli antichi sovrani come Hattusili e il suo omonimo Mursili, che aveva distrutto la celebre Karduniya, e pensava che suo padre avrebbe dovuto celebrare le sue prodezze con altrettanta lungimiranza. Suppiluliuma, però, aveva sempre cercato la gloria nel momento presente e dimenticava con facilità il passato. Proprio come aveva scordato Henti e Tuthaliya il Giovane. A quel pensiero, un brivido corse lungo la schiena del LUGAL.GAL.

«Va tutto bene?» gli chiese Gassulawiya, che era rimasta in disparte, seduta su una sedia.

«Certo. Adesso vai, Halpasulupi potrebbe avere bisogno di te» la congedò distratto lui, senza guardarla negli occhi. Era chiaro che alcuni oscuri pensieri, di cui non voleva metterla a parte, si stavano affastellando nella mente del suo adorato sposo.

# 7

## *Una minaccia dal Nord*

L'imminente partenza di Mursili per la sua prima campagna nelle vesti di Gran Re si avvicinava.

Il generale Nuwanza stava organizzando l'esercito acquartierato a Hattusa e per quella data sarebbe stato necessario interrogare il $^{\text{LÚ}}$MUŠEN.DÙ per avere il responso oracolare legato all'interpretazione del volo degli uccelli, il $^{\text{LÚ}}$ḪAL per osservare le viscere di alcuni animali sacrificali e le $^{\text{MUNUS}}$ŠU.GI per indagare i movimenti della biscia d'acqua e fare le verifiche con il lancio delle sorti del KIN.

Il sovrano era ansioso di sapere se le scelte che aveva fatto in accordo con i suoi fratelli erano sotto il buon auspicio degli dèi.

Mentre era seduto sull'imponente trono della sala delle udienze, gli venne annunciato l'arrivo di un messo dal Paese di Arzawa. Ad assistere c'era anche il fedele Hassuili, che fece una smorfia di disgusto, quando udì le parole finali contenute nella tavoletta.

«Chi mi avrebbe potuto incutere timore sarebbe stato tuo fratello maggiore, che al tempo di suo padre governava truppe e carri ed era un uomo già fatto. Tu, invece, sei un ragazzo e non sai nulla, non mi incuti nessun timore! Da questa parte il tuo territorio è alla rovina e i tuoi soldati e i tuoi combattenti su carro sono pochi, mentre i miei sono più numerosi. Tuo padre sì che aveva un grande esercito, ma tu, che sei un ragazzo, come pensi di essere al suo pari?[1]»

Il messaggio proseguiva, annunciando che Uhhaziti non avrebbe consegnato i fuggiaschi della regione di Lukka richiesti da Mursili. Il re fece subito congedare il messaggero, e poi aprì il suo cuore all'amico. «Come osa parlarmi in questo modo?»

«Hannutti è morto e lo sono anche molti dei guerrieri che risiedevano nelle guarnigioni del Paese Basso» sospirò il GAL *MEŠEDI*. «L'infido arzawita sa che in questo momento non puoi muovergli guerra.»

«Gli scriverò di nuovo per intimargli di tenere fede ai patti che aveva stipulato con nostro padre. È grazie a lui se siede su quel trono!» disse Mursili, e aggiunse con orgoglio: «Nel frattempo, mostrerò a lui e agli altri regni che oseranno ribellarsi contro di me che le truppe di Hatti e i suoi combattenti su carro sono i più nobili e abili del mondo».

Era finalmente arrivato il giorno della celebrazione della festa in onore della dea Sole di Arinna. Il cielo era limpido e nell'aria si sentiva il ronzio delle api, che con il loro miele deliziavano gli Ittiti e le loro mille divinità.

Dopo il bagno purificatorio, Mursili si vestì con gli abiti previsti per i riti solenni e appose sulla testa il consueto copricapo a calotta, poi mise un paio di orecchini d'oro e indossò scarpe nere con le punte.

Con una solenne cerimonia, gli furono consegnate le insegne della regalità: una lancia di ferro e il *kalmus*.

Tawananna, abbigliata da AMA.DINGIR, si congiunse a lui e insieme vennero scortati dalle guardie del corpo attraverso le tre corti della cittadella.

Saliti ognuno sul proprio carro, con quello del re in testa, arrivarono al maestoso portone d'ingresso dell'acropoli: preceduti dalle guardie, i funzionari addetti al culto, i dignitari, i musici, i cantanti e i danzatori per dare inizio alla processione, il re e la regina uscirono con fare solenne. Al loro passaggio attraverso le strade di Hattusa vennero salutati con giubilo dal popolo, che non aspettava altro che trascorrere giornate di festa e riconciliazione con gli dèi.

Una volta giunta al grandioso É.DINGIR eretto in onore della dea e del suo sposo, la coppia reale assistette a una danza di benvenuto eseguita in circolo, mentre venivano intonati alcuni inni.

Poi attraversò il *hilammar* istoriato d'oro e si recò nella corte interna, dove eseguì l'abluzione delle mani in un bacile d'argento, asciugandole poi con un panno offerto loro da Lupakki, il Grande degli inservienti di palazzo.

Entrati nel santuario, Mursili rimase da solo e fece offerte al focolare, al trono, alla finestra e al chiavistello, tutti luoghi sacri del tempio, mentre Tawananna accedette alla É.ŠÀ, restando in attesa.

Quando i due si furono ricongiunti, offrirono un banchetto – fatto di carni grigliate e arrostite, diversi tipi di pane, frutta, formaggio, miele – e varie libazioni a base di vino e birra alla dea Sole di Arinna e ad altre divinità del pantheon ittita.

Mursili si lavò e asciugò nuovamente le mani: spezzò una pagnotta e "bevve" solennemente la divinità da uno splendente rhyton d'argento.

Allora furono fatti entrare e presero parte al banchetto anche gli altri dignitari di corte, tra cui c'erano Hassuili e Arimelku.

Al suono ritmato e incessante di tamburi, lire, liuti, cimbali e corni venne ricreata una scena di caccia in cui due ballerini vestiti come leopardi mimavano i movimenti aggraziati della feroce preda.

Poi le celebrazioni continuarono il loro corso al di fuori del *karimmi*. Si susseguirono i mirabolanti giochi degli acrobati, sulle loro lunghe scale, e le esibizioni dei mangiatori di spade, mentre le più prestanti delle guardie del corpo si sfidarono in eccezionali gare con l'arco e di corsa. Ai vincitori venne data una coppa di vino e una tunica, mentre i perdenti furono sottoposti a ben più imbarazzanti ma giocose "ricompense", come portare dell'acqua... nudi!

Sapendo di dover affrontare molto presto la sua prima campagna militare da re, Mursili chiuse i festeggiamenti recitando una lunga e accorata *arkuwar* alla dea.

All'alba, salì sul tetto del palazzo reale; sul *suhha* della residenza regia, dei templi o delle semplici case, infatti, venivano officiati speciali riti e preghiere: era il luogo privilegiato per stabilire un contatto diretto con le divinità celesti.

Su due tavole di vimini coperte erano state preparate offerte di cibo per gli dèi: una trentina di pagnotte di farina bagnata, una tazza di miele mista a olio fine, una pentola piena di pane con grasso, una ciotola colma di tritello e numerose brocche di vino.

Rivolto verso il sole, che gli scaldava tiepidamente il volto e scacciava le ombre della notte, il sovrano sentì un'emozione profonda, poi sollevò le mani e iniziò la sua invocazione.

«Tu, o dea Sole di Arinna, sei una divinità possente. Solo nella terra di Hatti, vi sono per te, mia dea, templi fortificati che non vi sono per te in nessun altro paese, e solo nella terra di Hatti ti vengono offerte feste e rituali puri e santi come da nessun'altra parte.

Tu, o dea Sole di Arinna, sei una dea onorata. Non

c'è divinità più onorata e più grande di te! Tu controlli la regalità del cielo e della terra, stabilisci i confini delle terre, ascolti le preghiere e sei una dea misericordiosa.

Adesso, sostieni me, il re, il tuo servo, e prendimi per mano. Piega il tuo orecchio a ciò che andrò dicendo, e ascoltalo!

O dèi, cos'è questo che avete fatto? Avete lasciato entrare un'epidemia nel Paese di Hatti, e l'intera terra di Hatti sta morendo. Nessuno prepara più per voi le offerte di pane e bevanda. Gli agricoltori che lavoravano i campi incolti degli dèi sono morti, così non arano né mietono i vostri campi. Le donne alla macina che erano solite fare il pane per gli dèi sono morte, quindi, non fanno più le offerte di pane per voi. I mandriani e i pastori che erano soliti scegliere da ogni stalla e ovile i bovini e gli ovini sacrificali sono morti, così le stalle e gli ovili sono trascurati. È, dunque, successo che si siano interrotte le offerte di pane, bevande e animali. E voi, o dèi, ci ritenete colpevoli per questa faccenda. La vostra sapienza è scomparsa tra gli uomini e non c'è nulla di giusto che facciamo ai vostri occhi.

O dèi, qualunque peccato andiate vedendo, lasciate che venga un uomo ispirato dalla divinità e lo dica, o lo rivelino attraverso ricerche oracolari le "vecchie", i veggenti e gli àuguri, o lo veda un uomo in sogno. Accogliete di nuovo, o dèi, il Paese di Hatti nel vostro favore! Da una parte è oppresso dall'epidemia, dall'altro dai nemici. Mandate là l'epidemia, la guerra e la fame! In pace sono i paesi sollevatisi mentre il Paese di Hatti è stremato: sciogliete lo stremato e aggiogate il pacificato!

O Sole di Arinna, mia Signora, cammina accanto a me e distruggi di fronte a me quei paesi nemici vicini che mi hanno chiamato ragazzo e mi hanno umiliato, e hanno cominciato a cercare di prendere i tuoi confini.

Concedi a me, il re, e alla terra di Hatti, vita, salute, vigore, splendore dell'anima per sempre, e longevità! Concedi per il futuro abbondanza di orzo, vino, frutta, bovini, ovini, caprini, maiali, muli, cavalli, animali dell'aperta campagna e uomini. Spirino i venti della prosperità e che il Paese di Hatti cresca e prosperi![2]»

Il giorno seguente, la principessa Muwatti decise di partire, sebbene rimpiangesse già il fasto e la gloria della capitale, il cui fascino era ineguagliabile.

Quando si apprestò a salire sul convoglio che l'avrebbe riportata a Impa, un uomo prestante dai capelli folti e il labbro pronunciato, le porse la mano per aiutarla. «Ti ringrazio» rispose, lusingata.

Conosceva da diversi anni Pihaziti, suo cognato, ma era come se fosse la prima volta che lo vedeva. L'aveva scortata lui nella capitale al posto del fratello minore Mashuiluwa, vista la situazione di tensione sui confini arzawiti. Tenendola ancora per mano, nonostante fosse già salita sul carro, aggiunse: «Il viaggio sarà lungo e potrebbe essere più pericoloso dell'andata. Ma non temere, ritornerai a casa sana e salva. Te lo prometto, e che gli dèi mi siano testimoni».

Muwatti sbatté le ciglia con stupore e sorrise leggermente. «Allora sali sul mio carro, mi sentirò ancora più sicura» propose civettuola.

Il cognato rimase un attimo interdetto, poi montò con un balzo, facendo un segno al convoglio di mettersi in marcia.

Quella stessa notte, Gassulawiya si unì più volte a Mursili, come se volesse esaudire tutti i suoi desideri più nascosti e carnali. Sapeva che sarebbe stato in guerra per molti mesi e che avrebbe visto il suo volto solo in sogno, ma temeva che a lui questo non sarebbe bastato.

Desiderava dargli un altro figlio, perché non voleva che nessuna donna potesse reclamare il diritto di un erede al trono. Sapeva che era una speranza vana e che già le concubine di Arnuwanda pretendevano il seme del nuovo re, e altre se ne sarebbero aggiunte.

Mursili, tuttavia, aveva deciso di non dedicarsi ancora alle gioie dell'harem, perché l'unica donna che bramava era Gassulawiya. Amava accarezzare e baciare la sua pelle liscia e ascoltare quei suoi timidi gemiti durante l'amplesso. Si sentiva appagato tra le sue braccia ed era quasi intimorito all'idea di unirsi con un'altra donna.

Hassuili lo aveva più volte preso in giro, perché non si concedeva alle prostitute, ma era anche geloso del fratellastro, perché avrebbe voluto come lui avere qualcuno da amare, con l'anima, non solo con il corpo; ma non si era mai innamorato.

Chissà se Annella avrebbe scalfito quella sua corazza e lasciato insinuare un sentimento sincero tra quelle maglie scintillanti ma così strette da non far passare nemmeno la luce.

Dopo alcuni mesi dalla sua incoronazione, Mursili era pronto a partire con il beneplacito degli dèi, dato che tutte le consultazioni oracolari avevano dato esito positivo alla campagna militare contro i turbolenti Kaska.

Era arrivato anche il momento del giuramento dei soldati e, come di consueto, fu approntato un rituale che sancisse la fedeltà al sovrano e la funesta vendetta divina, se fosse stato rotto!

Alle truppe venne consegnato in mano un pezzo di lievito madre e, mentre lo leccavano, il sacerdote recitava in questo modo: «Che cos'è questo? Non è forse lievito? Come si prende un po' di questo lievito e lo si mescola nella ciotola dell'impasto, e l'impasto viene fatto riposare per un giorno finché cresce, colui che trasgredisce questi giuramenti e tende trappole al re di Hatti e si rivolge al Paese di Hatti in modo ostile, che questi giuramenti lo afferrino! Possa egli essere consumato dalla malattia e possa avere una terribile morte![3]». E quelli, con la bocca impastata di lievito, proferirono all'unisono: «Che così sia!».

L'officiante del rito mise in mano ai soldati della cera e grasso di pecora, che poi gettò nel fuoco, dicendo che si sarebbero dissolti allo stesso modo, se avessero rotto il giuramento.

Diede loro altri oggetti che in modo analogo li rappresentassero e, facendoli bruciare, augurò loro la stessa fine come conseguenza del voto infranto.

Allora furono portati dei vestiti femminili, una conocchia e uno specchio e il sacerdote spezzò una freccia, recitando solennemente un altro anatema: «Che cosa sono questi? Non sono forse abiti da donna? Chiunque rompa questi patti e arrechi danno al re, alla regina e ai principi, questi giuramenti lo trasformino in una donna! Che le sue truppe diventino donne e come tali siano abbigliate, e che le loro teste siano coperte con un velo! Che gli dèi del giuramento rompano gli archi, le frecce e le armi nelle loro mani e che diano loro in cambio una conocchia e uno specchio[4]».

Vennero poi condotti una donna sorda e un uomo cieco, così che chi avesse fatto del male al re o alla regina e infranto il *lingai*, sarebbe stato accecato e reso sordo come punizione.

Infine, il sacerdote gettò acqua sul fuoco e disse: «Come si è spento questo fuoco ardente, che questi giuramenti afferrino colui che li ha rotti! Che la sua vita, il suo vigore giovanile, il suo benessere futuro insieme a quello di sua moglie e dei suoi figli si estinguano allo stesso modo, e gli dèi del giuramento lo maledicano terribilmente! Che non abbia pascolo per le sue mandrie, le sue greggi e il suo bestiame; che dal suo campo non spunti erba, nemmeno da un solco!».

I guerrieri della fanteria nei loro corti gonnellini erano finalmente pronti a cominciare la marcia, brandendo in una mano la lancia e nell'altra uno scudo di legno a forma di otto ricoperto in pelle; dal copricapo a calotta in cuoio, che aveva paramenti protettivi fissati alle guance e alla nuca, fuoriusciva una treccia che rigida delineava la colonna vertebrale, mentre al loro fianco pendeva una corta spada scanalata.

I carristi, invece, erano armati non solo di lance, ma anche di archi fatti di legno e corno, che erano attaccati a una custodia al lato del veicolo, mentre le faretre, che potevano contenere ciascuna trenta frecce dalla punta di bronzo uncinata, pendevano dalle loro spalle. Sul carro, bardato da un'armatura composta da scaglie di metallo, li affiancavano un fidato auriga e uno scudiero.

Prima di partire, Mursili si raccolse in preghiera in una cappella che si trovava vicino a una maestosa porta di accesso alla parte meridionale della città, dove un dio guerriero, con in mano l'ascia e il pugno chiuso in segno di benedizione, salutava l'esercito che si apprestava a rendere gloria ancora una volta al Paese di Hatti.

Il viaggio verso la città ribelle kaskea di Turmitta prevedeva diversi giorni di dura marcia e il contingente di circa tremila soldati e cinquecento carri, i convogli con i viveri e i servitori che accompagnavano la spedizione formavano una lunga colonna, che si perdeva a vista d'occhio dalla capitale.

Mentre il re si apprestava fiducioso ad andare incontro al suo destino, di cui era ignaro, la sorte della piccola Huella era ormai segnata.

Con il viso fisso in un sorriso sardonico, gli arti e il collo che non potevano più muoversi e la schiena arcuata, era spirata, tra le strazianti grida di disperazione della madre.

Arimelku, il Grande dei coppieri, era rimasto in silenzio davanti a tutto quel dolore e a niente erano servite le parole di conforto degli altri funzionari di corte e della stessa regina.

«Che Lelwani l'accolga tra le sue braccia» disse infine l'uomo, mentre dava l'estremo saluto alla figlia.

Nell'udire quell'infausta notizia, l'unica a non provare nessun turbamento era stata Amminnaya. Anzi, sentiva una sottile soddisfazione nel credere di essere stata lei a causare la morte della rivale, avendo sotterrato vicino al fiume e maledetto la bambolina di legno con il suo nome.

Tawananna le aveva fatto visita per ricordarle gli impegni cultuali cui avrebbe dovuto presenziare nei giorni seguenti.

«Dimmi di più sulle pratiche di magia nera» le chiese la principessa, eccitata.

«Per ora concentrati sulla tua condotta» disse l'altra, che non vedeva nessun senso di rimorso nella figlia. «E alla prima occasione, fatti vedere dispiaciuta da Arimelku per la sua terribile perdita.»

«Ma io sono felice» esclamò Amminnaya, ostentando un'incoscienza e un'arroganza che allertarono la madre.

«Non devi mai mostrare i tuoi veri sentimenti» si affrettò a dirle, guardandola con occhi severi.

La bambina chinò la testa e finse di avere capito. «Come desideri.» Il suo cuore, tuttavia, era tronfio e assetato di potere, e la triste fine di Huella non aveva fatto altro che rinsaldare la sua ambizione.

Gli scontri nel territorio di Turmitta si volsero tutti a favore del potente esercito ittita. Sebbene il contingente non fosse numeroso, il valore mostrato sul campo contro i bifolchi Kaska non lasciò dubbio su chi fosse il più forte. Vennero date alle fiamme le città di Halila e Tutuska, i due centri principali della regione che si erano ribellati al potere di Hatti, e fu rastrellata la popolazione e il bestiame bovino e ovino per essere deportati nella capitale.

«Gli dèi hanno marciato dinanzi a me e abbiamo vinto» disse solennemente Mursili, mentre teneva a raccolta nella sua tenda il generale Nuwanza, il GAL UKU.UŠ e il GAL KUŠ[7] sia dell'ala destra sia dell'ala sinistra. Hassuili ascoltava in disparte, affilando la lama della sua spada.

«I Kaska giureranno e torneranno a fornirci regolarmente uomini» aggiunse il re, soddisfatto. «Possiamo tornare a Hattusa.»

«E Hannutti?» chiese impaziente il GAL *MEŠEDI*. «Dobbiamo vendicare la sua morte.»

«Non avere fretta» rispose Mursili, serio. «Andremo contro la regione di Ishupitta a tempo debito.»

«Non hanno ancora mandato il tributo, mio Sole» intervenne Aranhapilizzi, il Comandante della fanteria pesante di destra.

Il re si alzò in piedi, pensieroso. «Saranno puniti anche per questo, ma è necessario portare a Hattusa con urgenza i deportati e il bestiame che abbiamo già catturato. Poi riprenderemo la nostra marcia.»

«Tutti i Kaska di Turmitta si ribelleranno, mio Sole,» proruppe Nuwanza «non lasceranno invendicata la distruzione di Halila e Tutuska.»

Mursili accigliò la fronte. «Che cosa consigli di fare?»

«Prepariamoci allo scontro» rispose. «Se ci muoveremo adesso, saremo in svantaggio.»

Il giovane sovrano fece un segno di assenso con la testa, fidandosi dell'istinto del suo migliore generale, e con quello si congedarono anche gli altri alti ufficiali. Hassuili abbandonò la tenda, salutandolo a stento.

«Non far ribollire il sangue così velocemente» lo fermò la voce del fratello. «Ho mandato un messaggero al *BĒL MADGALTI* per avere informazioni più dettagliate sull'imboscata di Humisina.»

Il GAL *MEŠEDI* si voltò, con le guance ancora rosse per la rabbia. «Non metterò mai in discussione un tuo ordine, ma hai troppa fretta di dimostrare che sei il Gran Re di fronte alla corte» disse con tono secco.

L'altro gli si parò davanti e gli afferrò il bavero della tunica, perdendo il suo solito contegno. Per un attimo rivide in se stesso Suppiluliuma, ed ebbe paura. Allora lasciò andare la presa. «E io vorrei che tu mi dessi consigli che non soddisfino solo la tua sete di vendetta personale, ma siano volti al bene del popolo.»

Hassuili lo guardò dritto negli occhi e poi si accomiatò con un piccolo inchino, senza proferire parola.

Il giorno seguente, come aveva previsto Nuwanza, le truppe kaskee di appoggio attaccarono l'esercito ittita per soccorrere le due città che continuavano a bruciare e le cui fiamme si levavano ancora in alto nel cielo.

Il forte Tarhunta, la dea Sole di Arinna e tutti gli dèi marciarono di fronte a Mursili. Lo scontro avvenne in campo aperto, dove i carristi poterono dare il meglio di sé, mentre l'eco delle urla dei guerrieri e lo stridere di asce e spade si levava tra le alte montagne circostanti.

Il re di Hatti, ancora una volta, sconfisse il nemico kaskeo e il suo vano tentativo di ribellione.

# 8

## *Il Sole e la Luna*

La primavera aveva già lasciato il passo all'estate e il caldo afoso avvampava nelle ore pomeridiane. Tawananna amava rinfrescarsi la pelle con un unguento a base di olio fine misto a cedro, miele e sesamo. Il profumo si diffondeva per le stanze della residenza reale, dove si aggirava nervosa in attesa di buone notizie dal Nord.

Auspicava che Mursili tornasse vincitore dalla campagna militare contro le tribù kaskee di Turmitta, perché il suo piano aveva bisogno di tempo per attuarsi e il regno di stabilità.

All'improvviso, Zuwanna entrò nella stanza in cui era solita dare udienza, e la regina lo accolse speranzosa, con un sorriso che non le era familiare.

«Che cosa ti porta al mio cospetto con così tanta apprensione?» chiese, notando che il cortigiano aveva la fronte imperlata di sudore.

«Ho una questione della massima discrezione e urgenza di cui devo parlarti, mia Signora» disse l'uomo, trafelato.

Tawananna scostò la stola che le cingeva la tunica e cominciò a strofinare le mani l'una sull'altra, temendo il peggio. «Dimmi, che cosa assilla il tuo animo.»

«Ho trovato questa vicino al fiume» confessò Zuwanna,

mostrando una piccola figurina di legno, sporca di terra, con inciso il nome di Huella.

La donna non si scompose, ma fissò a lungo l'inserviente per carpirne dallo sguardo le intenzioni. Dal canto suo, l'eunuco teneva il viso abbassato per non dover incrociare gli occhi neri e cupi della regina.

«È molto strano. Sembra che qualcuno l'abbia sotterrata. Come hai fatto a trovarla?» si limitò a constatare Tawananna guardando attentamente l'oggetto. Non avrebbe permesso a quell'omuncolo di ricattarla e, se fosse stato necessario, avrebbe fatto ricadere su di lui le accuse di magia nera.

«Avevo commissionato un rituale e ho visto la statuina sporgere dal terreno in secca» si affrettò a spiegare l'uomo.

«Capisco» rispose con calma l'altra. «Hai avvertito Arimelku? Dovremo procedere con un'indagine.»

L'intervento di Zuwanna, però, la prese in contropiede. «Ne ho fatto parola solo con te, mia Signora, e non lo farò con nessun altro, se tu non me lo ordini.» Poi le porse la statuina e fece un inchino.

La regina non la prese e, voltandosi, ordinò: «Va', ma fai attenzione, se qualcuno trovasse questa bambolina tra i tuoi oggetti personali, potrebbe accusarti di *alwanzatar*».

Zuwanna alzò la testa e si dileguò, impaurito da quell'affermazione. Allo stesso tempo, però, sapeva che Tawananna gli doveva un favore. Era sicuro che avesse insegnato lei ad Amminnaya quella pratica oscura, che aveva avuto il suo infausto risultato, o almeno era quello che credeva, dato che era un uomo molto superstizioso. Tuttavia, nemmeno il timore di cadere lui stesso vittima della magia nera poteva superare il suo desiderio di sentirsi utile per qualcuno; era come se, per quanto si sforzasse di compiacere i potenti, nessuno di loro apprezzasse veramente il suo operato.

Poco tempo dopo quell'incontro, Mursili rientrò a Hattusa, con al seguito i deportati kaskei e il loro bestiame: un bottino che sarebbe servito a placare l'animo degli dèi e a dare per un po' speranza alla popolazione ittita.

A palazzo, i dignitari più scettici sulla sua giovane età e sulla sua capacità di tenere le redini dell'impero furono sorpresi dalla rapidità con cui aveva sedato la rivolta di Turmitta, e già auspicavano altre spedizioni punitive non solo tra quegli empi pastori ma anche contro Arzawa, dove Uhhaziti continuava ad accogliere i fuggiaschi della regione di Lukka senza darne conto al re. Era un'onta che non doveva tardare a essere punita.

Gassulawiya non vedeva l'ora di riabbracciare il suo sposo. Quando furono finalmente da soli, poté aprirgli il suo cuore: «Aspetto un figlio».

Il giovane sovrano si lasciò andare a una risata di gioia e la strinse forte al petto, toccandole istintivamente il grembo, che in effetti era cresciuto dall'ultima volta che l'aveva vista. «È un maschio e sarà molto forte» prognosticò, sentendo un poderoso calcio provenire dalla pancia.

«Non resterò molto, devo marciare contro i traditori Kaska di Ishupitta» le rivelò poi, accarezzandole dolcemente i capelli sciolti che le cadevano sulle fragili spalle.

Gassulawiya annuì, comprensiva. «Lo so, devi vendicare Hannutti, o Hassuili non ti perdonerà mai.»

«Un re deve pensare prima di tutto al suo popolo» asserì Mursili, togliendosi le vesti e mostrando il suo corpo muscoloso e prestante. «Non può permettere che i sentimenti offuschino il suo giudizio» cercava di convincersi, sentendosi combattuto tra il suo ruolo pubblico e il dolore privato.

«Sei troppo duro con te stesso» gli disse la sposa, giacendo al suo fianco nel talamo. «In futuro, potresti dover prendere decisioni dettate dal cuore, non ci hai mai pensato? Se io, Halpasulupi e Muwatalli[1] fossimo in pericolo, che cosa faresti?» gli domandò, spalancando i suoi grandi occhi sinceri.

«Muwatalli?» sussurrò Mursili, che l'aveva già cinta a sé.

«È così che vorrei chiamare nostro figlio. Anch'io sono convinta che sarà molto forte e coraggioso, e farà riecheggiare il suo nome in tutto il regno, incutendo paura e rispetto nei più grandi re.»

«E sia!» rispose il sovrano senza aggiungere altro, sprofondando tra le braccia di Gassulawiya per non pensare, anche solo per un attimo, a tutte le responsabilità che gravavano su di lui e che lo avevano tenuto così tante notti sveglio dal giorno della sua incoronazione.

L'imbrunire rendeva il cielo di Hattusa di un blu intenso, in cui potevi perderti, come sperava di fare Hassuili, che aveva appena finito il suo turno di guardia.

Sarebbe senz'altro andato all'*arzana*, se non si fosse imbattuto per caso in Annella, che parlava con il Capo dei cuochi per approntare la cena per la coppia reale; doveva premurarsi che alcune pietanze non fossero servite a Gassulawiya, come il crescione selvatico, da evitare durante la gravidanza, perché era una pianta ritenuta simbolo di infertilità. Si narrava addirittura che Anitta, il mitico re di Kussara, avesse seminato proprio il ZÀ.AḪ.LI sulle rovine della sconfitta Hattusa, affinché su quella terra non crescesse altra erba!

La figura formosa e il mento appuntito dell'ancella colpirono di nuovo lo sguardo del Comandante delle guardie del corpo, che era incantato dai suoi gesti femminili e sicuri.

«Non vai a riposarti?» le chiese gentile, avvicinandosi, quando vide che la ragazza aveva finito di parlare con l'addetto alla cucina.

«Devo portare alla principessa l'olio fine» rispose Annella, arrossendo come il suo solito. In cuor suo sentì un brivido, anche se non osava confessare a se stessa quanto le facesse piacere quell'incontro inaspettato.

«Ti accompagno, dovunque tu stia andando» propose Hassuili, intrigato sempre più dal suo sguardo così pudico. «Non potrei mai permettere che ti succeda qualcosa di spiacevole.»

«Qui, a palazzo?» esclamò la ragazza, lusingata da quelle parole. «Ma è impossibile, mio Signore.»

Con il suo consueto umorismo, l'altro la punzecchiò: «Non hai paura di incontrare il mostro Hedammu? Si dice che sia particolarmente attratto dall'Ì.DÙG.GA».

Annella rise divertita e Hassuili pensò che le sue labbra carnose e veraci fossero bellissime.

«Quell'orrendo serpente vive vicino al mare e non vedo dee nei dintorni che possano attrarlo fin quassù» aggiunse l'ancella, schernendolo.

«Tu sei più bella di D*IŠTAR*» chiosò Hassuili, guardandola con occhi raggianti. La giovane arrossì nuovamente, perché quella frase così semplice e schietta aveva colpito il suo cuore.

Lupakki, che stava percorrendo il corridoio dall'altra parte, vide i due ragazzi che conversavano amabilmente e accelerò il passo, curioso. Confidava che la nipote avrebbe ben presto sposato un paggio di palazzo. Perché si rendeva ridicola davanti al GAL *MEŠEDI*?

Vedendo arrivare lo zio, Annella si congedò velocemente. «Nessuna donna è più bella della dea dell'amore e della guerra. Non oltraggiarla, mio Signore. Avrai bisogno della sua benevolenza in battaglia.»

Allora riprese il suo cammino, lasciando Hassuili imbambolato. Era possibile che quell'ancella timida e sagace si preoccupasse per lui?

La guerra era ricominciata da alcuni mesi e quella mattina l'esercito ittita stava marciando attraverso una gola nei pressi di Humisina. Le montagne si stagliavano alte ai fianchi dello stretto pianoro e Mursili si sentiva accarezzare le guance dal caldo vento che spirava leggero.

All'improvviso, dai fianchi boschivi uscirono all'impazzata i Kaska. I carristi non avevano possibilità di movimento, nonostante fossero addestrati a far fronte alle situazioni più estreme.

Sunaili era in testa al contingente dei guerrieri nemici e brandiva la sua ascia con valore e forza pari a quella di un leone di montagna.

Mursili diede l'ordine alla fanteria di serrare le frange e di difendersi dall'attacco, mentre i carristi si lanciavano come potevano alla controffensiva facendo sibilare le loro lance e preparandosi alla battaglia con le loro micidiali frecce.

Hassuili intravedeva un pericolo per il re e fece convergere tutti i *MEŠEDI* intorno al suo carro, cercando una via di fuga sul versante ovest della montagna che stringeva la gola.

«Non posso abbandonare il campo adesso» gli urlò Mursili, ma il Comandante delle guardie del corpo aveva già agito, guidando lui stesso il gruppo fuori dalla visuale, prima che i nemici riconoscessero le insegne del sovrano di Hatti. «Nuwanza si occuperà di porre fine a questo scontro» lo rassicurò.

Il GAL GEŠTIN, infatti, aveva già predisposto strategicamente le truppe in modo da opporsi ai Kaska, che si riversavano dai boschi a incursioni alterne, accerchiando sempre più l'esercito.

Tra le raffiche di frecce e i carri che calpestavano gli uomini e ne laceravano le membra, l'abile fanteria ittita si fece largo con le spade affilate, affrontando con baldanza i pastori ribelli.

Nella mischia funesta, dove sul terreno si affastellavano sempre più i corpi squarciati e risuonavano continue le grida di dolore, Sunaili vide in lontananza il carro del Gran Re di Hatti. «Il nuovo sovrano è così stupido da essere venuto di persona a cercare la sua vendetta» disse a denti stretti agli uomini che gli coprivano il fianco. «Gli taglierò la gola come ho fatto con Hannutti.»

Allora scagliò la sua ascia contro un auriga dello schieramento avversario, che cadde dal carro facendo sbalzare fuori anche gli altri due compagni, che furono schiacciati dal peso del veicolo. Mentre i cavalli scalciavano e il sangue dei guerrieri morti continuava a imbrattare il loro manto, Sunaili rimise in piedi il mezzo e si gettò all'inseguimento.

Hassuili, che riusciva a mantenere la calma anche nelle situazioni più disperate e caotiche, lo intravide lanciato a tutta velocità contro il re. Chiese al suo auriga di voltare subito il carro, che fece una sferzata improvvisa, allora imbracciò con destrezza il suo arco, da cui scagliò prontamente alcune frecce, stando dritto verso il nemico, che era vicinissimo.

Sunaili sollevò lo scudo a protezione del corpo, ma una punta trafisse il braccio su cui teneva l'ascia. Trattenendo con forza l'arma caricò l'arto ferito per tentare disperatamente di colpire il sovrano, che era ancora a portata di tiro, avviluppato nella sua lucente armatura di scaglie di bronzo.

«Abbassati!» gridò a pieni polmoni Hassuili. Mursili si voltò istintivamente, chinando la testa, mentre l'ascia gli sfiorava l'elmo tagliandone il lungo pennacchio; intanto l'amico afferrò la lancia e la infilzò in uno dei cavalli del carro di Sunaili, che ormai era a distanza di impatto frontale. Il veicolo sbandò, sbalzando il kaskeo, che rotolò nella polvere, sconfitto.

Il carro di Hassuili si affiancò nuovamente a quello di Mursili, che correva spedito per evitare altri attacchi che avrebbero potuto mettere a rischio la sua vita.

Il generale Nuwanza riuscì a riportare una vittoria schiacciante, nonostante i ripetuti tentativi di assalto dei nemici.

Era, dunque, arrivato il momento di festeggiare e acquartierarsi nei pressi di Humisina, che sarebbe ben presto stata data alle fiamme.

Intanto a Hattusa, al lieve bagliore di una lampada a olio, Mittannamuwa stava leggendo chino su uno scrittoio alcune tavolette di argilla. A quell'ora tarda della sera, l'archivio del palazzo reale era completamente vuoto.

Il Grande degli scribi aveva gli occhi stanchi, ma la sua mente era ancora vigile e cercava tra le righe una risposta alla richiesta del re.

Erano già passati molti mesi e non aveva trovato nessuna anomalia tra i trattati e i riti da eseguire durante le feste cultuali. Sapeva che doveva ancora analizzare moltissimi documenti e le giornate erano già piene di così tante incombenze. All'improvviso, sentì un rumore sordo provenire dal corridoio che si affacciava sulla grande sala in cui si trovava. Si alzò con calma e, avvolto nella sua lunga tunica, si diresse verso la porta per dare un'occhiata. Forse qualcuno degli scribi si era attardato e la luce lo aveva incuriosito.

Tenendo alta la lampada per scrutare nel buio del lungo anfratto, la sua supposizione fu delusa: nessuno si aggirava per l'archivio a quell'ora.

Pensò, dunque, che fosse la stanchezza ad averlo tratto in inganno; ritornò alla sua postazione e rimise con cura in ordine le tavolette tra gli alti scaffali in legno che adornavano le pareti della stanza. Era giunto il momento di andare a riposare: a casa lo aspettavano l'amata moglie e i suoi cinque figli.

L'indomani avrebbe continuato la sua indagine per poter riportare al più presto buone notizie a Mursili, quando fosse tornato dalla sua campagna militare al Nord.

A differenza di tutti gli altri dignitari più influenti della corte, Mittannamuwa confidava nelle qualità del giovane re, che riteneva particolarmente incline alla pietà. Intravedeva in lui un sovrano illuminato, che non era corroso dalla sete di potere come Suppiluliuma, ma era volto alla comprensione del prossimo e alla costante ricerca di ordine, che era alla base del ciclo della natura e del benvolere degli dèi.

Alcuni anni prima, il GAL DUB.SAR aveva insegnato a Mursili e ai principi dell'harem i rudimenti del sistema cuneiforme e lo aveva colpito la sua indulgenza nei confronti dei compagni. Se qualcuno faceva i capricci o non capiva qualcosa, lui era pronto ad andare in loro soccorso per comprendere la motivazione che portava anche alla più piccola delle sofferenze.

Mursili era sempre pronto a perdonare il prossimo, ma non era incline a perdonare se stesso, e questo era l'unico punto debole che Mittannamuwa temeva potesse un giorno nuocere al sovrano, anche più di una battaglia contro un potente nemico straniero. Il più grande avversario di Mursili, infatti, era Mursili stesso.

Per Gassulawiya i giorni passavano l'uno uguale all'altro, quando finalmente Tawananna la fece chiamare in udienza per parlarle dei suoi nuovi compiti istituzionali, in quanto sposa del re e futura Gran Regina.

«Mursili mi ha parlato del tuo desiderio di affiancarmi nell'amministrazione del Palazzo» esordì la sovrana, abbigliata con una tunica rossa di lino con bordature dorate sui lembi che le sfioravano dolcemente le caviglie. In testa portava un diadema impreziosito da lapislazzuli, la sua pietra preferita.

«Se questa è anche la tua volontà, mia Signora» rispose Gassulawiya facendo un leggero inchino. Sapeva che con la MUNUS.LUGAL.GAL le parole dovevano essere sempre misurate e rispettose.

«Vorrei che ti occupassi di tuo figlio e di quello che sta per nascere. Sarà già un compito gravoso» asserì l'altra.

La principessa fu sorpresa da quella risposta, ma accettò l'ordine senza protestare. «Come desideri, mia Signora.» Dentro di sé, però, si sentiva delusa e impotente.

«Tra qualche anno, quando avrai raggiunto la giusta maturità, mi affiancherai nel mio ufficio» aggiunse con finta indulgenza l'altra.

«Come Henti fece con te» si lasciò scappare di bocca Gassulawiya, mostrando oltre alla schiettezza una certa imprudenza.

Tawananna, che non sentiva nominare quel nome da tanti anni, si irrigidì. La sposa di primo rango di Suppiluliuma era una donna debole e sciocca, ai suoi occhi. Si era lasciata scivolare il potere via dalle mani senza mai protestare o cercare di cambiare il suo triste destino. Prima di lasciare Hattusa, tuttavia, le aveva detto senza rancore: «Abbandono questo regno, ma saranno i miei figli a governarlo, non i tuoi. E questa per me è una benedizione, mentre per te è una condanna. Dimmi, dunque, chi è tra di noi la donna più fortunata?».

Scacciò con forza quel pensiero e si limitò a sfoggiare un sorriso di circostanza, poi congedò la sposa reale. Nella sua mente iniziò a prendere forma un pensiero nuovo e spiacevole: quell'inesperta e spontanea ragazza avrebbe mai potuto intralciare i suoi piani?

Nel KARAŠ ittita, i soldati festeggiavano la vittoria e l'onore dei molti morti riportati durante lo scontro con i Kaska. I corpi ammassati dei militari esanimi si portavano con sé nella Nera Terra la gloria, ma anche il dolore dei vivi, che non avevano potuto salutare degnamente i loro cari.

Nella sua tenda, Mursili parlava fittamente con il generale Nuwanza e i Comandanti della fanteria pesante per decidere come riordinare l'esercito e scortare nella capitale i deportati di Humisina. La popolazione ammontava a molte migliaia di persone, racimolate anche da altre località limitrofe. Avrebbero, inoltre, depredato il bestiame, che in quella zona era di ottima qualità.

Alcuni capi tribù erano stati uccisi e altri fatti prigionieri, e con loro si dovevano stipulare nuovi accordi da porre al più presto sotto giuramento. Tra questi c'era anche Sunaili, con una vistosa fasciatura al braccio, che fu portato al cospetto di Mursili, insieme agli anziani della città.

«Il vostro tentativo di ribellione è fallito» esordì il re, seduto su uno scranno di legno, attorniato dai *MEŠEDI*, con in mano le loro lance e in testa gli elmi piumati.

«Humisina sarà data alle fiamme e la popolazione condotta a Hattusa. Risparmierò, invece, le altre città della regione di Ishupitta» continuò Mursili. «Che questo sia da monito a quanti di voi in futuro vogliano sollevarsi di nuovo contro il Gran Re di Hatti.»

I capi tribù mormorarono tra di loro, tranne Sunaili, che provava un forte rancore verso quel ragazzino imberbe che impartiva ordini. Una cosa era certa: non sarebbe mai andato come schiavo nella capitale ittita.

«E adesso ditemi, chi di voi si è macchiato del sangue di Hannutti?» proseguì il sovrano, cercando di carpire quell'informazione che nemmeno il Governatore della marca di frontiera era stato in grado di dargli.

Il mormorio cessò, ma nessuno dei Kaska osò tradire Sunaili. L'uomo, tuttavia, si fece avanti e confessò l'omicidio: ne andava orgoglioso e preferiva la morte alla sottomissione.

«Sono stato io» disse, guardando fisso negli occhi Mursili.

A quelle parole, Hassuili diede a una guardia la sua lancia ed estrasse la corta spada che gli pendeva dalla cintura.

Stava per scagliarsi contro il capo tribù, quando il fratello lo fermò, con voce decisa. «Non ora. Quest'uomo verrà punito di fronte alla sua gente per aver commesso un crimine orribile contro il nostro popolo e i suoi dèi.»

L'amico tornò al suo posto, con il sangue che gli ribolliva nelle vene. «Lascia, però, a me l'onore di ucciderlo, quando sarà venuta la sua ora» disse, lanciando un'occhiata fulminea a Mursili.

Il re fece un cenno di assenso con la testa, dove brillava il suo diadema adeso al copricapo a calotta, che aveva sostituito per l'occasione l'elmo di bronzo conico con la cresta appuntita, che utilizzava in battaglia, e al quale era stato reciso di netto il pennacchio proprio da quel kaskeo insolente.

I prigionieri vennero condotti fuori dalla tenda, lasciando il passo a un'incombenza ben più piacevole: un gruppo di schiave era stato selezionato per soddisfare le voglie del sovrano. La ragazza prescelta sarebbe stata lavata, profumata e adornata per giacere con lui quella notte.

A differenza delle altre giovani, Armawiya entrò con passo sicuro: era vestita con una semplice tunica di lino bianco e intorno al collo le pendeva un piccolo ciondolo di corno a forma di luna. I suoi capelli mossi e spessi, lasciati liberi dal velo, si agitavano come serpenti sulle sue spalle.

Appena la vide, Mursili sentì su di sé il suo sguardo fiero e impavido, che gli provocò un brivido mai sentito prima. Era attratto dai suoi occhi blu intensi e impertinenti, sormontati da sottili sopracciglia nere come la pece. Sentì il desiderio irrefrenabile di baciarla, ma scacciò immediatamente il pensiero, pensando a Gassulawiya e al suo tenero viso.

Vedendo l'insistenza con cui la guardava, Hassuili gli si fece vicino e lo consigliò: «È quella giusta. Lasciati attrarre dal suo corpo. Tu hai già una donna che occupa il tuo cuore».

Il fratello sorrise leggermente e indicò Armawiya, che sdegnosa teneva lo sguardo dritto puntato su di lui, mentre le altre ragazze avevano la testa abbassata, mostrando riverenza mista a paura.

Alla scelta del re, le kaskee vennero fatte uscire, mentre la giovane con il ciondolo a forma di luna fu presa in consegna dal generale Nuwanza, che le afferrò con forza il braccio. Quella, senza dire una parola e lasciar trapelare nemmeno un'emozione, scostò con altrettanta veemenza l'arto muscoloso, e gli sputò nel viso.

«Come osi, serpe di una kaskea!» esclamò il GAL GEŠTIN e, senza pensarci due volte, la schiaffeggiò. Allora si rivolse a Mursili: «Sei sicuro della tua scelta, mio Sole?».

Il sovrano ristette, colpito da quella reazione così violenta e ribelle della schiava, ma non poté che confermare la sua decisione: voleva rivederla.

# 9

## *Nessuno è libero*

La luna piena disegnava in cielo un cerchio dorato perfetto e rischiarava con il suo bagliore le montagne ricoperte dai boschi, che cingevano Humisina e il suo tragico destino.

Dopo un bagno purificatore e una miscela di unguenti oleosi spalmata su tutto il corpo, Armawiya era pronta a presentarsi al cospetto di Mursili, che attendeva con una certa ansia l'arrivo della misteriosa e aggressiva kaskea.

Aveva visto molte schiave nella sua seppur giovane vita e anche nell'harem reale c'erano donne provenienti da diverse parti del regno. Nessuna, tuttavia, aveva mai colto il suo sguardo o destato i suoi desideri sensuali più primitivi.

Quando Armawiya varcò la soglia della tenda, il sovrano ebbe di nuovo un sussulto su tutto il corpo. La desiderava ardentemente, nonostante non le avesse ancora rivolto la parola o sentito la sua voce.

A torso nudo, con un gonnellino corto cinto alla vita da una cintura impreziosita da numerosi pendagli d'oro, le fece cenno di sedersi su uno sgabello. La ragazza, tenendo sempre fisso lo sguardo sul suo interlocutore, senza rivolgergli il consueto inchino di ossequio, restò in piedi.

«Come ti chiami?» le chiese gentile Mursili.

Armawiya lo guardò in maniera impudente, poi sciolse la sottile fascia che legava la sua tunica e la tolse con un gesto deciso della mano, restando nuda davanti a lui.

«Ti ho fatto una domanda!» insistette l'altro, infastidito da quel gesto e dall'ostinato rifiuto di obbedire. Allora prese la veste da terra e gliela porse con garbo, scrutandola severo: «Ti ordinerò io quando dovrai svestirti. Adesso, siediti».

La schiava addolcì per la prima volta il viso, colpita da quell'atteggiamento che non si aspettava dal re ittita. Osservando da vicino i suoi occhi, intravide una velatura di malinconia che la attirava, come quei suoi zigomi così pronunciati e la fronte alta. Aveva un collo massiccio che denotava forza, mentre le mani erano lisce e affusolate, e non tozze e screpolate come quelle dei pastori kaskei.

«Armawiya» proferì veloce, mentre si rimetteva la tunica, avvolgendo con la sua voce delicata le orecchie di Mursili.

Il re iniziò a girarle intorno. «È un nome molto bello» commentò, quindi le si fermò di nuovo dinnanzi, ancora più vicino di prima, e sollevò leggermente il ciondolo che portava al collo. «Chi te lo ha regalato?»

La giovane sentì le mani del sovrano sfiorarle i seni, che tenevano nel loro incavo il monile, e trasalì; il turbamento che provava era amplificato dal ruolo che Mursili ricopriva. Odiava gli Ittiti, ma quel ragazzo che le stava di fronte sembrava diverso. Provò a scacciare il desiderio di baciarlo e abbassò per la prima volta lo sguardo, imbarazzata.

Il sovrano notò subito quel repentino cambio di comportamento, intuendo l'attrazione che la schiava provava nei suoi confronti. Lusingato, le accarezzò dolcemente il viso. «Non voglio farti del male» disse, abbandonando per un attimo il ruolo di Gran Re e dando libero sfogo alle sue più intime emozioni.

Armawiya alzò la testa, ritrovando la sua fierezza. «Allora lasciami libera» sibilò.

Mursili ritrasse la mano. «Questo non posso farlo. Sarai condotta a Hattusa» asserì.

«Il ciondolo me lo ha dato mia madre, prima di essere violentata e trucidata dai guerrieri di Hatti, molti anni fa» disse con rabbia l'altra. «Preferirei fare la sua stessa fine che servire il tuo popolo.»

Con gli occhi spalancati per l'orrore, il re le si fece di nuovo vicino e, dopo una lunga pausa, disse: «Mi dispiace molto. Credimi, posso comprendere il tuo dolore. Siamo tutti sottomessi al volere degli dèi».

«Non è morta per colpa loro, ma per la volontà di un uomo,» replicò adirata Armawiya «il cui nome era Suppiluliuma.»

Quell'affermazione così diretta e verace fece chinare la testa al giovane sovrano, che sfiorò con i lunghi capelli il petto della donna. Senza proferire parola, cominciò a toccarle i fianchi e a baciarle con forza il collo. La schiava non si divincolò ma, presa dal dolore e dalla passione, si abbandonò a quell'abbraccio inaspettato.

Durante l'amplesso fugace e intenso, non si guardarono mai negli occhi, ma sentivano l'uno lo sguardo dell'altro sul proprio corpo. Nonostante Armawiya non avesse mai giaciuto con un uomo, i suoi movimenti erano fluidi come se sapesse perfettamente che cosa desiderasse Mursili. Dal canto suo, quello era una furia, come mai lo era stato con Gassulawiya. La tenerezza aveva lasciato il sopravvento all'istinto violento di vincere l'animo di quella ragazza così appassionata e selvaggia.

Quando ebbe emesso l'ultimo gemito, il re si accasciò sul letto esausto, mentre la kaskea rimase a fissarlo, ancora ansimante per il piacere.

«A Hattusa, sarai accolta nell'harem del palazzo reale»

le disse, voltando la testa per ammirare ancora una volta i suoi occhi scintillanti.

Armawiya, scioccata da quella proposta, replicò con un velo di tristezza nella voce: «Quello non è il mio posto». Allora Mursili la baciò sulla bocca con ardore, travalicando quel confine di intimità che non era concesso a una schiava. La ragazza rispose con uguale trasporto, lasciandosi avvincere da quel sentimento cieco, che sapeva essere sbagliato.

«Io appartengo a questa terra, ai suoi fiumi e alle sue montagne. Voglio essere libera, non sottostare alle regole del tuo harem e ai tuoi capricci» dichiarò con fermezza, quando staccò le sue labbra da quelle del re.

«Non sarebbe così» si risentì Mursili. «E nessun essere umano è davvero libero.»

A quell'affermazione, Armawiya sospirò, impressionata dalla profondità di quello che all'inizio aveva giudicato solo un ragazzino potente e viziato, cui era concesso di decidere della vita degli altri.

Allora il sovrano si alzò e si rivestì. «Domani sarai liberata, se è quello che davvero desideri.»

La kaskea si rimise la veste e la cintura, restando in silenzio; poi si diresse verso l'uscita della tenda, dove la stava attendendo da più di un'ora Hassuili. Si dileguò senza nemmeno volgere un ultimo sguardo all'uomo che le aveva appena rapito il cuore.

Il giorno dell'esecuzione di Sunaili era stato fissato: sarebbe stato giustiziato nel campo fortificato degli Ittiti, alla presenza degli altri capi tribù della regione di Ishupitta e degli anziani di Humisina, che subito dopo avrebbe ricevuto l'infausta sorte di essere data alle fiamme. Le case fatte di legno con i tetti di paglia presto non avrebbero più lasciato traccia, svanendo nel fumo come l'orgoglio kaskeo.

Armawiya, che era stata lasciata libera per volere del re, non si dava pace. Sapeva che il destino di suo padre era segnato, ma voleva vederlo almeno un'ultima volta. Mursili, quando venne a sapere che la schiava di cui si era invaghito era la figlia del capo tribù ribelle, accordò il suo desiderio, tra lo stupore degli ufficiali.

«È inaudito» commentò Hassuili, che era contrario a quell'atto di misericordia.

«Tu non avresti voluto vedere Hannutti, prima della sua condanna a morte?» rispose calmo Mursili, mentre mangiava controvoglia un pezzo di montone arrostito.

Il GAL *MEŠEDI* ribatté inviperito: «Quella cagna kaskea deve essere stata molto convincente, l'altra notte. Prima la liberi, poi le permetti di vedere il padre assassino».

«Non ti permetto di parlare così di Armawiya!» lo rimproverò severo il sovrano, lanciandogli un'occhiata di fuoco.

«Ne conosci addirittura il nome» esclamò sorpreso Hassuili. Ingurgitò un boccale di vino, si pulì rapido la bocca e replicò: «In questo caso, i tuoi desideri vengono prima di quelli del popolo, mio Sole?».

A quelle parole, Mursili restò in silenzio, pensieroso, poi affermò, con convinzione: «La gente di Hatti avrà la sua vendetta e schiavi che coltivino i suoi campi e combattano tra i ranghi del suo esercito. Ma non negherò a una figlia l'ultimo saluto a suo padre, a qualunque popolo ella appartenga».

Il fratello se ne andò dalla tenda per far attuare l'ordine del re, mentre stringeva la lancia con veemenza.

Armawiya venne così condotta da Sunaili. L'uomo, legato alle braccia e alle gambe, rimase stupito nel vederla. «Che ci fai tu qui?» le chiese tutto d'un fiato. «Pensavo ti avessero già condotta come schiava a Hattusa.»

«Sono stata liberata e il re mi ha permesso di vederti»

disse la ragazza, andandogli vicino, sotto l'occhio vigile di Hassuili e di due soldati ittiti che l'avevano scortata.

«Chiederò che lasci libero anche te. Mursili è un uomo misericordioso» aggiunse Armawiya, accennando un sorriso.

«Cosa?» rispose Sunaili, ancora più incredulo. «Che ne sai tu del sovrano di Hatti? Non avrà osato oltraggiarti?» la incalzò. «E adesso vuole usarti per umiliare il popolo kaskeo!»

La figlia indietreggiò e si giustificò, per la prima volta nella sua vita. «No, padre, non è come pensi.»

Allora Sunaili sputò per terra, rabbioso. «Dov'è finito il tuo orgoglio? Non ti permetterò di infangare il nostro onore. Morirò come ho scelto, da uomo libero.»

«Io farò quello che devo e che credo sia giusto» gli rispose insolente l'altra, sicura della sua scelta. Aveva già perso sua madre e non voleva riacuire il dolore con un altro terribile lutto; non solo lei, ma anche gli altri Kaska avevano ancora bisogno di suo padre.

«Nessuno è davvero libero di scegliere, nemmeno tu» chiosò. «E il tuo posto è ancora a capo della nostra tribù, non nella Nera Terra.»

Detto questo, chiese di essere accompagnata fuori dalla tenda e di poter avere udienza con il re prima dell'esecuzione. Hassuili, alla sua sfrontata richiesta, temendo che la sua vendetta subisse ulteriori ritardi, negò il permesso e ordinò di condurla alle porte dell'accampamento.

Mentre il Comandante delle guardie del corpo si accingeva a riprendere il suo posto accanto a Mursili, però, gli vennero in mente le parole che la giovane kaskea aveva proferito poco prima. Aveva ragione: nemmeno lui era libero di decidere al posto del re, qualunque fosse stata la richiesta di quella schiava.

Si voltò di scatto e fece richiamare Armawiya, affinché potesse avere la sua udienza.

Nella lontana Hattusa, in una mattinata tiepida di inizio autunno, a Gassulawiya erano appena cominciate le doglie, così era stata portata in tutta fretta nella stanza adibita al parto. Nei giorni precedenti aveva partecipato ai riti propiziatori e purificatori condotti dal sacerdote *patili* e sentiva ancora l'odore intenso del cedro, della tamerice e dell'ulivo con cui l'uomo aveva reso pura la sua bocca.

La *hasnupalla*, l'UMMEDA e la *hasawa* erano pronte ad assisterla. La principessa si sedette sul *harnau*: appariva molto stanca e Annella le asciugava ripetutamente la fronte madida di sudore con un panno; sentiva di dover essere forte proprio come Muwatalli, che tardava a venire alla luce.

La levatrice, con la coperta in mano per accogliere il nascituro, continuava a recitare così: «Si distribuiscano le parti agli dèi: la dea Sole si è seduta ad Arinna, Halmasuit si è seduto a Harpisa, Hatepuna si è seduta a Maliluha, Inara si è seduta a Karahna, il terribile Telipinu si è seduto a Tawiniya, Huzziya si è seduto a Hakmis, ma per Hannahanna non è rimasto posto; il figlio dell'uomo le è rimasto come posto[1]».

All'improvviso, cominciò a tuonare: il forte Tarhunta dava scariche sempre più ravvicinate e violente, come le contrazioni che Gassulawiya sentiva squarciarle il ventre.

Quello era un segno divino: suo figlio sarebbe stato protetto dal dio della Tempesta, come Mursili lo era dalla dea Sole di Arinna. Così la principessa riprese la concentrazione e cercò di allontanare la paura e il dolore, mentre la levatrice la aiutava a raccogliere tutte le forze e a incanalarle per far nascere il piccolo.

Il ricordo del suo sposo, che le sorrideva felice, e lo scroscio violento del temporale si mischiavano in un confuso insieme di immagini e suoni che la stordivano e rendevano quel momento così emozionante e straziante al contempo.

Anche a Humisina l'acqua veniva giù come un fiume in piena e bagnava con la sua foga l'accampamento ittita, rendendo la terra umida poltiglia.

Avvolta in un mantello che le copriva la testa e i piedi infreddoliti e bagnati, Armawiya fu fatta entrare nella tenda del re, che l'aspettava sorpreso.

Quando scostò il copricapo e lasciò liberi i suoi folti ricci, Mursili ebbe un sussulto e s'irrigidì in tutto il corpo; la trovava bellissima e sensuale. Fece allontanare le guardie del corpo e poi si gettò come una furia su di lei, cominciando a baciarle il volto, noncurante della sua condizione di impurità: il desiderio di possederla era troppo forte.

Armawiya sentiva lo stesso ardore e prese addirittura l'iniziativa, permettendo a Mursili di godere del suo corpo nella maniera più istintiva e vorace.

Quando entrambi ebbero soddisfatto i loro sensi, si rivestirono, e il re prese la parola. «Che cosa volevi chiedermi di così urgente da farti tornare in questo luogo a te tanto odioso?»

La kaskea gli cinse le mani tra le sue. «Hai imprigionato mio padre e presto sarà giustiziato.»

«Si è macchiato di un crimine tremendo e questo è ciò che merita» disse Mursili, guardandola triste.

«Risparmiagli la vita» gli chiese lei con contegno e fierezza.

Il sovrano le strinse a sua volta con forza le mani e dichiarò, serio: «Non posso farlo, questa è la legge».

Armawiya lasciò andare la presa e indispettita commentò: «Tu sei il re. Nessuno oserebbe contraddire la tua volontà».

«Proprio perché sono il re non posso infrangere la legge e violare il rispetto che devo agli dèi di Hatti oltraggiati da Sunaili.»

«Verrò nel tuo harem, a Hattusa, se lo lasci libero» insistette la giovane donna, che era determinata a salvare la vita del padre fino al punto di perdere la propria libertà.

Mursili si allontanò e si andò a sedere sullo scranno di legno al centro della tenda.

«Non puoi barattare la tua vita con la sua. Il destino di tuo padre è già stato deciso» dichiarò infine quello, ponendo una repentina distanza tra sé e la donna che poco prima aveva incendiato la sua anima. Ammirava il nobile gesto di Armawiya, ma stavolta non poteva fare niente per accontentarla.

Senza dire una parola, la kaskea si mise il mantello, sentendo un improvviso moto di odio nei confronti del sovrano ittita, lo stesso sentimento che aveva provato la prima volta che lo aveva visto. E si vergognò di averlo desiderato e aver umiliato la sua famiglia.

Mursili chiamò lesto Hassuili, che apparve subito sulla soglia della tenda per condurre via la ragazza. Sentiva l'urgenza di stare da solo a soffrire in silenzio. Gli risuonava nella testa la frase che gli aveva detto Gassulawiya prima di partire: avrebbe anteposto i suoi doveri di re ai sentimenti delle persone che amava? Che cosa provava per quella donna selvaggia che conosceva appena e che era stata non solo in grado di smuovere in lui istinti carnali sconosciuti, ma anche instillare innumerevoli dubbi sulla sua capacità di essere un Gran Re?

In quello stesso istante, a Hattusa, il dolore della sposa reale ebbe finalmente fine e Muwatalli emise il suo primo vagito, che coincise con un ultimo tuono che sembrò scuotere dal profondo le mura del palazzo reale. Era un maschio, proprio come Gassulawiya aveva sentito nel suo cuore!

La levatrice tagliò il cordone ombelicale e pronunciò le seguenti parole: «Ti ho portato nel mondo![2]». Poi purificò il bambino e deterse la sua bocca.

La *hasawa* prese Muwatalli e gli lavò la testa, cambiò le vesti sporche della principessa e lo mise sulle sue ginocchia, con quello stesso tenero gesto narrato fin dalle più antiche leggende, come quella del vecchio Appu. Gassulawiya era esausta ma felice, proprio come ogni donna che vede nascere suo figlio.

Dopo aver dato al principe una medicina, la guaritrice degli infanti cominciò, quindi, a proferire gli scongiuri, augurando che la dea Sole della Terra gli elargisse lunghi anni. Allora fu introdotto nella stanza un caprone, e la donna effettuò un rituale di sostituzione, trasferendo i mali dai nove organi principali del bambino all'animale, che fu poi fatto a pezzi e cotto.

Mentre nella capitale si celebrava la nascita di un nuovo possibile erede al trono, di cui l'unica a non felicitarsi era Tawananna, che aveva sperato in una femmina, nel centro dell'accampamento ittita, a Humisina, la vita di Sunaili era stata spezzata definitivamente per mano di Hassuili, alla presenza dei capi tribù kaskei della regione di Ishupitta e degli anziani della città, di cui presto non sarebbe restata che polvere.

Mursili aveva assistito all'esecuzione non riuscendo a togliersi dalla testa il pensiero di Armawiya e del dolore che, suo malgrado, le aveva causato. La guerra era ingiusta ma necessaria, e quella contro il popolo kaskeo era voluta dagli dèi. Una volta tornato a Hattusa, ne avrebbe glorificato il nome, perché erano loro che lo avevano condotto alla vittoria, e presto avrebbero salvato la terra di Hatti dall'epidemia. Di questo era sicuro, perché stava facendo tutto quello che gli avevano chiesto. Gli oracoli erano stati favorevoli e il successo riportato in battaglia ne era una prova schiacciante.

# 10

## *Cuori infranti*

Già un anno era passato da quando Mursili si era seduto sul trono di suo padre. Il successo riportato contro le tribù kaskee di Turmitta e Ishupitta e il bottino recuperato, tuttavia, non avevano risolto la terribile condizione in cui versava il regno a causa della *henkan*. L'oscura malattia non cessava di mietere vittime, nonostante il re avesse intensificato le offerte a tutti i templi delle divinità. I morti tra i religiosi e il personale delle strutture da essi gestite rendevano difficili le pratiche cultuali giornaliere, aggiungendo malcontento e disperazione al lutto.

I funzionari erano inquieti e a corte si vociferava che l'operato della famiglia reale fosse inviso agli dèi.

Il compito assunto da Mittannamuwa non aveva ancora dato i suoi frutti, così Mursili decise di chiamare in udienza Tawananna per parlarle di una scelta molto delicata che intendeva percorrere.

«La situazione è grave. Sono ormai diversi anni che si muore, nella terra di Hatti» disse il re, sedendo sul seggio reale.

«Anche Karduniya è stata colpita da questo tremendo flagello e il Paese di Mizri soffre dello stesso male» rispose Tawananna, con le mani congiunte che sparivano sotto la camicia dalle lunghe maniche.

«Non mi interessano gli altri popoli, io devo pensare al mio» commentò l'altro, guardando la grande finestra da cui era entrato quel raggio di sole che sembrava un segno divino, il giorno che Arnuwanda gli aveva indicato il suo destino. In quel momento, però, nessuna luce illuminava la maestosa sala, avvolta in un'ombra inquietante.

«Che cosa intendi fare?» andò al sodo la regina.

«Voglio far condurre delle indagini oracolari su mio padre» affermò Mursili, deciso. «L'epidemia è stata portata dai deportati di Mizri dopo la battaglia di Amka.»

«Gli dèi erano dalla parte di Suppiluliuma. E volevano che Zannanza fosse vendicato» rispose sicura la donna.

«E se la sua colpa fosse un'altra?» asserì il re, strofinando nervoso le mani sui possenti bordi squadrati del *kishi*, ai cui lati i due leoni di pietra sembravano meno spaventosi senza la luce che li illuminava.

Tawananna corrucciò la fronte. «E se così fosse, vorresti mettere in dubbio la tua legittima ascesa al trono?»

Il figliastro spalancò gli occhi: non aveva considerato questo particolare. Per lui la verità veniva prima di qualsiasi interesse personale.

«Dicono che tu sia un ragazzino e che non abbia il diritto di guidare il glorioso popolo di Hatti» aggiunse la regina. «Vuoi che abbiano un motivo in più per crederlo?»

Il re rilasciò di colpo i pugni stretti e ammutolì. La MUNUS.LUGAL gli fece un inchino e si congedò: «Cerca altrove le colpe e lascia che i morti riposino in pace».

I problemi di Mursili sembravano non finire mai e le gioie per la sua famiglia allargata andavano di pari passo alle sue responsabilità sempre più stringenti.

Negli ultimi mesi la corrispondenza con Piyassili si

era intensificata. Il viceré di Karkamiš si era congratulato per il successo ottenuto in terra kaskea e per la nascita del piccolo Muwatalli, ma questo non era bastato a tenere lontano lo spettro di una guerra sul fronte siriano. Il potere ittita sembrava essersi indebolito come il suo esercito, le cui frange erano state particolarmente colpite dall'epidemia. Il Paese di Assur tramava vendetta ed era necessario mostrarsi forti.

Piyassili chiedeva rinforzi, così Mursili diede ordine di mandare un contingente di cinquemila uomini al fratello e mentore, sicuro che il suo disegno politico avrebbe colto ancora una volta nel segno; a guidare le truppe sarebbe stato il generale Nuwanza, che conosceva bene anche quell'insidioso territorio.

Le notizie da occidente erano altrettanto preoccupanti. Uhhaziti non solo si rifiutava di restituire i fuggiaschi ittiti, che erano sempre più numerosi, ma aveva rinsaldato i presidi ai confini tra Arzawa e il Paese Basso. Che cosa aveva in mente l'astuto e arrogante re arzawita?

Mursili chiamò in udienza il generale e principe Aranhapilizzi, il GAL UKU.UŠ dell'ala destra, per dargli un incarico della massima importanza.

Il militare, che era un membro della famiglia reale e aveva qualche anno in più del re, non aveva una mente sopraffina come il GAL GEŠTIN, ma non aveva paura di niente e trattava i suoi sottoposti con fermezza, imponendo castighi feroci in caso di condotta disdicevole o, peggio, diserzione.

«Condurrai un contingente nel Paese Basso. La guerra con Arzawa potrebbe essere inevitabile» ordinò il sovrano.

Aranhapilizzi fece un ghigno di approvazione, mentre si inchinava. «Sarà fatto, mio Sole.» Poi aggiunse: «Le indomite truppe kaskee mostrano segni di insofferenza e provocano continui tafferugli nelle guarnigioni di Hattusa».

«Che cosa proponi?» domandò incuriosito Mursili.

«Di portarle con me, così che possano servire al meglio il popolo di Hatti e diano sfogo ai loro istinti animaleschi, in caso di guerra» rispose l'ufficiale.

«E sia!» lo congedò il sovrano, cui si erano appena velati gli occhi di tristezza. Aveva sempre considerato i Kaska una popolazione sacrilega, selvaggia, che viveva con i maiali e si riscaldava con i loro peti. Da quando, tuttavia, era tornato dalla campagna militare nella regione di Ishupitta, si era ricreduto. Era gente orgogliosa, che faceva della libertà un vessillo, per cui era pronta a morire.

Anche Gassulawiya si era accorta che quella spedizione aveva lasciato un'impronta nell'animo di Mursili. Durante i loro amplessi qualcosa era cambiato e, sebbene fosse ancora il dolce e premuroso ragazzo di cui si era innamorata, la sua foga era talvolta così violenta da lasciarle l'impressione che desiderasse disperatamente il corpo di un'altra donna e non il suo.

Aveva provato a indagare nel cuore del suo sposo, ma a nulla erano valse le sue domande. Il re si era spesso concesso anche alle concubine dell'harem, facendole temere che qualcosa nel loro rapporto sincero si fosse spezzato. Ma Gassulawiya sapeva bene quello che voleva, e non avrebbe lasciato che lo spettro di un'altra donna si frapponesse tra di loro. Chiunque fosse gliel'avrebbe fatta dimenticare!

Tra le spesse pareti del suo palazzo nella lontana Impa, anche Muwatti aveva assaporato nuove esperienze carnali, sconosciute alla sua non più giovane età. Era abituata alla brevità e grettezza del rapporto intimo con Mashuiluwa, che la trattava senza rispetto né passione. Aveva attratto nella sua rete di lusinghe il cognato Pihaziti, un uomo semplice e prestante, che aveva sempre vissuto all'ombra del vile ma scaltro fratello.

Non era pentita dei suoi amplessi clandestini, anzi, aspettava con ansia di ricevere finalmente l'attesa notizia di essere rimasta incinta e chiudere per sempre la pericolosa relazione che, se scoperta, l'avrebbe esposta al pubblico ludibrio e a morte certa.

Mentre Mashuiluwa si era recato a caccia, aveva permesso ancora una volta a Pihaziti di entrare nelle sue stanze per trovare piacere tra le sue braccia, ma soprattutto per ricevere il suo seme e concepire con lui un figlio.

Era così avida e piena di speranza che lo scenario politico che si stava delineando intorno a lei era totalmente passato in secondo piano. I confini di Impa non erano più sicuri, perché Uhhaziti ambiva a espandere il proprio dominio su tutte quelle città ittite che facevano parte dell'antico territorio arzawita.

Mentre Pihaziti le accarezzava con tenerezza il ventre dove spiccava evidente una lunga cicatrice, Muwatti ebbe un moto di stizza e allontanò la sua mano.

«Come te la sei procurata?» chiese l'uomo, curioso.

«È stato mio fratello» rispose la principessa, avvolgendosi in una lunga tunica rosso porpora dopo essere scesa dal letto.

Mentre spilluzzicava della frutta da una ciotola d'oro, aggiunse velenosa: «Quel moccioso ha sempre avuto più di quanto meritasse».

«Che dici?» esclamò Pihaziti raggiungendola nudo al tavolo e versandosi del vino. «È il re di Hatti. Non puoi parlare di lui in questo modo, o potresti rischiare molto» la mise in guardia.

Muwatti proruppe in una fragorosa risata. «Credo che

se sapesse di noi due sarebbe anche peggio.» E diede uno sguardo altezzoso all'altro. «Non ti penti di avere ingannato tuo fratello?»

«Oh, no. Tutt'altro» ribatté Pihaziti. «Lo sto facendo anche per lui, così avrà finalmente un erede» ammise serafico.

La principessa ittita e regina di Impa lo guardò a lungo perplessa: non aveva ancora capito se il cognato fosse estremamente stupido o solo ingenuo. Non lo amava e, in realtà, non le interessava il suo giudizio, ma doveva essere sicura che non l'avrebbe mai tradita.

«Bene. Sarà tuo figlio a governare su questa città. Te lo assicuro» concluse, e lo spinse sul letto, lasciando cadere nuovamente per terra la veste che indossava.

Con il suo ritorno a Hattusa, Hassuili aveva trovato un'amara notizia ad attenderlo. Annella, che l'epidemia aveva privato di entrambi i genitori, era stata ufficialmente promessa in sposa da Lupakki a un giovane paggio di corte.

L'ancella si era opposta, perché non capiva l'urgenza di quella scelta, ma lo zio aveva insistito. Aveva quattro figlie di cui prendersi cura e ancora da maritare; le avrebbe fornito una buona dote, ma da quel momento in poi si sarebbe dovuto occupare di lei il futuro sposo. Nonostante gli ingenti averi, il GAL DUMU$^{\text{MEŠ}}$ É.GAL era un uomo molto avaro, soprattutto di sentimenti.

Un pomeriggio, Annella si era dovuta recare alla villa di Hassuili per andare a prendere un piccolo carro militare fatto di legno, dimenticato dalla coppia reale durante il veloce trasloco. Gassulawiya desiderava che anche Muwatalli si divertisse con quel giocattolo, che aveva donato Hannutti a Mursili, quando era nato Halpasulupi.

L'ancella fu accolta dai servitori, che le indicarono

dove si trovava la stanza in cui era custodito il balocco. Percorse a grandi passi l'abitazione, che le sembrava così vuota e triste, come se nessuno ci vivesse; tuttavia, quando attraversò il cortile, nelle sue orecchie risuonarono le risate dei giovani sposi, che un tempo abitavano lì. Come erano cambiati da quando si erano trasferiti a palazzo reale!

Imboccò, dunque, un lungo corridoio e percepì un odore acre e intenso già sentito in precedenza, che la turbò, ma che si dissipò non appena entrò nella stanza semivuota che conteneva una vecchia cassa di bronzo. Mentre cercava al suo interno il giocattolo, sentì alle sue spalle dei passi sicuri ed ebbe un sussulto, quando riconobbe la voce di Hassuili.

«Ti sono mancato a tal punto che sei venuta addirittura a casa mia» la punzecchiò il militare.

L'ancella si voltò e sorrise, tirando fuori dal baule il piccolo carro: «In verità, stavo solo cercando questo».

Il giovane si avvicinò e quella riconobbe la fragranza che poco prima l'aveva distratta. Lui le prese di mano il giocattolo e lo guardò soddisfatto: «Muwatalli sarà un grande guerriero».

«Spero che sarà semplicemente un grande uomo,» esclamò Annella «e che un giorno la guerra non sia più necessaria.»

«Non essere sciocca, questo non è possibile» esclamò infastidito il GAL *MEŠEDI*, che senza la guerra non pensava di avere uno scopo nella vita.

«Sembra che sia l'unica cosa di cui ti importi» ribatté l'ancella leggendogli nell'anima, e si diresse verso la porta.

Hassuili le afferrò il braccio, perché non voleva che se ne andasse così presto, nonostante sapesse che era stata promessa a un altro uomo. «Non è vero» aggiunse.

Poi la strinse a sé e, nella penombra della stanza, le baciò delicatamente la fronte e i capelli che fuoriuscivano dal velo. Lei alzò il viso e per un lungo attimo i loro occhi si guardarono intensamente e le loro labbra erano così vicine da sfiorarsi, ma nessuno dei due osò valicare quel confine che avrebbe gettato nel baratro le loro esistenze.

Secondo la legge ittita, le proposte di matrimonio potevano essere infrante, ed entrambi ne erano consapevoli, ma il Comandante delle guardie del corpo esitò, non avendo il coraggio di sottostare alle regole del suo cuore. Era confuso, indifeso e pieno di dubbi di fronte ad Annella tanto da avere più paura di lei che di cento soldati nemici!

La prese per mano e l'accompagnò sulla soglia della stanza, restituendole il carro giocattolo.

«È meglio se vai» le disse, sentendo già il rimorso di quelle parole.

Delusa e amareggiata, l'ancella non rispose e si dileguò, lasciando dietro di sé il vuoto.

Armawiya stava percorrendo un sentiero di montagna che l'avrebbe portata presto a valle. Era già trascorso più di un anno da quando Humisina era stata data alle fiamme dal re ittita, che aveva portato via con sé insieme a suo padre il suo cuore.

Non si era, tuttavia, lasciata andare alla disperazione e, insieme alla sua tribù, aveva aiutato i pochi abitanti della città rimasti a ricostruire le case e a tornare a condurre una vita normale.

L'inverno stava per volgere al termine e avrebbe trascorso la primavera sulle montagne con le greggi di Nanaziti, il figlio di Pata, che era diventato capo tribù e suo sposo.

Quando rientrò nella sua umile capanna, il volto ridente di un neonato la salutò ed emise un tenero vagito.

Armawiya lo prese in braccio e lo cullò: aveva gli occhi verdi e il naso, seppur minuscolo, dritto come un fuso.

Si sentirono una serie di grugniti che provenivano dall'esterno e, poco dopo, si palesò sulla porta un giovane con la barba corta e i capelli arruffati.

Carezzò con la mano callosa e ruvida il bambino e guardò la ragazza con piglio sicuro. «Ho ricevuto un messaggio da un capo tribù di Kathaituwa.»

Dopo aver rimesso il figlio nella culla, quella chiese curiosa: «E che cosa vuole?».

«Tutti i Kaska della regione di Tipiya si ribelleranno al potere di Hattusa. È solo questione di tempo» rispose felice Nanaziti.

La moglie fece un ghigno sorpreso e, allo stesso tempo, sentì che le avvampavano le guance. «È un'ottima notizia. Anche noi dovremmo seguire il loro esempio.»

L'uomo riprese fiato e disse, dubbioso: «Siamo troppo pochi e non riusciremmo a opporci all'esercito di Mursili».

A quel nome, Armawiya ebbe un sussulto. Voleva odiarlo, ma al solo pensiero le si annebbiava la vista e le venivano le vertigini. Guardò il piccolo Dada e uscì dall'abitazione per prendere l'aria che sembrava improvvisamente mancarle.

All'esterno, vide il fratello Tuttu, che era riuscito a fuggire ai soldati ittiti e a evitare un futuro da schiavo: pascolava uno scarso gregge di pecore su un pianoro poco distante. Sarebbe stato anche quello il destino di suo figlio?

Vinta da pensieri contradditori, corse a un torrente in cui aveva fatto tante volte il bagno. Stavolta, però, si gettò per terra e cominciò a piangere lacrime amare, fissando l'acqua che scorreva inesorabile.

# 11

## *Rimpianti*

Le notizie che giungevano da Karkamiš erano rassicuranti: il nemico del Paese di Assur non aveva mosso guerra e Piyassili continuava a tenere saldo il suo dominio sui territori siriani.

A Ovest, invece, Uhhaziti aveva raddoppiato le guarnigioni sul confine ittita e sembrava poter muovere guerra da un giorno all'altro.

Nella residenza reale di Apasa, la capitale del regno di Arzawa che si affacciava sull'insidioso mare Egeo, gli animi erano in fermento.

«Dobbiamo attaccare ora, padre!» disse un giovane dall'aria baldanzosa e i capelli fini sormontati da un diadema d'argento.

«Non è ancora il momento» rispose il sovrano, che sedeva svogliatamente sul trono della sala delle udienze. Aveva quasi cinquant'anni, ma le spesse rughe sulla fronte corrucciata e le guance rese logore dal sole e dal vento rendevano il suo volto più vecchio. Nell'animo, tuttavia, Uhhaziti era un indomito conquistatore, la cui arroganza era mitigata da un sottile acume politico, che gli impediva sempre di fare il passo più lungo della gamba. Aveva ereditato questo suo tratto caratteriale il figlio minore, Tapalazunawali, che ascoltava attento le sue parole, mentre il primogenito, Piyama-Kuruntiya continuava a incalzarlo.

«A che cosa serve non restituire i fuggiaschi, se non attacchiamo quel bambino di Mursili?» disse, avvampando di rabbia. «Dobbiamo aspettare che sia lui a invadere i nostri territori?»

Uhhaziti si alzò e si diresse verso il figlio, guardandolo fisso negli occhi. «Frena la lingua e ascolta attentamente quello che devo dirvi.»

Piyama-Kuruntiya istintivamente si inchinò di fronte al padre, per cui nutriva un profondo rispetto.

«A giorni riceverò un messo del re di Ahhiyawa con cui stringerò un patto» li informò.

«È un alleato pericoloso. In che modo lo convincerai a infrangere gli accordi che ha con il sovrano di Hatti?» chiese sorpreso Tapalazunawali.

«Assicurando il mio appoggio per l'occupazione di Milawanda. Da tempo desidera che i suoi commerci marittimi nella città siano scevri dall'ingerenza di Hattusa.»

«Le navi non gli mancano e nemmeno la sete di conquista» aggiunse il principe. «E se accampasse pretese anche sui nostri territori, una volta che avrà conquistato la terra ferma? Potrebbero non bastargli più le isole su cui già spadroneggia.»

Piyama-Kuruntiya sbottò, innervosito da tutto quel parlare: «Che lui e i suoi uomini ci provino, e assaporeranno anche loro la mia spada!».

«Calmatevi, adesso» chiosò Uhhaziti e li congedò, lasciando trapelare la sua strategia. «Il giovane Mursili sta dando prova di forza con uno sparuto gruppo di pastori kaskei per legittimare il suo potere a Hattusa, ma non oserà muovere guerra al re di Ahhiyawa. Arzawa resterà indipendente e potremo conquistare anche quelle città che sono ancora sotto il suo dominio dai tempi di Suppiluliuma.»

«E il primo a pagare sarà quel traditore di Mashuiluwa!» disse inviperito Piyama-Kuruntiya.

Uhhaziti si fece cupo in volto stringendosi nella pelliccia che ricopriva le sue spalle nerborute, mentre osservava dalla finestra le mura maestose della sua città.

Mursili guardava giocare Halpasulupi con il piccolo Muwatalli, che teneva felice tra le mani il carro da guerra che Annella aveva recuperato a casa di Hassuili. Gli venne in mente lo sguardo fiero del padre, che aveva visto raramente durante la sua infanzia, perché era sempre lontano, impegnato in qualche guerra.

Non voleva essere assente come lo era stato Suppiluliuma, ma sapeva che ben presto sarebbe dovuto ripartire, perché le tribù kaskee continuavano a ribellarsi, e stavolta era la regione di Tipiya, al confine con il Paese Alto, ad avere mosso ostilità contro Hatti, rifiutandosi di fornire uomini.

«Che cosa ti turba?» gli chiese Gassulawiya che, in disparte nella stanza, teneva d'occhio i bambini.

«Niente» si schermì Mursili, che da qualche tempo era taciturno e parlava poco con la sua sposa.

La ragazza si avvicinò e gli accarezzò teneramente i lunghi capelli. «Non è vero, conosco quello sguardo» gli disse.

Il LUGAL si scostò: sembrava infastidito dalla capacità che la moglie aveva di carpire ogni suo moto dell'anima. Avrebbe voluto essere come Tawananna, che rimaneva sempre imperturbabile come una sfinge. Il suo lato emotivo non gli giovava in quanto re, perché metteva in luce le sue debolezze. E poi, sentiva che qualcosa lo lacerava dentro: il ricordo mai sopito degli occhi lucenti e selvaggi di Armawiya. Che cosa stava facendo in quel momento? Lo odiava ancora per aver dato l'ordine di uccidere suo padre?

«Devo partire di nuovo, lo sai» rispose distratto Mursili, ma non finì il suo discorso, perché Muwatalli cominciò a strillare. Halpasulupi cercava di strappargli dalle mani il carro, ma il vigoroso fratellino non mollava la presa.

«È mio!» diceva il primogenito, strattonando il giocattolo.

Gassulawiya intervenne, cercando di placare gli animi dei figli che, sebbene piccoli, già mostravano una forte personalità. «È di Tarhunta» annunciò, afferrando il carro, «nessuno di voi possiede niente.»

Mursili fu colpito da quelle parole: Gassulawiya aveva ragione, nessuno nel regno di Hatti era davvero padrone di qualcosa, tutto era nelle mani degli dèi. Ma se gli avevano permesso di tornare vittorioso dalle campagne al Nord, perché l'epidemia non si placava? Era un tarlo che non gli permetteva di riposare. Non aveva commesso alcuna colpa e le sue ripetute offerte ai templi sembravano essere tutte vane.

All'improvviso, Zuwanna fece il suo ingresso negli appartamenti reali, con il viso leggermente paonazzo. Negli ultimi tempi era aumentato di peso e il respiro gli era diventato più affannoso.

«Mio Sole, Mittannamuwa chiede insistentemente udienza. Dice che è una questione della massima importanza» esordì, dopo essersi inchinato più volte al cospetto del sovrano.

«Lo riceverò subito» rispose Mursili, uscendo dalla stanza preceduto dal cortigiano.

Gassulawiya seguì con lo sguardo lo sposo e i suoi occhi si velarono di malinconia. Rimpiangeva il passato e non capiva in che cosa avesse sbagliato. Allora volse la testa verso Halpasulupi e Muwatalli, e capì che erano loro in quel momento l'unico motivo a tenerla legata a Mursili.

Che cosa avrebbe fatto, però, il giorno in cui il re avesse concepito un figlio con un'altra donna?

Il Grande degli scribi attendeva nella sala delle udienze, tenendo le mani incrociate dietro la schiena. Non appena Mursili lo vide, si chinò con reverenza e attese che il sovrano si sedesse sul grande trono, prima di esternargli le sue preoccupazioni, ma quello lo precedette: «Ci sono novità sull'incarico che ti ho dato?».

«Sì, mio Sole, ma non quelle che attendi da tempo» rispose Mittannamuwa. «L'archivio del palazzo reale ha subito un grave danno. Molte delle tavolette dell'ala est sono sparite.»

«Come, sparite?» chiese stupito Mursili, serrando le mani sui braccioli del *kishi*. E i leoni di pietra che fiancheggiavano il trono con le loro bocche aperte sembrarono altrettanto stupiti.

Socchiudendo appena gli occhi, il GAL DUB.SAR continuò il suo discorso: «Nessuno degli scribi ha saputo darne ragione».

Mursili si alzò di scatto e cominciò ad andare avanti e indietro per la sala, poi si bloccò. «È inaudito. Qualcuno dovrà pagare per questo. Le tavolette non spariscono da sole.»

«Ne sono consapevole e farò di tutto per individuare il colpevole» rispose con il solito sguardo serafico l'altro. «Ma potrebbe non essere colpa di uno scriba.»

Gli occhi del giovane sovrano si assottigliarono. Qualcuno tramava alle sue spalle?

«Al mio ritorno dalle terre dei Kaska, se non avrai trovato risposte, ne parlerò con la regina. Forse lei potrà individuare il responsabile» sospirò il LUGAL.GAL.

Il Grande degli scribi si congedò e uscì rapidamente dalla maestosa sala, che riecheggiava dei suoi passi. Una volta all'esterno vide Zuwanna, che sostava ai lati di una colonna del porticato; il cortigiano lo salutò mellifluo, asciugandosi più volte la fronte con un sottile panno di lino. Restò lì immobile, mentre Mittannamuwa si dirigeva verso l'archivio della cittadella.

A un tratto, lo scriba si voltò e gettò lo sguardo in lontananza, verso il pilastro dove poco prima sostava l'eunuco, e notò che l'uomo si era dileguato.

Nonostante l'estate fosse quasi finita, Mursili riunì l'esercito per marciare ancora una volta in territorio kaskeo. Le campagne militari venivano sempre condotte in primavera, ma sembrava che il re non vedesse l'ora di allontanarsi da Hattusa. Era come se volesse tenere lontano dagli occhi quella straziante epidemia che aveva nuovamente decimato gran parte della popolazione della capitale.

Il caldo e l'odore nauseante delle carcasse del bestiame morto e i corpi deturpati dal virulento morbo gli erano insopportabili. Non era solo il desiderio di condurre nuovi deportati e forza lavoro nel suo regno a spingere il sovrano in guerra, ma anche la smania di sentire che le sue azioni avevano uno scopo e portavano a un risultato.

Il GAL *MEŠEDI* sembrava altrettanto desideroso di scendere in campo e di mostrare il suo valore e rinsaldare quel coraggio che gli era, invece, mancato per dichiarare il suo amore ad Annella.

Ritto sul carro, al fianco di quello del LUGAL.GAL, Hassuili incedeva lento, mentre il contingente di poco più di quattromila uomini lasciava la capitale, ancora avvolta dall'afa e dal dolore.

Dopo molti giorni di marcia, la città di Kathaituwa fu vinta e data alle fiamme, e i soldati ittiti sfogarono la loro ferocia repressa saccheggiando la campagna circostante.

Un giorno, non appena il re si era ritirato nella sua tenda, il suo riposo fu all'improvviso interrotto: un messaggero portava notizie da Ishupitta. La regione era nuovamente destabilizzata, perché le tribù kaskee locali avevano cominciato a fare razzie e a profanare i templi di Hatti.

«Che cosa intendi fare?» gli chiese in tono ansioso il GAL *MEŠEDI*, che vedeva lo sgomento negli occhi di Mursili.

Quello non rispondeva e continuava a fissare una lampada a olio la cui fiamma vacillava pallida. Sembrava creare un'ombra ricurva che assomigliava a una mezza luna, simile al ciondolo di Armawiya. Con il viso serio dichiarò la sua strategia: «Torneremo a Hattusa, dove lasceremo i prigionieri e il bestiame. Poi andremo a sedare la rivolta».

«Non credo che sia una buona idea. Lascia che se ne occupino i generali» replicò il fratellastro, che sapeva bene quale era il motivo che incitava il sovrano a spingersi in quell'angolo di terra circondato da alte e insidiose montagne e ancora carico di odio nei suoi confronti.

«No, stavolta non mostrerò pietà per quegli empi traditori» disse con sdegno Mursili, ma la sua bocca tremava, lasciando trasparire i sentimenti contrastanti che gli appesantivano il cuore.

«Sei sicuro di non andare in cerca di altro?» gli chiese Hassuili, schietto.

«Se ti riferisci ad Armawiya, sarà morta o fuggita chissà dove. Ma non mi importa, lei mi odia» affermò il re dando sfogo alle emozioni, senza avere precisamente in testa nemmeno lui che cosa andasse cercando.

«Stiamo parlando di te, non di lei. Perché non l'hai ancora dimenticata?» chiese curioso e sorpreso il fratello.

L'altro mise istintivamente il dito sulla fiamma della lampada e, solo quando sentì la pelle che bruciava, la ritrasse. «Non posso, il suo ricordo mi tormenta di notte e di giorno, e nemmeno i dolci occhi di Gassulawiya e i corpi sinuosi delle concubine riescono a scacciare il suo profumo e quello sguardo insolente posato su di me.»

Il GAL *MEŠEDI* gli si fece vicino. «Non ti posso aiutare amico mio, non sono bravo a parlare d'amore.»

«Tu ce l'avevi una scelta con Annella, io no» ribatté Mursili, rimettendo il dito sulla fiamma, cosicché il dolore fisico prendesse il sopravvento su quello che avvelenava il suo animo.

Hassuili si risentì. Che cosa voleva dire con quelle parole? Prese un bicchiere e ci versò del vino, poi lo tracannò d'un colpo. «E no, non ce l'avevo una scelta.»

«Eri libero di amarla e lei era già tua. La promessa di matrimonio poteva essere annullata, eri ancora in tempo. Hai avuto solo paura» lo incalzò il fratello, continuando a torturare il dito sul fuoco.

«Io non ho paura di niente! Tantomeno di una donna» sbraitò il militare, le cui guance erano diventate dello stesso colore del vino.

Allora Mursili lo strattonò per farlo tornare lucido. «Sì che hai avuto paura, perché quando ami sei vulnerabile.»

Hassuili lo guardava dritto negli occhi, ma non riusciva a ribattere, perché il sovrano aveva colto nel segno, e per la prima volta era chiaro anche a lui il motivo che lo aveva allontanato da Annella. Quanto avrebbe voluto tenerla tra le braccia in quel momento e baciarla fino a rubarle l'anima e il coraggio!

«Hai ragione» disse, e si inchinò. Rimettendosi l'elmo, si avviò verso l'uscita della tenda, aggiungendo: «Anche tu hai una scelta: dimenticarla, oppure lasciare che il suo ricordo e il dolore che le hai causato ti distruggano».

# 12

## *Un ostaggio speciale*

Invece di pensare all'incolumità del figlio, Armawiya aveva spinto Nanaziti a unirsi alla rivolta e a guidare spedizioni punitive contro le città ittite. Nella stessa Humisina, risorta a fatica dalle macerie, erano stati condotti odiosi atti di rappresaglia verso i mercanti di Hatti, che erano tornati a condurre i loro commerci nella regione.

La sete di vendetta della giovane kaskea, però, aveva portato a un infausto epilogo: Nanaziti era stato catturato, e con lui il piccolo Dada.

Entrambi erano stati condotti nel KARAŠ ittita, dove presto il re avrebbe deciso della loro sorte. Tra i vincoli che i selvaggi Kaska avrebbero contratto con il patto di pace giurato al sovrano, infatti, era previsto il tributo di ostaggi, tra cui figuravano i figli dei capi tribù.

Nella sua scarna abitazione sulle montagne, Armawiya imprecava a gran voce e malediceva il giorno in cui aveva incontrato Mursili.

All'improvviso, entrò dalla porta sbilenca Tuttu, che aveva ancora addosso l'odore dei maiali. Quel puzzo sembrò insopportabile alla sorella, che lo cacciò in malo modo. «Vattene!» disse, senza nemmeno guardarlo.

«È inutile che te la prendi con me» rispose il fratello. «Sei l'unica a essere colpevole.»

«Di quale colpa parli? Quella di voler vedere il nostro popolo libero? Tu sei un vigliacco, sei solo in grado di pascolare le pecore e fuggire di fronte al nemico» sbottò la ragazza, e poi sputò per terra, come era solito fare suo padre.

«E che mi dici di te, che il frutto del nemico lo hai portato in grembo?» ribatté astioso Tuttu.

La sorella gli si parò davanti furiosa e lo schiaffeggiò. «Come osi dire questa infamia?»

«Non puoi negarlo. E anche Nanaziti in cuor suo lo sa» continuò l'altro, dandole una spinta per allontanarla. «Nostro padre non avrebbe sopportato un tale affronto.»

«Dada è un kaskeo» asserì Armawiya. «Mi sarei uccisa, se il padre fosse stato Mursili» aggiunse, sollevando il coltello che teneva legato alla cintura e puntandoselo al collo. Glielo aveva regalato Sunaili quando era una bambina, imponendole di tagliare la gola a un maiale per essere un giorno pronta a fare lo stesso con i loro acerrimi nemici: gli Ittiti!

Tuttu abbassò la testa e se ne andò. Forse aveva sbagliato ad aggredirla in quel modo e nelle vene di suo nipote non scorreva il sangue del sovrano di Hatti.

Quando fu scomparso dalla sua vista, la giovane donna cadde in ginocchio insieme al pugnale.

Non aveva altra scelta: doveva recarsi all'accampamento nemico per evitare che suo figlio fosse condotto via come uno schiavo e che vivesse secondo le leggi di Hatti, che tanto detestava. Ma come avrebbe fatto, stavolta?

Per assicurarsi di essere ricevuta, diede a uno degli anziani di Humisina il suo ciondolo a forma di luna, supplicando di mostrarlo al re e di chiedere in suo favore un'udienza, una volta che fosse giunto al suo cospetto per contrarre il nuovo giuramento di fedeltà.

L'uomo, che aveva sempre provato un profondo rispetto per Sunaili, non poté rifiutarsi e accordò il favore alla ragazza, provando per lei pietà; aveva perso una figlia della stessa età e un'altra era stata deportata negli scontri dell'anno precedente, e non ne aveva avuto più notizie. Erano così tanti i lutti e le ingiustizie che aveva visto in tutti quegli anni, che quasi non sentiva più il dolore che si era sedimentato a fondo nel suo vecchio cuore.

Dopo qualche giorno, il vento cominciò a soffiare tanto forte da sradicare le tende dove era accampato l'esercito ittita. Era gelido e sibilava come se volesse intimare a chi si avvicinava di allontanarsi e non farvi mai più ritorno.

Mentre venivano letti i giuramenti imposti alle tribù ribelli di Ishupitta, Mursili guardava distrattamente la punta ricurva delle sue scarpe. Aveva sperato invano di vedere il volto di Armawiya affacciarsi alla tenda, proprio come aveva fatto il giorno che l'aveva incontrata, in cui fiera aveva sostenuto il suo sguardo.

Quando tutte le parti del *lingai* furono elencate, nominate le divinità che avrebbero sancito il vincolo, incluse le canoniche benedizioni e le maledizioni, e tutti i presenti ebbero giurato, l'anziano di Humisina incaricato da Armawiya si inchinò di fronte al re e gli mostrò la mano aperta, dove riluceva il ciondolo.

Hassuili gli intimò subito di tornare al suo posto, ma Mursili gli fece cenno con la mano di restare. Poi si alzò dal seggio in cui sedeva intirizzito dalla noia e dal freddo, e con la punta ricurva della spada sollevò lentamente la collana dal palmo della mano dell'uomo, rimirandone la forma.

«La donna cui appartiene questa luna vorrebbe incontrarti, mio Sole» disse quello, tenendo ancora bassa la testa.

Un sottile mormorio si levò tra i soldati presenti e i capi tribù kaskei.

Il sovrano mosse la lama e scaraventò il cimelio per

terra; quindi si sedette nuovamente, trattenendo a fatica le emozioni. Armawiya era viva!

«Ho già abbastanza schiave kaskee che soddisfino le mie voglie, non me ne serve un'altra» asserì, facendo scaturire un riso sguaiato tra le guardie. Subito dopo, congedò la delegazione.

Quando rimase da solo con Hassuili, però, manifestò i suoi veri sentimenti. «Vai a prenderla e portala qui. Ma agisci con la massima discrezione» disse concitato, raccogliendo dal terreno umido la luna incisa nel pezzo di corno.

«Te lo ripeto amico mio, non credo che sia una buona idea» sospirò il Comandante delle guardie del corpo.

«Devo sapere che cosa vuole da me» aggiunse l'altro, che scalpitava dalla voglia di rivedere la kaskea e i suoi occhi magnetici.

Una volta giunta all'accampamento, Armawiya fu perquisita a dovere, lavata con cura e purificata prima di essere condotta al cospetto del re. Le sembrò di rivivere quella prima notte di passione, ma con una consapevolezza diversa: odiava fin nelle viscere il giovane uomo che l'aveva sedotta e, se avesse potuto, gli avrebbe trafitto il cuore per vederlo sanguinare come il suo.

La realtà, però, fu ben diversa. Appena vide Mursili, sentì le gambe tremare e quel naso dritto e quello sguardo malinconico le smossero qualcosa dentro, che era un sentimento molto lontano dal rancore.

Il LUGAL.GAL le andò incontro un po' intimorito, ma l'attrazione che provava era rimasta immutata e la trovava ancora più bella che nei suoi sogni tormentati.

Coperto da una sottile e corta tunica bianca di lino, con il profumo di olio fine che emanava dai lunghi capelli lisci, così neri da ricordare le tenebre, le posò dolcemente la mano sul viso.

«Perché mi hai voluto vedere?» disse, cercando subito una risposta ai suoi dubbi.

Armawiya mise la sua mano su quella del re, anche se avrebbe voluto scostarla con forza. Era vinta da sentimenti contrastanti e il desiderio di baciarlo improvvisamente prese il sopravvento, così avvicinò le labbra fino a sfiorare quelle di Mursili. Quello cedette immediatamente al richiamo selvaggio che lo avvinceva alla giovane kaskea, e le saltò addosso rapace. Come se il tempo si fosse fermato in quella tenda, i due ritrovarono l'ardore che sembrava sopito e godettero l'uno dell'altra a più riprese.

Quando rimasero solo le membra sudate e il loro respiro riprese il normale corso, Armawiya fu la prima a parlare. «I tuoi soldati hanno preso mio figlio come ostaggio.»

A quelle parole le labbra del sovrano si dischiusero e restarono come appese per scacciare quel pensiero. «Ti sei sposata?»

«Con Nanaziti, un capo tribù. Ecco perché hanno preso il piccolo Dada» aggiunse lei. «Verrà portato a Hattusa, e io non potrei sopportarlo.»

«È la legge, non posso fare niente per te» rispose con un filo di voce l'altro, ancora sgomento per quella notizia.

«Mi hai portato via mio padre, non portarmi via mio figlio, Mursili» lo supplicò con voce tremante Armawiya, chiamandolo con il suo nome, prendendosi una confidenza che a nessuno a Hattusa, nemmeno ai più alti dignitari, era concessa.

«È solo per questo che sei venuta qui?» disse il re, spiazzando l'amante che, rivestendosi veloce, replicò stupita: «Per quale altra ragione?».

Il giovane la guardava muto, perché avrebbe sperato che il motivo della visita e di quegli amplessi violenti e ripetuti fosse il desiderio che provava per lui. E invece, ancora una volta, Armawiya sembrava averlo usato per i suoi scopi. Lo aveva mai amato? Sentì un improvviso risentimento e i suoi occhi si assottigliarono, diffidenti. «Allora hai avuto la tua risposta» dichiarò, allontanandosi.

«Sei deciso a non fare niente?» insistette quella, andandogli dietro. «La vita di Dada è in pericolo.»

«E perché mai? È solo uno schiavo kaskeo» sbottò Mursili, ma già un dubbio si stava insinuando nella sua mente.

«Non è un kaskeo come gli altri. Nelle sue vene scorre sangue reale» ammise l'altra, mordendosi più volte le labbra.

Il sovrano si voltò e la strattonò con gli occhi gonfi di collera. «Non mentire! Faresti di tutto pur di salvarlo!»

La donna gli prese la mano con violenza e se la mise sul cuore, che aveva cominciato a battere all'impazzata. «Non mento, è tuo, Mursili. E mi sarei uccisa, ma...» si fermò all'improvviso, trattenendo a stento le lacrime che già scorrevano amare lungo il suo volto austero e sensuale.

«Ma, cosa?» urlò il re, mentre le scuoteva con forza la testa, tra i cui folti ricci si perdevano le sue mani.

«Dada è innocente, non è colpa sua se mi sono innamorata dell'uomo sbagliato» singhiozzò, per la prima volta sentendosi fragile di fronte a qualcuno.

Il LUGAL.GAL era turbato: aveva un figlio di cui aveva ignorato fino ad allora l'esistenza e Armawiya, nonostante tutto, lo amava.

«Non ti preoccupare» le disse cingendola stretta a sé, in un abbraccio che entrambi avrebbero voluto fosse stato eterno. Ma il tempo non si può fermare, nemmeno Tarhunta è tanto potente.

«Lascialo andare. Se qualcuno avrà anche solo il dubbio che sia tuo figlio, i suoi giorni sarebbero contati» esordì la ragazza, dopo un lungo silenzio.

«Al contrario. Sarà trattato con rispetto, come tutti i figli delle concubine, che vivono a Hattusa nell'harem reale. Vieni con lui» la rassicurò l'altro, accennando un sorriso.

Armawiya insistette, angosciata: «Io non sono una delle tue concubine e mai lo sarò. Ma così non potrò vegliare su di lui».

«Come vuoi. Ti prometto che non gli succederà nulla. Sarà maggiormente in pericolo se resta con la tua tribù, soprattutto dopo questo incontro» continuò Mursili, accarezzandole dolcemente le guance ancora bagnate di pianto.

La kaskea sembrò rassicurarsi, ma il pensiero di separarsi dal figlio era altrettanto atroce di quello della sua morte. «Non potrei vivere senza di lui, è l'unica cosa di cui mi importi. Lasciamelo!» disse con un filo di voce.

«Non posso, il suo destino è già scritto. È tra gli ostaggi designati come tributo al Palazzo» replicò il sovrano, che sentiva una profonda compassione per la donna, sapendo ancora una volta di non poterla aiutare. Era consapevole che le avrebbe causato un altro dolore e che questo avrebbe minato per sempre il loro amore. Sì, perché ora lo sapeva con chiarezza: l'amava. Come amava Gassulawiya, sebbene non fosse lo stesso sentimento. Per la sua sposa provava ammirazione, affetto ed era la madre del futuro re. C'era sempre stata tra di loro una complicità che lo rassicurava, era comprensiva, assecondava con abnegazione il suo ruolo, potevano ridere delle stesse cose e vivevano secondo le stesse leggi.

Armawiya era un'estranea in ogni ambito della sua vita, ma l'attrazione fisica che provava nei suoi confronti e le emozioni che gli suscitava gli facevano perdere completamente il controllo. E Mursili voleva sentirsi vivo, voleva essere come qualunque altro uomo, fosse stato anche un selvaggio pastore kaskeo.

Preso dall'ardore del momento e dalla consapevolezza che quella sarebbe stata l'ultima volta che si sarebbero visti, la baciò con tutto il trasporto che sentiva, ma Armawiya aveva cambiato sguardo e i suoi occhi, un attimo prima così vividi, si erano spenti. Le sue labbra avevano perso forza e sembravano non vedere l'ora di sottrarsi a quel bacio.

Il dolore del momento era palpabile, ma nessuno avrebbe potuto salvare i due amanti dal loro destino. La ragazza si dileguò velocemente, mentre il re la guardava andare via, impotente.

Solo quando fu definitivamente sparita dalla sua vista e dall'accampamento, gli sovvenne che non le aveva restituito il ciondolo a forma di luna. Lo prese tra le mani, pensando che un giorno lo avrebbe donato a Dada. Voleva vederlo, ma ne aveva al contempo paura. Era davvero suo figlio? E se fosse stato così, sarebbe stato in pericolo come paventava Armawiya? Il sonno non gli portò ristoro, ma altri terribili incubi.

L'indomani, tuttavia, decise di fare visita al piccolo per decretare se sarebbe restato solo uno schiavo o se sarebbe stato riconosciuto come figlio del sovrano di Hatti. Era passato più di un anno e il dubbio che non fosse il frutto di quella notte di passione lo corrodeva. Se Armawiya lo avesse seguito a Hattusa come concubina, o meglio, se lui non l'avesse lasciata libera, tutto questo non sarebbe successo. Dada sarebbe stato legittimato e protetto nell'harem. E se, invece, la sua amante si stava sbagliando e il bambino fosse nato dalla sua relazione con Nanaziti? Che cosa avevano in mente gli dèi? Era quella la loro punizione perché Mursili non aveva seguito i loro dettami?

Mentre era scortato da Hassuili nella tenda in cui venivano tenuti i piccoli ostaggi, il re sollevò leggermente l'elsa e si ferì il dito con la lama della spada. Sentì immediatamente un sollievo, come se quel dolore subitaneo potesse attutire l'ansia della scelta.

Anche se Dada aveva solo pochi mesi, quando Mursili vide il suo volto melanconico ma fiero, non ebbe dubbi: era suo figlio! Lo sollevò con le forti braccia, tra lo stupore delle ancelle e delle guardie. Hassuili aveva capito tutto e in cuor suo soffriva per l'amico.

Il sovrano ordinò che il bambino fosse condotto in un'altra tenda, lontano dagli altri figli dei capi tribù kaskei.

«Non puoi esserne sicuro» gli sussurrò il GAL *MEŠEDI*, preoccupato. «Affidati ai responsi oracolari, e che siano gli dèi in cui confidi ciecamente a dartene conferma.»

«È mio!» rispose quasi infastidito l'altro. «E vivrà a Hattusa con i suoi fratelli. Il forte Tarhunta e tutte le divinità del regno hanno fatto sì che io lo ritrovassi e per questo lo proteggono» chiosò, interpretando da solo il volere divino. E, senza accorgersene, si comportò come gli aveva suggerito suo fratello Arnuwanda in punto di morte, dimenticando il suo biasimo per quell'azione che aveva ritenuto sconsiderata e illegittima.

Anche i sogni di Tawananna erano stranamente agitati in quel periodo. La condotta della figlia Amminnaya era sempre più disdicevole. Non faceva altro che litigare con tutti e la morte della figlia di Arimelku aveva rafforzato la sua arroganza.

La principessa detestava il piccolo Muwatalli cui, da quando era nato, le ancelle del palazzo avevano riservato tutte le attenzioni. Sembrava già chiaro che sarebbe stato lui il degno discendente di Mursili. Non piangeva mai ed era forte come un leone e instancabile come un bue da aratro. Era tozzo, ma i suoi lineamenti erano regolari e gli occhi acuti e vigili come quelli di un'aquila.

Un giorno, Amminnaya gli aveva nascosto un ragno

nella coperta, mentre la balia lo stava cullando. Quando il principino venne adagiato nel suo lettino, vedendo l'animale non ne ebbe affatto paura, ma lo schiacciò con forza e lo mostrò con orgoglio alla zia, che urlò inviperita, fuggendo via.

La figlia di Tawananna già pensava a come avrebbe usato la magia nera su di lui e non passava giorno senza che affiancasse la "vecchia" Mezzulla e cercasse di carpirne tutti i segreti. Era ossessionata dal suo potere!

«Non essere affrettata» la ammonì la madre, quando la ragazzina le confessò il suo proposito. «O commetterai un altro errore come hai fatto con Zuwanna.»

«Quel grassone spione!» sbottò la figlia. «Metterò anche lui al suo posto, se sarà necessario.»

«No, non farai niente di tutto questo» disse seccata la regina. Poi, mentre si dipingeva le labbra con una polvere rossa mista a olio di sesamo, dichiarò: «Non sono i figli di Mursili il problema».

La principessa non capiva a che cosa si riferisse la madre, che non aggiunse altro e la lasciò da sola nella stanza: doveva recarsi alla "casa di pietra", dove aveva degli affari urgenti da sbrigare.

L'inverno era ormai alle porte, così nel suo viaggio di ritorno Mursili decise di svernare presso la residenza reale della città di Ankuwa, che si trovava non molto lontano da Hattusa.

Nonostante il palazzo fosse più piccolo di quello della capitale, il re amava trascorrervi il tempo, perché era lì che aveva soggiornato con Suppiluliuma di ritorno dalla sua prima campagna militare in terra siriana. Il padre si era complimentato con lui per la sua destrezza con la lancia e gli aveva mostrato come tenere più salda la spada e i nervi. Lo reputava molto emotivo e si rallegrava che

Hassuili gli coprisse il fianco. Riteneva che avesse preso dalla madre una sensibilità eccessiva e un'indole pietosa, che in guerra non pagava.

Poco dopo il suo arrivo, Mursili rese numerose offerte al tempio della dea hattica Katahha per rinsaldare il suo legame con le divinità ed evitare che il suo rapporto con Armawiya avesse in qualche modo compromesso la sua integrità e purezza.

Si chiedeva che cosa avrebbe detto Gassulawiya, quando le avesse mostrato Dada. Era coetaneo di Muwatalli e già il re sognava che un giorno sarebbe stato il suo auriga oppure il suo GAL *MEŠEDI*. Quale dei suoi figli, infatti, era il più incline a prendere il suo posto? Halpasulupi era irruento e lunatico e quel suo temperamento mutevole mal si addiceva al ruolo di LUGAL.GAL.

Muwatalli lo faceva sperare per il meglio, ma desiderava avere altri figli, ed era ancora prematura la decisione. In fin dei conti, lui non era stato il prescelto, e il suo destino si era rivelato inaspettatamente. Non si poteva dire la stessa cosa di suo padre, che era arrivato a uccidere pur di sedere sul trono di Hatti!

Quel pensiero, che aveva scacciato dalla mente così tante volte, riemerse all'improvviso, e per un attimo Mursili sentì mancargli il respiro. Tutti sapevano che la morte di Tuthaliya il Giovane era rimasta invendicata. Come potevano gli dèi essersi voltati dall'altra parte? Mittannamuwa tardava a dare una risposta e forse era arrivato il momento di intraprendere un'altra strada, ma qualcosa tratteneva il re dal mettere sotto processo l'operato del padre, così continuava a temporeggiare.

# 13

## *Cuori in battaglia*

Quando Mursili fece il suo rientro vittorioso a Hattusa, l'inverno era passato e la neve che ammantava le maestose mura della capitale si era sciolta, lasciando il passo a una nuova primavera.

Gassulawiya attendeva trepidante di riabbracciare il suo sposo, ma la notizia del *pahhursi* la trovò impreparata.

«Chi è lei?» assalì lo sposo, una volta che furono soli. Le sue sopracciglia folte avevano preso un'espressione adirata che il marito non aveva mai visto prima, e ne ebbe paura.

«Che cosa importa?» rispose quello sulla difensiva. «Da quando sono diventato il Gran Re sai benissimo che posso e devo condividere il mio corpo con altre donne.»

La ragazza cominciò a stropicciare con forza un lembo della lunga stola che le cingeva la vita. Dal secondo parto i suoi fianchi erano diventati più pronunciati e il grembo arrotondato non aveva ancora ripreso la sua forma. «Ma non condividerai il tuo cuore, non lo permetterò!» urlò.

Mursili sorrise con fare fanciullesco a quella manifestazione ingenua di gelosia, le si fece vicino e le baciò teneramente la fronte per rassicurarla. «Questo non accadrà.»

La donna, tuttavia, intuì un sottile tremore nella sua

voce e capì che mentiva. «Quel bambino avrà tutte le cure che gli sono dovute in quanto tuo figlio, ma non sarà mai il LUGAL.GAL. Giuramelo!» disse, visibilmente sconvolta.

Quello si fece serio in volto e la strattonò forte tenendola per le spalle. «È una decisione che spetta solo a me, e tu non sei qui per darmi ordini.» Poi cominciò a baciarla ripetutamente sul collo e le alzò la tunica impacciato, ma Gassulawiya lo scostò con una forza che non credeva di avere. Non si era mai rifiutata di fare l'amore con Mursili e vide nei suoi occhi un lampo di terrore misto a rabbia. Allora lo sposo la sospinse verso un muro, che era freddo e duro, e le cominciò a baciare i seni e a penetrarla con le dita della mano. La principessa, suo malgrado, si abbandonò e l'amplesso ebbe una breve durata, lasciando entrambi insoddisfatti.

Il sovrano si rivestì rapido nel silenzio reboante della stanza, mentre la principessa si metteva a posto con minuzia i lunghi capelli, raccogliendoli nuovamente sotto il velo.

«Sono tornato a casa, ma non resterò per molto. Ho tante cose da sbrigare, e tu dovrai stare al mio fianco. Questo è il tuo compito» disse con distacco. «E include il tuo dovere coniugale. Ma se non vuoi darmi piacere, lo troverò tra le braccia delle concubine.»

Dove aveva imparato così bene a ferire con le parole, si chiese la moglie, che lo osservava attonita. Che cos'era rimasto di quel giovane premuroso che temeva gli dèi e aveva così tanto riguardo per gli esseri umani? La odiava, forse? E perché mai? Sembrava piuttosto che detestasse se stesso…

La verità era che anche Gassulawiya si sentiva cambiata: aveva partorito due figli, ma non le sembrava abbastanza, perché si sentiva inutile e sola in quel grande palazzo, dove tutti erano falsamente cortesi. E, cosa più odiosa, Tawananna la teneva lontana da ogni affare che riguardava il suo popolo, accentuando in lei un senso di estraneità e miseria.

Intanto, la celebrazione della grande festa del *purulli*, che coincideva con l'inizio dell'anno agricolo, si avvicinava, e Mursili era pronto a rendere omaggio al dio della Tempesta del Cielo per assicurare benessere e prosperità al Paese di Hatti. Quell'anno, però, a causa dei recenti tumulti con i Kaska, era stato deciso di officiare il rito all'interno delle mura della capitale senza attuare il consueto viaggio cultuale nelle città nord-anatoliche, in cui dai tempi più antichi si svolgeva la speciale cerimonia itinerante originaria di Nerik.

La leggenda di Illuyanka, il serpente che custodiva le acque sotterranee, e della sua lotta con il dio della Tempesta, signore della pioggia, aveva radici antiche, ma il controllo delle acque, così indispensabili per l'agricoltura, era ancora di vitale importanza per il popolo ittita. La siccità, infatti, era sinonimo di morte, e in un momento così delicato scongiurare questo tragico evento era un obbligo del re.

Mursili conosceva bene entrambe le versioni del mito, anticamente raccontato da Kella, "l'unto" del dio della Tempesta di Nerik. In ognuna delle leggende, il potente Tarhunta non risultava vincitore da solo, ma veniva fiancheggiato sia dagli uomini sia da divinità familiari, come la splendida e audace dea Inara, che si era addirittura congiunta con un mortale pur di aiutare il padre. Nessuno, nemmeno un dio, poteva sconfiggere i suoi nemici senza l'aiuto di persone fidate. "Su chi posso contare?" si chiedeva insistentemente Mursili. Grazie a Hassuili i tumulti provocati dai Kaska erano stati sedati e il fratello Piyassili con il generale Nuwanza aveva soffocato il vano tentativo di sommossa assiro, ma i confini a Ovest erano ormai sul punto di essere varcati da Uhhaziti, e dentro la corte ittita qualcuno tramava alle sue spalle per evitare che la verità sull'epidemia fosse indagata a dovere. Era suo padre il responsabile di un tale flagello? Se fosse stato confermato dagli oracoli, il suo posto su quel trono sarebbe stato davvero a rischio? Mursili pensava di essersi dimostrato un LUGAL forte in guerra e giusto con il suo popolo, cui non faceva mancare niente, così come agli dèi, cui porgeva continui tributi. Nessuno poteva mettere in discussione la legittimità del suo ruolo, ma sapeva bene che le sorti di un regno possono essere stravolte in un attimo, e la sua giovane età era ancora un ostacolo alla fiducia di molti.

A Hattusa era Tawananna a gestire ogni affare pubblico e privato della famiglia reale. Sentiva di poter confidare in lei e nel suo assennato giudizio, ma le parole di Arnuwanda, che l'aveva paragonata alla Serpe, l'infida sorella dell'antico sovrano Hattusili, riecheggiavano ancora nella sua testa. Pensò che sarebbe stato opportuno far tenere d'occhio la matrigna, mentre lui era impegnato nelle campagne militari, ma a chi poteva lasciare un così difficile e pericoloso compito? Tutti i dignitari e i sacerdoti dovevano dei favori alla MUNUS.LUGAL.GAL oppure la temevano. Nessuno, comunque sia, restava immune dal suo fascino magnetico od osava opporsi alla sua volontà.

Si fidava solo di una persona: Gassulawiya. E si torceva l'anima per averla trattata senza rispetto e averla fatta soffrire, non se lo meritava. Doveva riconquistare il suo cuore ferito, così decise di farle un regalo che suggellasse ancora una volta il loro amore.

La sposa reale adorava le spille e pensò, dunque, di farne creare una d'oro con la forma di un melograno, il suo frutto preferito e simbolo di fertilità. Voleva che fosse un oggetto unico nel suo genere, con cui omaggiare la sua sensualità.

«È bellissima!» esclamò la moglie, quando vide il prezioso monile finemente decorato. Allora il sovrano lo appuntò sulla sua raffinata veste di lino e la baciò sulla guancia ma, prima che potesse proferire parola, lei lo anticipò: «I nostri figli crescono forti, e ormai sono pronta a adempiere al mio compito di futura Gran Regina. Lascia che dimostri a Tawananna che si sbaglia sul mio conto».

«Le parlerò di nuovo. È arrivato il momento per te di cominciare a gestire le questioni amministrative e conoscere meglio i desideri e le ambizioni dei dignitari. Ma sii cauta: ha occhi e orecchie dappertutto.»

Poi i due sposi si lasciarono andare alle gioie del corpo e per un attimo Gassulawiya credette che il marito avesse finalmente fugato l'ombra di quella donna sconosciuta, che lo aveva reso padre di un "bastardo".

Avrebbe, tuttavia, cresciuto quel bambino come se fosse stato suo figlio, perché era consapevole che per Muwatalli e Halpasulupi sarebbe stato meglio averlo come alleato che come nemico!

Dai tempi più antichi, alla corte di Hatti le vendette e le congiure avevano dilaniato e cambiato più volte le sorti della famiglia reale, tanto che il sovrano Telipinu aveva fatto redigere un editto per determinare le regole della successione una volta per tutte, dopo così tanto sangue sparso.

La principessa giurò sulla sua stessa vita che nessuno avrebbe mai attentato alla vita del futuro *tuhkanti*, che sarebbe stato solo il frutto del suo grembo.

La notizia della conquista di Milawanda da parte del re di Ahhiyawa non tardò ad arrivare a Hattusa, lasciando impietrito Mursili. Aveva ripetutamente chiesto a Mashuiluwa di monitorare la situazione e mandare spie ad Apasa per capire che cosa avesse in mente lo scaltro re arzawita, mentre teneva l'esercito asserragliato sui confini; sembrava, tuttavia, che il cognato fosse più interessato alla caccia, a bere vino e a imprecare gli dèi che a sostenere la causa ittita.

Piyassili, dunque, decise di recarsi di persona nella capitale per parlare con il fratello della strategia migliore da seguire. Il pericolo era grave e bisognava agire in fretta.

Scortato da un piccolo contingente di guardie fidate, il viceré di Karkamiš entrò nell'acropoli e il primo a riceverlo fu Lupakki.

«Hai fatto buon viaggio, mio Signore?» disse affettato il Grande degli inservienti di palazzo.

Piyassili chinò leggermente la testa in segno di assenso, mentre incedeva frettoloso, poi chiese quasi distrattamente: «Mi sono giunte voci della donazione in tuo favore da parte della regina di una nuova fattoria e di un grande appezzamento di terreno. I tuoi servigi ultimamente devono essere stati molto proficui». L'uomo restò un attimo interdetto, ma comprese e rispose, falsamente lusingato: «Sei troppo buono con me, mio Signore». Quindi, rettificò: «Ma ti hanno informato male, si tratta solo di una piccola proprietà, che già Arnuwanda aveva intenzione di donarmi».

«Il re adesso è Mursili, e immagino che anche lui sia stato favorevole» indagò Piyassili.

«Il giovane sovrano è molto magnanimo, senza dubbio. Con il popolo di Hatti, ma anche con quello kaskeo, tanto da riportare a casa non solo un ingente bottino, ma anche un figlio» si affrettò a dire Lupakki, eludendo la questione che lo riguardava.

A quelle parole, il sagace viceré intuì un senso di biasimo da parte del potente dignitario, ma soprattutto fu informato sul *pahhursi*. Trattenendo a stento la rabbia, rispose: «Grazie al LUGAL.GAL i ribelli Kaska sono stati sgominati e la stessa sorte toccherà a chiunque altro osi insorgere contro Hattusa, dentro e fuori le sue mura».

A quella velata minaccia, Lupakki sentì una sottile scossa propagarsi lungo tutto il corpo: non temeva Mursili, che reputava solo un moccioso e disprezzava ancora di più per essersi congiunto con una concubina della più vile razza, ma aveva paura di Piyassili e della sua ferocia. Quando non era ancora diventato il viceré di Karkamiš, il principe aveva fatto giustiziare alcuni servitori perché accusati da voci di corridoio di praticare la magia nera contro la famiglia reale. Non capiva bene come mai non avesse assunto lui il ruolo di Gran Re, avallando l'ascesa dell'inesperto fratello minore. Era davvero questa la volontà di Suppiluliuma, che un tempo gli aveva personalmente confidato di vedere in Mursili soltanto un altro sacerdote di Tešub come Telipinu? Con sua grande sorpresa, Tawananna non si era opposta alla scelta fatta da Arnuwanda, ma Lupakki era sicuro che fossero altri i piani a lungo termine della regina. E lui le sarebbe stato fedele, ma non sarebbe arrivato a rischiare la morte.

Una volta giunti di fronte al portone istoriato della sala delle udienze, il GAL DUMU$^{MEŠ}$ É.GAL si congedò.

«Sono felice di vederti» esordì il sovrano, andando incontro al fratello e abbracciandolo con commozione.

«Anch'io. E avrei preferito incontrarti in altre circostanze, ma i nemici di Hatti sono sempre in agguato» rispose Piyassili, battendogli forte una pacca sulla schiena.

«È l'ora di affrontare Uhhaziti» disse Mursili sicuro di sé.

«Sono d'accordo, non possiamo sopportare oltre questo

affronto» replicò l'altro, adocchiando una brocca colma di vino e versandosi da bere.

«Osa scrivermi che sono solo un ragazzino e continua a rifiutarsi di rispettare gli accordi presi con nostro padre» raccontò, sedendosi fiero sul trono. «E si è addirittura alleato con il re di Ahhiyawa per espandere la sua egemonia nella regione di Milawanda. Sarò io stesso a guidare l'esercito e arriverò fino ad Apasa, che raderò al suolo, se necessario» concluse il giovane re.

«Il tuo coraggio ti fa onore, ma sei troppo inesperto per condurre una guerra in territorio arzawita» ribatté serio Piyassili, tracannando il vino e versandosi subito un altro bicchiere.

Il fratello si alzò di scatto e il suo sguardo si fece cupo. «Dunque, credi anche tu che sia ancora un ragazzino?»

«No, questo lo pensano molti dignitari, come Lupakki. E sarà meglio che per un po' resti a Hattusa per consolidare la tua posizione e che mandi i generali a ripristinare la situazione a Milawanda. Poi valuteremo se è arrivato finalmente il momento di invadere Arzawa» lo consigliò il viceré, che bevve ancora avidamente il vino. Quello era un modo con cui calmava i nervi ma, recentemente, i suoi scatti d'ira si erano intensificati, proprio perché eccedeva con quella bevanda inebriante, creando inconsapevolmente un circolo vizioso che affliggeva il suo animo e il suo fegato.

«Quel maledetto ruffiano che pende dalle labbra di Tawananna!» sbottò Mursili, ferito nell'orgoglio.

«Devi portarlo dalla tua parte, e il fatto che tu abbia procreato un bastardo kaskeo non aiuta» aggiunse il fratello con disapprovazione, sottolineata dai suoi occhi gonfi e livorosi.

«Non ti permetto di parlare così di Dada!» reagì Mursili, portando istintivamente il pugno vicino al mento di Piyassili.

L'altro, rosso in viso, prese la mano e gliela torse con violenza. «E io non ti permetterò di fare errori a causa di un'inutile e squallida concubina. Henti fu rimossa dal suo ruolo di Gran Regina da quella cagna di Karduniya, ma almeno nostro padre aveva un disegno preciso in mente» sbraitò in preda all'ira.

Allora lasciò la presa e Mursili si accarezzò insistentemente il polso indolenzito, dichiarando a testa bassa: «Non devi preoccuparti, ho tutto sotto controllo, anche Tawananna».

Piyassili proruppe in una delle sue risate sguaiate e si versò nuovamente da bere. «Nessuno può controllare quella donna! E chissà quale piano ha in mente. Non ti teme, e per questo ha appoggiato la tua ascesa al trono, mentre manovra a suo piacimento e per il suo tornaconto tutta la corte.»

Il fratello lo guardava con odio, ma sapeva che quelle parole avevano un fondo di verità. Da quando era diventato re, si era preoccupato solo di dimostrare il suo valore sul campo di battaglia, come tutti i LUGAL.GAL che lo avevano preceduto.

«Per ora è bene che lei non abbia sospetti sulla tua lealtà nei suoi confronti, ma devi tenerla d'occhio in segreto per evitare che presto il suo potere metta in ombra il tuo» aggiunse il viceré sedendosi sul trono al posto del fratello. «E per quanto riguarda Uhhaziti, farai come ti ho detto.»

Mursili si sentiva impotente di fronte a Piyassili e non osò contraddirlo. «Va bene, chiederò ai generali Gulla e Malaziti di prepararsi a partire. Immagino che tu voglia ancora al tuo fianco Nuwanza.»

«Sì, il nemico di Assur è sempre in agguato e ho bisogno della sua esperienza» confermò l'altro, appoggiando una gamba su uno dei leoni di pietra e facendola ciondolare, mentre ingurgitava vorace il vino.

Il fratello riprese la parola: «Per quanto riguarda Tawananna, ho intenzione di affiancarle Gassulawiya nella gestione della "casa di pietra"».

«È una decisione saggia» si complimentò l'altro. «Se seguirai i miei consigli, governerai per molti anni e insieme domineremo il mondo intero.» Rise di nuovo e scese dal trono per avviarsi verso la porta, senza che il sovrano lo avesse congedato. Quando Telipinu non era nei paraggi, la tracotanza del viceré di Karkamiš era incontenibile!

«Un'ultima cosa» disse, prima di uscire. «Accertati che un'ancella di tua fiducia si occupi di Amminnaya e segua ogni suo passo. Non è solo una bambina malevola e viziata, ma anche l'unica arma che quella serpe ha per ambire un giorno al trono di Hatti.»

Il sovrano alzò le sopracciglia sorpreso e annuì: uno dei suoi figli sarebbe stato il legittimo erede e mai avrebbe permesso una simile sciagura.

Tawananna attendeva impaziente l'arrivo di Mursili, che l'aveva convocata presso il mausoleo reale per parlarle in privato.

Quando lo vide pensò che non fosse più quel ragazzo che solo tre anni prima aveva preso il posto di Arnuwanda. Il suo volto sembrava più arrotondato e il suo sguardo aveva assunto una posa vigile e diffidente che le ricordava Suppiluliuma.

«Grazie a te i nostri illustri antenati continuano a ricevere gli onori a loro dovuti, anche in un momento così difficile per tutti noi» esordì il re, mentre percorreva al suo fianco un lungo corridoio del sepolcro regio, illuminato da tante torce che facevano sfavillare i volti delle statue dei re e delle regine che avevano reso grande il Paese di Hatti.

«È il mio ruolo, così come il tuo è quello di difendere

i nostri confini e rendere omaggio agli dèi affinché ci proteggano da questo morbo infido e terribile» rispose la donna, incedendo solenne. Quella mattina il colorito delle sue guance era più rosso del solito, come quello delle labbra, dipinte perfettamente. L'abito succinto, come sempre, metteva in evidenza i fianchi, e il seno puntava dritto verso il suo interlocutore.

«Hai fatto moltissimo per il popolo e il Palazzo in questi anni, e tutti te ne siamo grati. Per questo vorrei alleviare le tue fatiche» disse Mursili, fermandosi improvvisamente.

«Che cosa intendi dire?» chiese l'altra, senza perdere la sua flemma.

«Gassulawiya ti aiuterà nell'amministrazione dei beni della É.NA$_4$» dichiarò il LUGAL.

«Ti ringrazio per la tua premura, ma non ce n'è bisogno. La sposa reale ha due figli e deve occuparsi di loro e di quanti ne procreerete in futuro» rispose Tawananna, accarezzando il viso del figliastro.

Mursili non intendeva cedere al fascino subdolo della matrigna e ritrasse la testa, accennando un sorriso di circostanza. «Questo è il mio volere» chiosò, riprendendo il cammino.

«Come desideri» acconsentì la regina, non lasciando trapelare il proprio disappunto.

«Un'altra cosa» aggiunse il re, ammirando la statua di Suppiluliuma che era apparsa maestosa di fronte a loro. «Annella si prenderà cura di Amminnaya, così da poter esaudire ogni suo desiderio. Spero che questo dono da parte di Gassulawiya ti sia gradito.»

Tawananna deglutì, mentre rimirava la splendida effige del marito defunto. Che cosa aveva in mente quel ragazzino che, all'improvviso, sembrava assomigliare così tanto al potente e sagace padre? Era sicura che dietro a quelle scelte ci fosse lo zampino del velenoso Piyassili, perché non poteva pensare di avere sbagliato opinione su Mursili, che riteneva ancora innocuo e facilmente manipolabile. O forse era tutta opera della sua giovane moglie, in cui lei aveva di recente intravisto un'ambizione precedentemente sottovalutata. Doveva correre ai ripari e aveva bisogno di alleati.

Al momento, però, finse compiacenza: «Privarsi della sua ancella più fidata è un'offerta molto generosa. Anche Amminnaya ne sarà felice» si limitò a dire, accettando le richieste.

Il volto serafico di Suppiluliuma li guardava dall'alto, e per un attimo a Tawananna sembrò che le sue labbra formassero un ghigno. Ebbe un sussulto al cuore e sentì per la prima volta che la sua sicurezza vacillava.

Quello stesso giorno, quando Gassulawiya annunciò ad Annella il suo nuovo incarico, l'ancella sospirò amareggiata: «Perché io, mia Signora?».

La sposa reale cercò di rassicurarla. «È il volere del re. Anch'io sono molto dispiaciuta, ma è necessario che tu tenga d'occhio la piccola Amminnaya per il bene della famiglia reale. Entrambi confidiamo in te.»

«Farò del mio meglio e vi riferirò tutto quello vedrò» disse la ragazza, inchinandosi.

Gassulawiya le prese la mano e le fece cenno di alzarsi. «Stai molto attenta. La regina si circonda solo di servitori e dignitari fidati. Se riuscirai a entrare nelle grazie di Amminnaya, avrai anche la sua fiducia.»

«Sarà difficile diventare sua amica. È una ragazzina cattiva, ma tutti hanno un punto debole e io lo troverò» rispose risoluta Annella, che non si perdeva mai d'animo. Cercava sempre di vedere il lato positivo delle situazioni e, dovendosi prendere cura della principessa, le occasioni di vedere Hassuili si sarebbero diradate. Lo amava ancora e il recente matrimonio non aveva dissipato quel sentimento così travolgente che non aveva mai provato prima. Non avrebbe amato nessun altro come il GAL *MEŠEDI*, ma era altrettanto convinta che la lontananza avrebbe giovato a entrambi.

## 14

## *Un nuovo nemico*

Dopo aver ricevuto gli oracoli favorevoli da parte degli dèi, che Mursili in persona aveva chiesto agli aruspici di officiare, il potente esercito ittita guidato dai generali Gulla e Malaziti riconquistò con coraggio la regione di Milawanda e il suo florido porto.

Gli Ahhiyawa, con i loro scudi alti come torri, e i loro alleati arzawiti vennero sconfitti su ogni fronte dagli invincibili carri dei guerrieri di Hatti. I prigionieri e il bestiame furono deportati nella capitale e i due alti ufficiali vennero ricompensati a dovere per la loro fulminea vittoria.

La notizia corse veloce per tutta l'Anatolia, ma mentre a Hattusa si festeggiava, nel palazzo di Uhhaziti già si pensava a una rappresaglia. Riunito a pranzo con i suoi figli, il re ponderava la strategia migliore.

«Padre, dobbiamo contrattaccare» propose Piyama-Kuruntiya, che voleva immediatamente vendicare la disfatta.

Il sovrano addentò vorace un pezzo di montone, guardando fisso davanti a sé, mentre rifletteva.

«È un rischio che non possiamo correre» intervenne Tapalazunawali. «Le genti di Huwarsanasa, Suruta e Atarima sono già fuggite al controllo di Mursili, cercando asilo nei nostri territori. Dobbiamo solo insinuare il dubbio che il suo potere sia debole, e molti li seguiranno.»

«Tu resta pure a guardare e ad aspettare che siano gli altri a muoversi» sbottò il fratello, sbattendo con forza il pugno sul tavolo «io non lo farò!»

«Ora calmati, dobbiamo agire con prudenza, non possiamo scontrarci in campo aperto con il re di Hatti» disse Uhhaziti, lanciando un pezzo di carne sanguinolenta a un cane sdraiato ai suoi piedi. L'animale si dimenò ingurgitando il cibo in un sol boccone. «Continueremo a negargli la restituzione dei fuggiaschi e ci riprenderemo pezzo dopo pezzo gli antichi territori di Arzawa.»

Tapalazunawali sorseggiò placidamente dalla sua lunga cannuccia la birra contenuta in una giara finemente decorata, soddisfatto dell'appoggio del padre alla sua strategia.

Piyama-Kuruntiya, tuttavia, non aveva ancora giocato tutte le sue carte, e aggiunse con tono provocatorio: «Immagino che mai potremo riconquistare Impa, finché sul trono siederà quel traditore di Mashuiluwa».

Uhhaziti si aggiustò istintivamente il diadema sulla testa e fece una smorfia di fastidio: non tollerava udire quel nome in sua presenza.

«L'unico modo è prenderla con la forza e raderla al suolo! E quando sarà solo un cumulo di macerie, tutte le altre città di Mira sotto il controllo di Hatti si uniranno a noi per paura di fare la stessa fine. Con Mashuiluwa uccideremo anche il nome del Gran Re» continuò il primogenito.

Il fratello staccò la bocca dalla cannuccia. «Oppure saremo noi a soccombere. Mursili non lascerà questo affronto invendicato» sibilò, turbato.

Uhhaziti ponderò saggiamente la proposta e dichiarò solenne, rivolgendosi a Piyama-Kuruntiya: «Mi porterai la testa di Mashuiluwa, ma risparmierai Muwatti. Se suo fratello vuole la pace, verrà a patti, come Suppiluliuma».

Il figlio non trattenne la soddisfazione e si alzò di scatto da tavola. «Non ti deluderò,» disse, chinando leggermente la testa in segno di reverenza «e quella smorfiosa principessa ittita saprà di che pasta è fatto un vero arzawita.» Poi si diresse baldanzoso verso la porta, ignorando il fratello, che riprese a sorseggiare la sua birra, mentre digeriva con amarezza la sconfitta.

Mashuiluwa era appena tornato da una battuta di caccia fruttuosa e l'odore di selvaggina ancora ricopriva le sue membra vigorose. Ad attenderlo nella grande sala delle udienze c'era Muwatti, regalmente abbigliata. I gioielli che adornavano il suo collo e la sua veste brillavano ancora di più alla luce calda del sole primaverile, che illuminava la stanza da una maestosa finestra.

Il suo sguardo, tuttavia, era funereo e i suoi occhi lampeggiavano come lucciole nella notte. Andò incontro al marito con passo veloce. Il suo corpo era rimasto immutato dal viaggio a Hattusa e il desiderio di avere un bambino non era ancora stato esaudito dagli dèi.

Per la prima volta in tre anni, però, il suo pensiero era rivolto altrove: alla salvezza di se stessa.

«L'esercito di Piyama-Kuruntiya sta marciando verso di noi» rivelò all'uomo con voce concitata. «Non siamo pronti per un assedio, devi andargli incontro e affrontarlo prima che arrivi alle mura.»

«Che ne sai tu di politica, donna? Non sei stata brava neppure a darmi un erede, e adesso vuoi dirmi come comandare la mia città?» le rispose astioso quello; quindi la prese con forza per un braccio e la scosse con violenza. «Chi ti ha dato queste informazioni?» urlò a pieni polmoni.

«Pihaziti. Voleva vederti con urgenza» rispose la regina togliendogli con altrettanta veemenza il braccio di dosso. «Questa è anche la mia gente, ora. E se sei seduto su quel trono è per merito di mio padre, ricordatelo! Mi devi rispetto» lo incalzò, indicando il seggio regale addossato a una delle pareti.

Mashuiluwa afferrò una coppa e ci versò dentro del vino, che tracannò tutto d'un fiato, e ruttò beffardo in faccia alla moglie. «Suppiluliuma è morto. E non sarà certo Mursili a salvare la tua vita.»

«Sì che lo farà» ribatté fiera Muwatti, prendendo istintivamente le difese del fratello.

«Se quello che dice Pihaziti è vero, non riuscirà a mandarci rinforzi in tempo, se mai avesse intenzione di farlo. È troppo occupato contro i ribelli kaskei e non conosce questo paese come Hannutti. La sua morte e quella di Arnuwanda hanno cambiato le sorti di Mira» aggiunse l'uomo, con una lucidità che sorprese la donna, ritta di fronte a lui.

«Se questo è ciò che pensi e non ti fidi del Gran Re di Hatti, perché non hai preso delle precauzioni? Perché sei rimasto a imprecare gli dèi e a banchettare alle loro spalle invece di trovare degli alleati?» lo accusò.

«Ci vuole tempo per stanare la preda» si limitò a dire Mashuiluwa. «Il nostro esercito è già pronto a combattere. Riunirò i generali quando mi sarò accertato che Pihaziti è stato ben informato. Ma non ho dubbi che sia così.»

Allora si sedette austero sul trono e alzò in alto la coppa. «Che venga pure quel bugiardo di Uhhaziti e berrò anche alla sua salute.» Bevve e fece un ennesimo rutto, poi rise sguaiato.

Muwatti lasciò la stanza impietrita, e ordinò a uno scriba di inviare subito un suo messaggio privato a Hattusa: era di vitale importanza.

Nella capitale, l'aria fresca faceva presagire ingenti piogge e raccolti abbondanti. Sembrava che Tarhunta avesse esaudito le preghiere di Mursili, ma il morbo continuava ad appestare ogni angolo della città e non c'era famiglia che non fosse stata funestata da un lutto.

Nessuno sapeva come curare quell'oscuro flagello e nemmeno l'acqua scrosciante dei temporali primaverili riusciva a purificare l'animo di quanti ne fossero afflitti. La paura era tale che le abluzioni a palazzo si erano intensificate e il re non poteva quasi più avvicinarsi ai dignitari e ai suoi più fedeli ufficiali, quando si riunivano per decidere delle sorti del regno.

Mittannamuwa aveva studiato ripetutamente i rituali contro le morie che spesso scaturivano negli accampamenti, ma nessuno scongiuro e nessuna preghiera sembravano così potenti da debellare quell'epidemia. Continuava a verificare quali dèi non avessero ricevuto il giusto tributo o lo attendessero da anni, quale trattato fosse stato violato, senza trovare tuttavia risposta positiva alle sue indagini.

Così il GAL DUB.SAR aveva organizzato un viaggio presso la vicina Arinna, la città consacrata alla dea Sole. Lì, nel suo tempio, erano state archiviate copie delle tavolette che erano misteriosamente sparite dal palazzo reale di Hattusa. Era in procinto di partire, quando Zuwanna si presentò a casa sua. Mittannamuwa lo fece accomodare nella sua grande dimora, dove si sentiva echeggiare il vociare giocoso dei suoi cinque figli.

«Mio nobile amico, so che stai per recarti ad Arinna» disse affettato il cortigiano, asciugando il sudore che copioso imperlava la sua fronte.

«Non è un segreto» rispose l'altro, ponderando la situazione.

«Devo condurre alcuni affari in città per conto della regina, quindi non ti dispiacerà se mi unisco al tuo convoglio» chiese cortese Zuwanna.

Il Grande degli scribi annuì con la testa, mentre un

paggio serviva a entrambi da bere. «Mi tratterrò pochi giorni, saranno sufficienti per portare a termine il tuo incarico?»

«Certo, farò in fretta. A Tawananna non piace aspettare» aggiunse l'altro, facendo una smorfia e arrossendo in volto.

«Dovresti affaticarti di meno o il tuo cuore non reggerà a tanto sforzo» suggerì Mittannamuwa, valutando le precarie condizioni di salute del cortigiano.

«Il mio cuore è forte, non preoccuparti. A Hattusa si muore per ben altra sciagura» sogghignò quello. «Ma basta avere gli dèi dalla propria parte.»

Il padrone di casa sorseggiò la sua bevanda e sorrise impassibile, con quel volto ineffabile che irritava Zuwanna. «Hai ragione, e la MUNUS.LUGAL.GAL sa bene come interpretare il loro volere.»

L'eunuco tossicchiò nervoso, ricambiando il sorriso. Poi si asciugò la fronte e lo ringraziò, facendo per andarsene. Mittannamuwa lo fermò: «Prima del viaggio cercherò una cura che possa alleviare il tuo male».

L'altro restò interdetto: nessuno si era mai preoccupato di lui e della sua salute. Imbarazzato, s'inchinò ossequioso e uscì per tornare a palazzo reale, dove lo attendeva la solitudine della sua stanza.

Le sorti di Impa sembravano ormai segnate. L'esercito di Piyama-Kuruntiya era già in marcia verso la città dove Muwatti si sentiva da sempre prigioniera di suo marito e della sua grettezza, e pensava che gli dèi l'avessero definitivamente abbandonata.

Temeva che anche la sua accorata richiesta di aiuto a Mursili sarebbe stata vana, e così fu. Odiava ancora di più il fratello per l'aiuto negato, ma lo scoppio improvviso di un'altra ribellione sul fronte kaskeo, a Palhuisa, necessitava di un intervento al Nord. E l'epidemia continuava a mietere sempre più vittime tra i soldati, le cui precarie condizioni di vita rendevano più facile la diffusione della malattia. Il re non poteva permettersi di mandare un contingente a Impa e aveva fatto una scelta. Confidava nel valoroso esercito del cognato e negli aiuti che aveva richiesto alle vicine città della regione di Mira, che erano sotto il controllo ittita e che gli avevano giurato fedeltà e aiuto in caso di guerra.

In che cosa poteva confidare Muwatti, se non in se stessa? Era pur sempre la figlia del Gran Re Suppiluliuma, l'unico che era stato in grado di piegare Mittani e di riportare il regno di Hatti agli antichi fasti. Era stato un valoroso guerriero in battaglia, ma sapeva bene come praticare anche l'arte della diplomazia. Avrebbe deciso lei, stavolta, di chi essere la merce di scambio. Non sarebbe morta in quel territorio ostile o, peggio, non sarebbe andata in moglie a un altro barbaro arzawita. Doveva tornare al più presto a Hattusa e la sua incolumità poteva essere il giusto pretesto per fuggire.

Fece subito preparare i bagagli per affrontare il lungo e pericoloso viaggio, ma un'idea terribile le balenò in testa. Pensò che nella capitale fosse ormai un'estranea, dove non aveva alleati, ma solo vecchi nemici, come Tawananna, e nuove rivali, come Gassulawiya.

Quando la battaglia contro Impa fosse finita, avrebbe dovuto comunque rifare i bagagli e tornare in quella città di provincia, a fianco di Mashuiluwa o di un altro uomo, per lei non aveva importanza.

Pertanto, doveva lottare perché quella dimora a lei così invisa potesse resistere all'attacco di Uhhaziti e un giorno diventare più potente, fino a dominare su tutta la regione di Mira.

Se suo fratello non poteva aiutarla, lo avrebbe fatto da

sola, usando la sua ingente dote. In fin dei conti, anche Tawananna aveva dato fondo ai suoi averi per comprarsi il silenzio di sacerdoti e funzionari.

All'insaputa di Mashuiluwa, decise di mandare alcuni messaggi ai re delle città circostanti sotto il controllo ittita, che non avevano ancora risposto alla richiesta di contingenti da parte di Mursili. Sapeva, infatti, che le genti di Mira erano false e sempre pronte al tradimento, come le aveva spesso ripetuto suo padre, che non era mai riuscito ad assoggettare del tutto quelle terre.

Le risposte, dunque, non si fecero attendere, e nemmeno le truppe e i carri!

Lo scontro fratricida durò numerosi giorni e gli dèi di Mursili camminarono di fronte a Mashuiluwa. Piyama-Kuruntiya e il suo esercito dovettero ritirarsi, nonostante fossero giunti fino alle mura di Impa e avessero distrutto parte della città, dove Muwatti aspettava in trepidante attesa l'esito della guerra.

A darle la notizia della vittoria fu Pihaziti, che era stato gravemente ferito a una gamba, lacerata da una lancia. Ad accudirlo c'erano la moglie e il piccolo figlio Kupanta-Kuruntiya.

Nel vedere come quella donna si prendeva cura di lui, Muwatti ebbe un moto di invidia. Non provava alcun sentimento d'amore per il cognato, ma guardarlo sprofondare tra le braccia di un'altra, mentre quel bambino gli teneva teneramente la mano, la scosse nel profondo. Il suo desiderio di avere un figlio non si era ancora sopito, e avrebbe fatto di tutto pur di averne uno. Ma che cosa poteva fare che non avesse già tentato? A questo dilemma non era in grado di dare una risposta.

«Tuo padre è stato molto coraggioso» disse a Kupanta-Kuruntiya, avvicinandosi al letto su cui Pihaziti giaceva addormentato.

«Sì, è il più forte di tutti» rispose quello, e dichiarò, con gli occhi verdi smeraldo che la scrutavano: «Anch'io morirei per la mia città». Aveva solo dieci anni, ma sembrava molto più grande e maturo della sua età. La principessa ittita lo aveva visto crescere, ma se ne era completamente disinteressata fino a quel momento.

La mamma, una donna timida e remissiva, le si fece vicino. «Ti ringrazio per ciò che hai fatto per la nostra gente. Tutti noi te ne siamo grati e ti ammiriamo per questo.»

Muwatti alzò impettita lo sguardo: il suo amante sapeva della sua dote devoluta per salvare la città e lo aveva rivelato alla moglie?

La riconoscenza era un sentimento che non aveva mai provato a Hattusa. Chissà che cosa avrebbe detto Mashuiluwa al suo ritorno; i rinforzi, infatti, erano arrivati quando gli scontri erano già iniziati e non era riuscita a parlargli, avendo agito in completa autonomia. Non aveva, tuttavia, paura della sua reazione e assaporava la sua personale vittoria. Si sentiva come Tawananna, e per la prima volta avrebbe voluto essere lei: così potente e rispettata da tutti.

Nei pressi di Palhuisa anche Mursili aveva riportato un altro successo. La notizia della disfatta di Piyama-Kuruntiya non tardò ad arrivare all'accampamento, insieme alle voci secondo cui le città di Mira erano state spinte ad aiutare Mashuiluwa dalla sua prodiga sposa.

«Non dovevi negarle i rinforzi, facendo affidamento sui patti che legano quei bugiardi arzawiti alla fornitura di truppe in caso di guerra» gli disse a cuore aperto Hassuili, che stava ritto con l'elmo in mano nella tenda regia.

«E adesso sarà ancora più difficile tenerli al guinzaglio, dopo che Muwatti ha pagato per la loro fedeltà. Doveva fidarsi di me e di Mashuiluwa» sospirò il sovrano, riflettendo a voce alta. «Devo ristabilire l'autorità di Hatti, non posso più aspettare.»

Il GAL *MEŠEDI* si sedette su uno sgabello e guardò l'amico, perplesso. «Sai bene che cosa ti ha detto Piyassili: devi aspettare e rinsaldare il potere a Hattusa. Siamo qui per questo.»

«È la conquista di Arzawa che mi porterà il rispetto della corte e di tutti gli ufficiali. Dei piccoli scontri possono occuparsi i generali come Gulla e Malaziti» chiosò Mursili, che continuava a passeggiare ansioso per la tenda. «Forse è per questo che gli dèi non ci liberano dall'epidemia. I nostri nemici stanno infangando le loro terre e noi non abbiamo ancora fatto niente, se non inviare messaggi di minaccia.»

«Ebbene, che cosa intendi fare?» chiese infine Hassuili, impaziente di ricevere una risposta.

«Intimerò per l'ultima volta a Uhhaziti di restituire i fuggiaschi che ha accolto nel suo territorio e, se non lo farà, gli muoverò guerra» dichiarò l'altro. «Sono sicuro che anche Piyassili non tollererà ulteriormente questo affronto.»

Con le nuove razzie provenienti dal Nord, le aziende agricole ittite erano state rimpolpate di bestiame e grano. Inoltre, la città di Palhuisa e i Kaska di Pishuru avevano ricominciato a fornire regolarmente uomini e i tributi dovuti al Palazzo.

Tawananna era molto indaffarata con le merci che entravano e uscivano dalla capitale e con quelle in transito verso i villaggi più bisognosi del regno, ma non mancava di fare doni e officiare rituali per la "casa di pietra", le stele e i numerosi templi che dominavano il rione meridionale di Hattusa.

Grazie alla connivenza della maga Mezzulla e di Lupakki, molte delle offerte non venivano registrate e siglate, così da poter essere ammassate dalla scaltra regina e ridistribuite secondo i suoi vantaggi.

Il GAL DUMU$^{\text{MEŠ}}$ É.GAL, tuttavia, aveva rifiutato di eseguire alcuni incarichi delicati, accampando scuse che l'avevano allarmata. Così, decise di mandarlo a chiamare per conferire con lui in privato, nelle sue stanze.

Quando l'uomo entrò, la trovò seduta su una sedia con una veste di lino leggera a balze frangiate di foggia tipicamente babilonese: una spalla era senza manica, mostrando il braccio nudo. Il rossetto e le guance imperlate di un color vermiglio erano seducenti e il profumo dell'olio fine che si spandeva dai suoi capelli, privati del velo, inebriava l'olfatto del dignitario.

«Ultimamente sei stato molto indaffarato» disse Tawananna, facendogli cenno di avvicinarsi.

«Le mie figlie mi danno un gran da fare» rispose evasivo Lupakki.

La regina si alzò, altera. «So che è un impegno molto costoso far sì che tutte si sposino e abbiano una vita agiata.» Parandoglisi davanti, tanto da toccargli il petto con il suo seno prosperoso, aggiunse: «Non sei contento dci doni che ho spesso elargito per i tuoi servigi?».

Il Grande degli inservienti di palazzo arrossì, cercando di distogliere lo sguardo da quelle labbra turgide che già da tempo affollavano i suoi sogni più proibiti. «Certo mia Signora, ne sono molto lusingato.»

La sovrana gli sfiorò il volto con la mano e gli girò intorno, ancheggiando sensuale. Da quando Piyassili era giunto a Hattusa aveva notato che l'atteggiamento del dignitario era diventato guardingo e distaccato, e non poteva permettersi di perdere la sua devozione. Se le regalie non erano abbastanza, aveva in mente un altro modo per avvincere a sé quell'uomo ossessionato dal suo corpo.

Toccò dunque i lembi della veste che gli cingeva la vita e quello si voltò con gli occhi stupiti e al contempo pieni di passione. Lei sorrise docile e prese la sua mano, che condusse sapiente sui suoi seni. Lupakki cominciò a palpare avido il suo corpo, quasi fosse stata la prima volta che possedeva una donna, e Tawananna finse entusiasmo e coinvolgimento, usando quelle arti amatorie che in passato le avevano portato immensi benefici da parte di ben due re. Il GAL DUMU$^{\text{MEŠ}}$ É.GAL non l'attraeva e lo trovava oltremodo sbrigativo ed egoista, anche nell'amplesso. Non aveva mai amato veramente qualcuno, nemmeno Suppiluliuma. Quale regina, infatti, poteva permettersi il lusso di amare? Era troppo alta la posta in gioco e reputava che l'amore fosse un ostacolo a conseguire i propri obiettivi. Era una regola che aveva imparato sin da piccola a Karduniya, e che mai aveva dimenticato.

Suo padre, infatti, il saggio e astuto sovrano babilonese Burnaburiaš, quando la diede in sposa al Gran Re ittita, che era solo una ragazzina, le disse: «Sei bella e intelligente, ma altre donne hanno queste doti. Per questo motivo è solo una la qualità che ti renderà più forte di tutte loro: quanto meno amerai, tanto più grande sarà il tuo potere».

# SECONDA PARTE

# 15

## *Il segno di Tarhunta*

La primavera del terzo anno di regno di Mursili si sarebbe ben presto tinta di rosso. Uhhaziti lo aveva ancora una volta umiliato, chiamandolo “ragazzino”. Sembrava che la disfatta di Impa avesse ancor più rinsaldato la volontà del re di Arzawa di opporsi al potere di Hatti.

«Ora, avanti, combattiamo! E il dio della Tempesta, mio signore, pronunci il giudizio tra di noi![1]» gli aveva mandato a dire con un ultimo messaggio Mursili, appoggiato da Piyassili nella sua scelta di entrare in guerra. Il viceré era tornato a Karkamiš e stava organizzando a sua volta l’esercito per congiungersi al fratello in terra nemica.

Anche Telipinu aveva dato la sua benedizione al conflitto, avendo assicurato l’appoggio del dio Tešub, a più riprese onorato nel suo glorioso tempio a Halpa.

A Hattusa, la MUNUSŠU.GI Mezzulla aveva interrogato gli oracoli insieme ad altre “vecchie” tramite la pratica KIN per vagliare il parere delle divinità. La risposta era stata univoca: SIG5, favorevole! Allo stesso modo gli aruspici avevano ispezionato le viscere degli animali sacrificali e gli àuguri interpretato il volo degli uccelli, trovando la stessa risposta.

Mursili, dunque, aveva radunato un’ingente armata

che contava diecimila fanti e mille carristi. Gli uomini erano stati reclutati da diverse parti del regno ed erano stati chiamati a raccolta anche i riservisti, soldati non di mestiere addestrati alla guerra, pronti a lasciare le loro aziende agricole in caso di necessità.

Prima di partire, Mursili volle vedere i suoi figli; con suo stupore, Gassulawiya si mostrò tenendo in braccio il piccolo Dada, mentre Halpasulupi e Muwatalli sostavano al suo fianco, vestiti in abiti militari, tanto da sembrare già degli uomini fatti.

«Potrebbero volerci molti mesi per vincere la guerra o potrei non tornare mai più» le disse Mursili, con l'aria preoccupata. «Stai molto attenta e abbi cura di loro.»

La sposa reale si avvicinò e lo baciò teneramente sulle labbra. «Tornerai, ne sono sicura, e non dovrai temere per noi. I tuoi figli sono più valorosi di quanto credi.»

Muwatalli aveva il viso serio e il corpo impettito, e quando il dispettoso Halpasulupi gli fece una linguaccia, gli tirò rapido un calcio senza proferire parola. Il primogenito accusò il colpo, ma a sua volta non disse nulla e si rimise in piedi con lo sguardo dritto verso il padre.

Mursili sorrise alla reazione dei figli e si rassicurò. Nonostante la diversità di carattere, Halpasulupi e Muwatalli avevano dignità e sapevano quando soffrire in silenzio: quelle erano entrambe doti di grandi re.

«È arrivato il momento di andare» li interruppe Hassuili, richiamando il fratello al suo destino.

Mentre scortava il sovrano fuori da palazzo per raggiungere il carro da battaglia, il GAL *MEŠEDI* vide Annella ritta vicina a una colonna di uno dei cortili, in compagnia di Amminnaya. L'ancella gli fece un cenno di saluto con la mano e il militare sentì una fitta al cuore ma, invece di ricambiare, si voltò dall'altra parte, anche se avrebbe voluto rimirare il suo dolce viso prima di partire: non aveva, infatti, paura di morire, ma di non vederla mai più.

Quando il carro del re e quello del Comandante delle guardie del corpo si furono allontanati, l'arrogante principessa vide gli occhi della donna velarsi di lacrime e commentò, velenosa: «Hassuili non sopravviverà e il suo corpo sarà dato in pasto ai cani».

«Che dici? Come fai a saperlo?» chiese sbigottita l'altra.

«L'ho sognato» disse la ragazzina, mentendo. «E tutti sanno che i sogni della Gran Regina si avverano» aggiunse, con un sorriso di soddisfazione sulle labbra.

Annella sollevò leggermente le sopracciglia e capì che il desiderio di Amminnaya era più di una vaga ambizione: qualcuno le aveva evidentemente detto che un giorno sarebbe diventata lei la MUNUS.LUGAL.GAL!

Una mattina, dopo lunghi giorni di marcia, la colonna di soldati ittiti con in testa il carro del re e il suo scintillante elmo che riluceva al sole, arrivò alle pendici del monte Lawasa, che si specchiava sul fiume Sehiriya; la piuma sul copricapo regale restava immobile sulle terga giovani e muscolose di Mursili: non c'era, infatti, un filo di vento.

All'improvviso, un *kalmisana* attraversò luminoso il cielo incantando lo sguardo di tutti i presenti.

«Che cos'è quello?» esclamò impietrito Hassuili, con il viso rivolto all'insù.

«È un segno divino!» disse Mursili, non riuscendo a distogliere gli occhi da quella scia accecante che infuocava l'aria.

Tra i soldati lo sgomento era tale che i generali dovettero minacciare punizioni molto severe, come bere il proprio piscio, se avessero rotto i ranghi.

«Punta dritto verso Arzawa» gridò qualcuno, seguito da uno scroscio di battere di spade e lance sugli scudi.

La paura iniziale si mutò presto in giubilo, quando gli addetti agli oracoli al seguito della spedizione militare diedero conferma a Mursili del presagio favorevole.

«Il nemico non ha scampo,» dichiarò uno degli indovini «Tarhunta ha palesato la sua giustizia.» L'esito della guerra, dunque, era segnato, pensò sollevato Mursili: gli dèi erano ancora dalla sua parte, nonostante tutto.

Quello stesso giorno, ad Apasa, Uhhaziti, vestito con i paramenti militari, era pronto a lasciare il palazzo a bordo del suo carro per guidare l'esercito in battaglia contro il re di Hatti.

Al suo seguito c'era il prode figlio Piyama-Kuruntiya, mentre era stato deciso che Tapalazunawali restasse in città per assurgere al trono se, nella peggiore delle ipotesi, il padre e il fratello fossero morti.

Mentre il sovrano arzawita attraversava il grosso portone istoriato d'ingresso all'acropoli, una luce improvvisa e abbagliante illuminò il varco. Uhhaziti sentì gli arti inferiori bruciare e subito dopo vide il carro avvolto dalle fiamme.

Piyama-Kuruntiya si gettò coraggiosamente nel fuoco per estrarre il corpo del padre, mentre le guardie scappavano in preda al panico e una grossa voragine si era creata tutta intorno.

«Non sento più le gambe» disse con un filo di voce il re, e poi svenne.

Il figlio lo prese in braccio e corse veloce verso la residenza reale in cerca di un medico che potesse disperatamente salvarlo.

Mursili, intanto, continuava la sua marcia inesorabile finché non giunse a Salapa, dove ad aspettarlo c'era Piyassili con i suoi numerosi soldati e carri. I due fratelli erano finalmente pronti a sottomettere Arzawa una volta per tutte.

Quando arrivarono presso Aura, li raggiunse inaspettatamente Mashuiluwa, che chiedeva urgentemente udienza.

«Sono contento di vederti e mi rallegro della tua vittoria contro Piyama-Kuruntiya» esordì il re ittita.

Il cognato, senza fare riverenze, disse schietto quello pensava: «Devo anche a te questo successo, mio Sole, ma la prossima volta che sarò in difficoltà, preferisco non affidarmi all'aiuto di una donna».

«Non osare parlare così di nostra sorella» prese la parola Piyassili, guardandolo torvo. «Ha agito in modo avventato, ma con grande lungimiranza» aggiunse, mentre cercava del vino nella stanza.

«Le città di Mira saranno presto dalla nostra parte senza bisogno di ulteriori sperperi di ricchezze,» disse Mashuiluwa, cambiando discorso «soprattutto ora che Uhhaziti è gravemente malato. Per questo sono qui.»

«Che dici?» esclamò stupito Piyassili che si stava versando da bere, mentre Mursili guardava il cielo terso dalla grande finestra della sala: «Il *kalmisana* è stato un segno del volere di Tarhunta».

«Proprio così! Ha colpito il palazzo reale di Apasa e dicono che Uhhaziti sia stato piegato sulle ginocchia e non possa più camminare» confermò il sovrano di Impa, mangiando dei fichi impilati su una ciotola.

Piyassili sogghignò con la sua solita risata stizzita e rabbiosa, sbattendo il bicchiere sul tavolo. «Continueremo la nostra marcia e assedieremo Apasa.»

«Piyama-Kuruntiya non te lo permetterà. Si è messo a capo dell'esercito e sta marciando in questa direzione, e sembra che Manapa-Tarhunta gli abbia accordato il suo appoggio» lo contraddisse il cognato, quasi felice che qualcuno si opponesse al potere del viceré di Karkamiš.

«Credi che mi faccia paura? Non è stato nemmeno

capace di sconfiggere il tuo misero esercito, come pensi che sbaraglierà il mio?» sbottò l'altro, colpendo con la mano la scodella, che cadde a terra, andando in mille pezzi.

Mashuiluwa prese un coccio e lo portò sotto il mento di Piyassili: «È più in gamba di quello che credi, proprio come me! Conosco bene la mia gente, per questo Suppiluliuma mi ha ridato quanto mi spettava di diritto».

Mursili cercò di calmare gli animi, mettendo una mano sulla spalla dell'arzawita, le cui scarpe erano ancora imbrattate di fichi spiaccicati. «Torna a Impa e assicurati la fedeltà della regione di Mira in mio nome. Un giorno, sarai ricompensato per questo.» L'altro annuì e abbassò il coccio, gettandolo via.

Il viceré alzò un sopracciglio e scostò la mano dall'elsa della spada, restando in silenzio: riteneva che l'atteggiamento diplomatico di Mursili avrebbe portato i suoi frutti, anche se aveva sempre dubitato della fedeltà del cognato e non avallava quella promessa; sperava, infatti, che il fratello avesse mentito per evitare che quel coccio si conficcasse fatalmente nella sua gola.

«Quanto a Manapa-Tarhunta,» disse Mursili dopo aver riflettuto sull'inaspettata notizia «se tradirà gli accordi, marceremo anche contro la regione del fiume Seha, e insedierò un altro re devoto al trono di Hatti al suo posto.»

L'estenuante marcia del colossale KARAŠ ittita si fermò poco distante da Walma. Alcune vedette e pattuglie di avanscoperta avevano avvistato l'esercito di Piyama-Kuruntiya, che sostava vicino al fiume Astarpa.

L'aria umida e il cielo coperto di nubi presagivano un imminente temporale. Tra la poltiglia bagnata le ruote dei carri avrebbero avuto difficoltà di movimento e sarebbe stato meglio rimandare lo scontro al giorno seguente, ma il generale Nuwanza suggerì di prendere il nemico di sorpresa e attaccare.

Mursili si fidava del suo giudizio e anche Piyassili riconobbe nell'attacco improvviso un'arma a loro favore. Il terreno boschivo, inoltre, permetteva ai fanti di accerchiare e tendere un'imboscata, lasciando ai carristi la possibilità di scagliare piogge di frecce a spianare la via.

La nebbia leggera e il pulviscolo inviati dagli dèi diedero un altro vantaggio agli Ittiti, che piombarono sull'orda di arzawiti come una furia cieca e micidiale.

Piyama-Kuruntiya incitava i suoi uomini dal suo maestoso carro e combatté con la grinta di un leone, ma i guerrieri di Arzawa cadevano come foglie al vento sotto il massiccio contingente guidato dai figli di Suppiluliuma. Non poté fare altro che ordinare una ritirata, prima che lo scontro si trasformasse in una tragica disfatta.

Vedendo l'esercito nemico in fuga, il GAL GEŠTIN suggerì al giovane re di fermarsi e accamparsi presso il fiume.

Mursili, però, ardeva dal desiderio di distruggere definitivamente il nemico che lo aveva umiliato e chiamato "ragazzino", così decise che era il momento di azzannare la preda.

«Nuwanza ha ragione. Abbiamo subìto numerose perdite e Apasa dista ancora molti giorni di cammino. Uhhaziti verrà a patti e restituirà i fuggiaschi della regione di Lukka» disse Piyassili, seduto vicino a Mursili nella tenda dove erano riuniti i più alti ufficiali.

«Se lasciamo che fuggano adesso, faremo lo sbaglio che ha fatto nostro padre» insistette Mursili. «Dobbiamo conquistare la capitale e uccidere il re e i suoi figli.»

Hassuili prese la parola: «I patti in terra arzawita si consumano velocemente come il legno di abete nel focolare. Uhhaziti tornerà presto a tradirci».

Il viceré di Karkamiš, che aveva già ecceduto con il vino, diede entusiasticamente il suo appoggio al piano.

«E così sia! Arriveremo fin dove nemmeno nostro padre si è spinto» disse, e diede l'ordine ai suoi generali di preparare l'esercito alla marcia forzata, poi sollevò in alto un boccale ricolmo di vino e lo tracannò d'un colpo.

«Adesso dobbiamo riposare» gli disse Mursili, togliendogli dalla mano la brocca con cui il fratello stava per riempirsi di nuovo il bicchiere.

«Vorrai dire festeggiare! Per riposare abbiamo tempo!» ridacchiò mezzo sbronzo Piyassili.

Il re lo lasciò fare, incapace di opporsi a quel suo temperamento focoso, che con gli anni stava diventando sempre più irritante. Del resto, però, aveva ottenuto il suo appoggio e questo gli bastava. Così si versò a sua volta del vino, assaporando la vittoria.

L'avanzata di Mursili fu inarrestabile, ma Uhhaziti non stette ad aspettarlo e decise di mobilitare il suo popolo e abbandonare l'amata Apasa, avvertito dell'imminente attacco ittita dal figlio in fuga.

«Perché dobbiamo lasciare la nostra casa, nonno?» chiese un bambino al vecchio sovrano adagiato su una lettiga con le gambe fasciate strette, mentre veniva trasferito su un grosso convoglio.

«Per costruirla un giorno più bella, Piyamaradu» mentì l'uomo.

«E mio padre? Dov'è, perché non viene con noi?» insistette l'altro, scuotendo leggermente la barella.

«Tuo padre ci raggiungerà presto, ma adesso calmati e segui tuo zio» rispose Uhhaziti, facendo segno a Tapalazunawali di prendere in affidamento il nipote. L'uomo gli sorrise schivo e lo afferrò per un braccio. «Vieni. La nave ci attende.»

Il ragazzino fece segno di no con il viso imbronciato. Non voleva andarsene e sentiva un profondo odio per chi lo aveva costretto a lasciare i suoi giochi e quei giorni felici, in cui correva sulla sabbia per poi tuffarsi nell'immenso mare su cui si specchiava Apasa.

«È il LUGAL.GAL di Hatti che devi incolpare di tutto questo» gli sussurrò a un orecchio Tapalazunawali. «Un giorno ti vendicherai e gli farai assaporare la tua spada.»

Piyamaradu seguì in silenzio lo zio pensando a quando sarebbe tornato a casa e avrebbe costretto i suoi nemici all'esilio.

Il viaggio di Mittannamuwa nella città sacra di Arinna si era rivelato un ennesimo buco nell'acqua. Nell'archivio del tempio della dea Sole non aveva trovato le copie delle tavolette di Hattusa, e le spiegazioni del *sankunni* erano state stranamente evasive.

La presenza costante di Zuwanna al suo fianco, inoltre, lo aveva impensierito. Sembrava che il cortigiano non avesse nessun affare da sbrigare in città, se non tenerlo d'occhio. Si chiedeva che cosa volesse da lui la regina, e se fosse il caso di parlarne con Mursili, una volta che il giovane re fosse rientrato da Arzawa.

La notizia della schiacciante vittoria sul fiume Astarpa era giunta nella capitale, ma l'esito incerto della guerra lasciava i dignitari con il fiato sospeso, e già alcuni si chiedevano chi avrebbe preso il posto del sovrano, se fosse morto. La vita di Piyassili, al suo fianco nella spedizione, era altrettanto a rischio, e si vociferava che Telipinu fosse sempre più intento a pregare le divinità che a occuparsi delle sorti del regno.

«Nemmeno Suppiluliuma si è spinto così oltre» diceva Lupakki ad Arimelku, cui aveva fatto visita nella sua sfarzosa dimora.

«Per fortuna possiamo contare su Tawananna e sull'appoggio della potente Karduniya» esclamò convinto il GAL DUMU$^{\text{MEŠ}}$ É.GAL. «E presto Amminnaya sarà in età da marito» proseguì, cercando di sondare l'animo del Grande dei coppieri, che la scomparsa prematura di Huella aveva sconvolto nel profondo. Sebbene la morte aleggiasse da anni su tutte le case della città, quella sciagura improvvisa, dopo l'ennesimo litigio della figlia con la crudele principessa, gli aveva lasciato un tarlo dentro.

«Che cosa vuoi sapere? Se sarei favorevole ad appoggiare un re dato in moglie a quella piccola serpe?» proruppe, senza peli sulla lingua.

Lupakki si stupì di tanta franchezza, e chiese stupito: «Perché parli in questo modo?».

«Temo che Huella sia stata vittima di magia nera» asserì l'altro con gli occhi impotenti, ma lividi di rabbia.

«È un'accusa gravissima! Ne hai le prove?» domandò l'amico, sconcertato.

«No, ma mia figlia si è ammalata dopo aver ricevuto in omaggio questo fermaglio» dichiarò Arimelku, mostrandogli il pregiato monile.

Il Grande degli inservienti di palazzo guardò l'oggetto e sgranò gli occhi: «Pensi che lo abbia maledetto? Ma è inaudito!».

«Non lo so, ma la maga Mezzulla in passato è stata accusata di *alwanzatar* e l'ho vista sempre più spesso in compagnia della principessa» controbatté il GAL SAGI.

«Gli oracoli l'hanno scagionata da ogni accusa e sai bene che Tawananna si fida di lei» precisò l'altro, infastidito da quelle insinuazioni.

Arimelku si mise seduto e sospirò, pensando di avere rivelato più di quanto non dovesse. Conosceva Lupakki sin da quando erano bambini, ma l'amicizia si era trasformata nel tempo, e le ambizioni del GAL DUMU$^{\text{MEŠ}}$ É.GAL erano cresciute a tal punto da fargli dubitare del sincero affetto nei suoi confronti.

Apasa, abbandonata al suo triste destino, capitolò in un istante, mentre la maggioranza della popolazione di Arzawa era fuggita alla notizia dell'arrivo del Gran Re ittita.

Una parte aveva seguito Uhhaziti e la sua famiglia al di là del mare, in esilio nelle isole sotto il dominio degli Ahhiyawa, con cui Mursili aveva temporaneamente rotto i rapporti diplomatici dopo la battaglia di Milawanda. Anche Piyama-Kuruntiya era riuscito a salpare, lasciando indietro l'onore e molti dei suoi guerrieri.

La restante popolazione arzawita, invece, si era rifugiata presso il monte Arinnanda e nella città di Puranta, che un tempo Suppiluliuma aveva affidato in sudditanza a Uhhaziti. Era un tradimento duplice per Mursili, che doveva prendere una decisione subitanea, perché l'inverno era alle porte.

Mandò un messaggio agli anziani di Puranta perché gli rendessero i fuggiaschi della terra di Lukka, che si erano rifugiati presso le loro mura con il popolo arzawita. Quelli, tuttavia, negarono il rilascio dei profughi, acuendo la sua ira.

Il re non poteva, però, marciare in entrambe le direzioni, quindi stabilì, in accordo con Piyassili, di concentrare le forze su un'unica spedizione: l'inaccessibile monte Arinnanda.

A picco sul mare, alto, fitto di vegetazione e per lo più roccioso, era impossibile salirvi a bordo dei carri. Il LUGAL.GAL, dunque, decise di marciare da solo con i fanti per gli impervi e sconosciuti boschi.

I soldati acclamavano il suo nome e anche Hassuili si mosse orgoglioso al suo fianco. Il piano era circondare la popolazione arzawita, asserragliata in accampamenti fortuiti in cima al monte, e metterla alle strette per fame e sete.

Piyassili, invece, restò nel campo approntato alle pendici della montagna per monitorare la situazione e difendere il territorio da attacchi improvvisi. I figli di Uhhaziti, infatti, erano fuggiti sulle isole, ma i loro alleati, come lo sleale Manapa-Tarhunta, si trovavano ancora sulla terraferma, a pochi giorni di distanza.

Il tempo passava, e Mursili temeva che la sorte che voleva infliggere al nemico avrebbe colto anche il suo esercito, allo stremo per fatica e mancanza di cibo. Per dare ancora una volta l'esempio, si privò egli stesso dei viveri per dividerli con gli ufficiali.

Il sovrano di Hatti non era più un ragazzino, ma un uomo che sapeva che cosa voleva e si sarebbe spinto fino agli Inferi pur di dimostrare il suo valore e sottomettere l'avversario.

I monti, come le sorgenti e la natura, erano sacri agli Ittiti, quindi confidava che le divinità lo avrebbero protetto e condotto alla vittoria. E così fu!

Sfiniti dall'assedio, i fuggiaschi di Arzawa si arresero e si gettarono ai suoi piedi, supplicandolo: «Signor nostro, non distruggerci! Accoglici in servitù e portaci a Hattusa[2]».

Ai servigi del Palazzo furono destinate quindicimilacinquecento persone, ma il numero di deportati che si portarono via i fanti, gli ufficiali e i combattenti su carro era incalcolabile.

Mursili, tuttavia, decise di non fare subito ritorno a casa, quindi fortificò un campo sul fiume Astarpa, dove celebrò la festa dell'anno. Di lì avrebbe continuato la sua inesorabile guerra, e Puranta era il suo prossimo obiettivo.

Era la prima volta che sentiva la mancanza della imponente quanto inaccessibile capitale di Hatti, ma soprattutto della sua famiglia. Che cosa stava facendo Gassulawiya? E i suoi figli? Non poteva, infatti, ancora sapere che la moglie era di nuovo incinta e che aveva sognato di partorire una bambina.

# 16

## *L'assedio*

Il giorno in cui Uhhaziti esalò il suo ultimo respiro il vento soffiava forte e le coste dell'isola su cui viveva in esilio erano scosse dal mare in tempesta.

Gli vennero tributati funerali degni del suo rango e anche il re di Ahhiyawa mandò un messaggio di cordoglio e rinnovò ai suoi figli l'appoggio nella guerra contro Hatti. Dovevano agire in fretta, se volevano mantenere il controllo di Arzawa, la cui popolazione era stata in parte già deportata a Hattusa.

Piyama-Kuruntiya e Tapalazunawali non riuscivano, tuttavia, a prendere una decisione comune e discutevano animatamente sulle colpe di quanto successo.

«Ti avevo detto che non era ancora il momento di affrontare Mursili in campo aperto» lo accusò il secondogenito, mentre riponeva l'ascia di Uhhaziti. «E che quel *kalmisana* era un segno divino! Ma tu e nostro padre non avete ascoltato i miei consigli.»

«Io non ho paura del re di Hatti. E abbiamo l'appoggio di Manapa-Tarhunta, non te lo scordare» sibilò l'altro, livido in volto.

«Hai detto la stessa cosa delle città di Mira, che poi hanno mandato i loro soldati in appoggio a Mashuiluwa, invece che a noi» lo contraddisse il fratello. «Questa volta faremo a modo mio» aggiunse, sistemandosi il diadema sulla fronte.

«Comandare tu l'esercito?» sbottò Piyama-Kuruntiya. «Il sovrano sono io, adesso, e non farai niente che io non ti ordini.»

L'altro si sedette e ribatté con la sua solita sicurezza e lucidità: «Se sarà necessario, lo farò. I nostri uomini non credono più in te. Al contrario, io mi sono guadagnato la fiducia di molti. È grazie a me se la città di Puranta ha accolto parte della nostra gente».

L'altro sgranò gli occhi e urlò: «E, dunque, che vuoi fare?».

«Andare a Puranta, contro cui sta marciando Mursili. Non possiamo perderla come abbiamo fatto con Apasa, e non possiamo rischiare la defezione del popolo, come è successo al monte Arinnanda. Altrimenti perderemo tutto!» spiegò il fratello.

Piyama-Kuruntiya scosse la testa ripetutamente, ma prese in mano l'ascia di suo padre e la diede a Tapalazunawali: «Allora questa ti servirà».

A Hattusa, l'epidemia continuava a mietere vittime e il triste destino era toccato in sorte anche al giovane sposo di Annella. Dopo aver contratto la malattia, era stato immediatamente allontanato dal palazzo reale.

Annella non lo vedeva già da tempo, perché Amminnaya insisteva sempre che restasse al suo servizio nelle sue stanze, anche di notte.

Quel capriccio, tuttavia, dovuto al timore della principessa che la sua ancella personale restasse incinta, era valsa a quest'ultima la vita! E Amminnaya, con la sua solita delicatezza, non faceva altro che rinfacciarglielo: «A quest'ora mangeresti pezzi di fango e berresti acqua di fogna, come tutti i morti».

«E non riconoscerei né mia madre né i miei fratelli, lo so» ammise l'altra, che conosceva bene il terribile destino che nella Nera Terra spettava a tutti i mortali, tranne ai re e alle regine.

Era afflitta, ma al tempo stesso sollevata. Non amava il marito che suo zio Lupakki aveva scelto per lei. Era di nuovo libera di amare Hassuili, il cui ricordo la visitava ogni notte. Che cosa avrebbe fatto di ritorno dalla guerra contro Arzawa? Le avrebbe finalmente confidato il suo amore oppure si sarebbe ostinato a ignorare quel sentimento che lacerava il cuore di entrambi?

Il nuovo incarico al servizio di Amminnaya era più faticoso di quanto avesse pensato, ma le teneva la mente occupata e il pensiero vigile. La principessa era perfida e piena di aspettative per il futuro ma soprattutto imprevedibile, cosa che agitava Tawananna.

C'era, infatti, un nuovo problema che angustiava la regina. Lupakki le aveva riferito dello stato d'animo di Arimelku e delle accuse verso la figlia.

La MUNUS.LUGAL doveva recuperare la statuina che Zuwanna le aveva mostrato e sbarazzarsene, così da non poter essere ricattata nel caso in cui l'eunuco avesse minacciato di mostrarla all'inquieto Grande dei coppieri, che iniziava a farsi troppe domande.

Riteneva, però, che ci fosse un'altra strada da percorrere, sebbene altrettanto pericolosa: l'*alwanzatar* avrebbe potuto abbattersi su Arimelku procurandogli la stessa sorte della figlia. Tawananna non aveva niente contro di lui che, anzi, aveva sempre servito con rispetto e onore la famiglia reale, ma la posta in gioco era troppo alta. Lei stessa non poteva sporcarsi le mani e confidava in Mezzulla, nonostante la maga fosse diventata sempre più avida. Sembrava che nessun oggetto prezioso appagasse la sua ambizione e, inoltre, prediligeva i manufatti sacri, difficili da procurare senza destare sospetti.

Stavolta pretendeva un rhyton d'oro a forma di toro, l'animale con cui veniva raffigurato Tarhunta. Così Tawananna si apprestò a commissionarne uno per il tempio del potente dio della Tempesta, con grande riconoscenza del LÚSANGA.

«Quando sarà pronto, mia Signora?» chiese felice l'uomo, mentre percorreva al suo fianco il porticato del *karimmi*.

«Presto, ma lo donerò quando la divinità avrà fatto tornare il Gran Re sano e salvo dalla campagna di Arzawa. Recentemente le sue preghiere non sono state ascoltate» rispose la regina per prendere tempo.

Il sacerdote la guardò sorpreso. «Capisco. Il dio non è, tuttavia, scontento. Ogni giorno laviamo e vestiamo la sua statua e le diamo da bere e da mangiare. E nessuna delle celebrazioni in suo onore è stata disattesa. Presto esaudirà le preghiere del sovrano.»

«Hai sempre fatto un ottimo lavoro, ma si tratta di un dono molto costoso e so che Tarhunta ne capirà senz'altro il valore» aggiunse frettolosa Tawananna.

Quando Mursili arrivò alla testa del suo esercito presso Puranta, che si ergeva in lontananza su una collina, trovò una spiacevole sorpresa ad attenderlo: un enorme contingente di soldati e carri era schierato nelle campagne circostanti, a difesa della città.

«Vogliono intimorirci, ma siamo in maggioranza numerica» disse il generale Nuwanza, ponderando lo spiegamento dei nemici.

Hassuili si guardò intorno fiducioso: «E il terreno su cui ci batteremo permetterà ai carristi un'ampia possibilità di manovra».

Il GAL *MEŠEDI* aveva colto nel segno: i valorosi carristi ittiti, infatti, ebbero la meglio, grazie anche ai loro cavalli che, addestrati secondo il metodo Kikkuli, non erano stanchi dopo la lunga marcia, come quelli dell'esercito arzawita.

A Tapalazunawali non restò altro che ritirarsi, proprio come aveva fatto suo fratello. Ordinò ai generali di ripiegare verso Puranta, che avrebbe accolto quello che restava della sua milizia.

«Si ritirano!» gridò Hassuili a Mursili, che guardava con soddisfazione il nemico in fuga.

«Abbiamo vinto» rispose il sovrano, togliendosi il pesante elmo.

«No! Dobbiamo uccidere Tapalazunawali, e solo allora la guerra sarà a un passo dalla fine» disse l'amico, afferrando l'arco attaccato al lato del carro, pronto all'inseguimento. «Lascia che ci pensi io.»

«È troppo pericoloso, devi restare al mio fianco» ordinò il fratello, ma l'altro aveva già incitato il suo auriga, che gettò il veicolo all'impazzata attraverso la campagna. Il re, con il viso tirato, emise un lunghissimo disperato urlo, ma fu tutto vano: Hassuili era già lontano.

Mentre lo scudiero proteggeva il GAL *MEŠEDI* con destrezza dalle frecce che stridevano da ogni parte del pianoro, quello cercava il figlio di Uhhaziti, uccidendo senza pietà quanti si frapponevano al suo cammino. A un tratto vide il principe arzawita, che fuggiva ai margini del campo di battaglia.

Il Comandante delle guardie del corpo caricò l'arco con forza e scagliò una freccia, ma l'auriga nemico si parò dinnanzi a Tapalazunawali, morendo trafitto al suo posto; il carro si ribaltò e il principe cadde a terra.

Hassuili si gettò su di lui come una furia, sguainando la sua spada curva, mentre quello lo respinse con l'ascia del padre.

«Per te e la tua gente è finita!» gridò il GAL *MEŠEDI*, ma un dolore sordo gli bloccò il braccio: una freccia gli aveva appena trapassato la spalla.

Tapalazunawali ne approfittò per dargli una gomitata e liberarsi dalla presa. Un soldato stava per uccidere Hassuili, ma l'altro lo fermò, riconoscendo le insegne del Comandante delle guardie del corpo reali ittite: «Può servirci».

Il militare fu legato e gettato su un carro, mentre Tapalazunawali a bordo di un nuovo veicolo sfrecciava veloce verso Puranta, seguito dalle sue truppe in fuga.

Mursili, disperato, cercava tra i caduti il corpo dell'amico, senza trovarne traccia.

«Devono averlo fatto prigioniero» disse Piyassili, mettendogli una mano sulla spalla.

«Non è possibile! Hassuili è invincibile» rispose incredulo e con la voce tremante il fratello.

«Anche nostro padre è stato sconfitto» aggiunse il viceré con tono amaro.

L'altro gli scostò la mano e stizzito ribatté: «Sì, ma non in guerra. Sono stati gli dèi a punirlo per la sua tracotanza, facendolo ammalare».

Piyassili lo guardò accigliato: come osava infangare il nome di Suppiluliuma? Trattenne la rabbia, ritenendo che l'ira di Mursili fosse cagionata dal dolore provocato dalla scomparsa di Hassuili.

Intanto, nella cittadella di Puranta, il GAL *MEŠEDI*, ferito alla spalla, che sanguinava copiosamente, era stato interrogato e torturato, ma dalla sua bocca non era uscita una sola parola.

Così, fu portato al cospetto di Tapalazunawali. Il cane al guinzaglio del principe arzawita era inquieto e abbaiava furioso di fronte a lui.

«Il mio cucciolo è molto affamato. E si accontenterebbe

anche di carne di Hatti» lo sbeffeggiò. Poi lasciò andare il molosso, che azzannò il prigioniero alla caviglia e gli lacerò il polpaccio. Quello, legato alle mani e ai piedi, lo respinse come poté con un calcio, ma l'animale non lasciava la presa, graffiandogli con forza la gamba.

Tutto intorno i militari ridevano a quello spettacolo truce. Il GAL *MEŠEDI*, però, non intendeva farsi sbranare e afferrò con forza la testa del cane, stringendola tra le braccia legate fino a strozzarlo. All'ultimo guaito della bestia, le risa cessarono e calò un silenzio surreale.

Tapalazunawali guardò il suo cane morto e urlò pieno di rancore, mentre uno dei generali suggerì di uccidere Hassuili e di esporre il suo corpo mutilato sulle mura della città.

Il principe, però, tornando in sé, decise di aspettare e di rinchiuderlo nelle segrete della cittadella, perché riteneva che potesse ancora servirgli.

Al campo ittita, Mursili pensava che l'assedio fosse inevitabile e in cuor suo sperava di recuperare il corpo dell'amico per dargli almeno una degna sepoltura.

Il dolore sordo che provava era indicibile e soffocò la sua ira ordinando di accecare tutti i soldati arzawiti presi come ostaggi. Sarebbero stati impiegati nei mulini delle aziende agricole ittite, con nessuna possibilità di fuggire o di vedere ancora solo una volta il sole. Era un destino comune a molti schiavi, ma Mursili aveva sempre evitato una così barbara, sebbene utile, punizione.

Poi mandò un messaggero a chiedere la resa agli anziani di Puranta, ma quelli risposero che non si sarebbero arresi, opponendosi al suo volere per la seconda volta.

Allora il re tentò di espugnare la città con la forza degli arieti, ma le mura erano salde e i soldati dai torrioni tempestavano gli Ittiti di frecce, impedendone l'ingresso.

«Tagliamo i rifornimenti idrici. Le cisterne della città presto si svuoteranno e saranno al collasso» suggerì Piyassili, che aveva partecipato a diversi assedi, tra cui quello glorioso di Karkamiš assieme al padre, che lo aveva ricompensato con la reggenza della città.

Mursili fece subito approntare una squadra che si occupasse dell'importante missione e, dopo alcuni giorni, gli abitanti di Puranta e tutti i fuggiaschi di Arzawa e della regione di Lukka, la cui negata restituzione aveva portato alla guerra, rimasero a corto di acqua.

«Dovete andarvene!» disse uno degli anziani della città a Tapalazunawali. «O moriremo tutti di sete.»

Il principe arzawita concordò sul rischio comune e decise di fuggire di notte con i suoi uomini e la sua famiglia, attraverso una postierla che conduceva fuori dalle mura.

«Che ne facciamo del GAL *MEŠEDI*?» chiese un alto ufficiale, mentre preparavano il piano di evacuazione.

«Verrà con noi, potrebbe essere un'utile merce di scambio» rispose l'altro.

Nella prigione umida e buia del palazzo, quasi morto di fame e con la spalla ormai infetta, Hassuili pensava ad Annella con quel poco di lucidità che gli era rimasta, ed era quel pensiero l'unica cosa che lo teneva ancora in vita. Se solo fosse potuto tornare a Hattusa, se solo avesse avuto un'altra opportunità di amarla...

All'improvviso, sentì la porta della cella aprirsi e un soldato lo strattonò e lo condusse via.

Una lunga fila di gente comune mista a militari camminava veloce per il pendio dell'acropoli, senza fare rumore e illuminata da sparute torce; poi svanì all'interno del condotto sotterraneo al di là del quale si accedeva a una fitta boscaglia, che circondava la cinta muraria sul lato sud di Puranta.

Quando Tapalazunawali imboccò l'uscita, vide un groviglio di luci rischiarare la foresta.

«Sono guerrieri nemici in perlustrazione» disse un generale.

«Vi avevo detto di tenere d'occhio i tempi delle ronde» disse l'altro con astio.

Il militare scrollò le spalle: «Devono aver raddoppiato i turni».

Il gruppo da cui si era distaccata la pattuglia ittita era accampato non molto lontano, dove riluceva un grosso fuoco.

«Allora li coglieremo di sorpresa» ordinò il principe. «Così non potranno avvertire gli altri.»

Fece portare al suo cospetto Hassuili, che a mala pena si reggeva in piedi, e lo colpì con un pugno per stordirlo, quindi, lo slegò.

Scelse tre dei suoi più fidati soldati, li fece vestire in abiti civili e disse di fingersi disertori, che avevano liberato il Comandante delle guardie del corpo di Mursili per essere accolti in servitù dal Gran Re di Hatti.

I tre presero a braccio l'uomo e uscirono allo scoperto, andando verso il drappello accampato.

I guerrieri ittiti corsero subito incontro agli stranieri, sguainando le loro spade.

«È il nostro GAL *MEŠEDI*» urlò uno dei fanti, riconoscendolo. Gli altri gli si fecero intorno, sorpresi, mentre i tre continuavano la loro farsa, chiedendo soccorso.

«È un'imboscata» disse a stento Hassuili, riprendendo conoscenza, spinto da una forza che nemmeno lui pensava di avere.

I soldati imbracciarono le armi allarmati, mentre Tapalazunawali, seguito dai suoi uomini, si avventò sul gruppo. I guerrieri che erano di ronda tornarono immediatamente indietro, richiamati dalle urla disperate.

Nella mischia, un soldato arzawita cadde nel fuoco e cominciò a bruciare: dimenandosi, incendiò i cespugli vicini. Subito la fiamma si spanse e, mentre Tapalazunawali ordinava alla sua gente di uscire allo scoperto e fuggire, l'incendio divampò, richiamando altri soldati ittiti.

Hassuili, steso a terra, vedeva il nemico allontanarsi, ma sapeva che presto Mursili gli sarebbe stato alle calcagna. Sentì una profonda fitta alla spalla e gli apparve tra il fuoco, che aveva ormai avvolto il bosco, Annella sorridente che gli sfiorava con dolcezza la fronte, poi il giovane chiuse gli occhi, pronto ad affrontare il "giorno della madre"[1] ed essere accolto nel regno di Lelwani.

# 17

## *L'amore di una madre*

Hassuili all'improvviso si risvegliò: non era nel regno dei morti, ma nella tenda del re, dove un LÚA.ZU gli stava fasciando la ferita alla spalla.

«Sei vivo, amico mio» gli sussurrò con commozione Mursili, seduto al suo fianco.

Il fratello cercò di sollevarsi dal letto, ma la spalla doleva così forte da paralizzarlo, e il volto, ustionato sul lato sinistro, gli faceva molto male. «Che cosa è successo?» disse con la voce affaticata.

«Sei stato fatto prigioniero, ma grazie al tuo coraggio abbiamo scoperto la fuga degli arzawiti, e i nostri più valorosi uomini li hanno inseguiti e presi come ostaggi» lo informò l'altro.

«E Tapalazunawali?» chiese Hassuili, spalancando gli occhi.

«È l'unico a essere fuggito. Il vigliacco ha abbandonato non solo la sua gente, ma anche la moglie e i figli, come il più disonorato degli uomini» rispose sdegnato il sovrano. «E anche la città di Puranta ha avuto la sua giusta punizione. L'ho distrutta! Riporteremo a Hattusa quindicimilacinquecento uomini, che serviranno il Palazzo.»

«Un Gran Re ha bisogno di molti servi» commentò l'amico, prendendolo in giro.

«Vedo che non hai perso il tuo buon umore» sorrise Mursili.

«Ma ho perso per sempre la mia spalla destra e non potrò più usare l'arco» ribatté amareggiato Hassuili, trattenendo a stento le lacrime.

«Non dire così. Presto tornerai a combattere e nessuno scaglierà frecce infallibili come le tue» mentì il fratello, guardando di sottecchi il medico, che sembrava molto sfiduciato. «Farò preparare nuovi rituali di guarigione e, una volta a Hattusa, potrai fare un voto alle divinità, affinché tu possa tornare forte come prima.»

«Lo sai che non credo negli dèi» disse l'altro, ritrovando la sua voce sicura. «Ma farò quanto in mio possesso per tornare a essere il tuo GAL *MEŠEDI*.»

Il re si alzò e si diresse verso l'uscita: «Adesso riposa, al resto, come ti ho detto, penseranno gli dèi, facendoti ricredere sul loro conto. Sono loro ad averti salvato».

Hassuili chiuse gli occhi e mormorò tra sé e sé: «No, è l'amore che provo per Annella ad averlo fatto».

La disfatta dell'esercito di Tapalazunawali aveva cambiato le sorti del regno di Arzawa. Piyama-Kuruntiya si era recato presso il re di Ahhiyawa per chiedere soccorso, ma non poteva prevedere il suo repentino voltafaccia.

Mursili, infatti, sotto consiglio di Piyassili, gli aveva chiesto l'estradizione dell'arzawita fuggiasco e il sovrano acheo, che voleva ricominciare i suoi commerci in Anatolia senza intralci, aveva deciso di rompere l'alleanza con il figlio di Uhhaziti, ritenendolo indegno del suo nome, e accordare al Gran Re di Hatti la richiesta.

Così Piyama-Kuruntiya fu arrestato, in attesa di essere condotto a Hattusa su una nave ittita. Anche i suoi soldati e cortigiani, che si trovavano ancora in una delle isole di Ahhiyawa di fronte alla costa di Apasa, erano stati catturati. Solo Piyamaradu, grazie all'aiuto di un servo fidato di Uhhaziti, era riuscito a scappare, trovando rifugio in una grotta nei pressi della spiaggia. Aveva portato con sé una spada che gli aveva donato il nonno e, tenendola con fatica in mano, aveva giurato solennemente di fronte a una statuina antropomorfa di Tarhunta, in cui il dio mostrava lo speciale copricapo a punta con le corna e la mazza in pugno, che l'avrebbe usata per vendicare la sua famiglia e riprendere un giorno il potere nel Paese di Arzawa.

Intanto, nel campo militare ittita, Mursili stava decidendo insieme al generale Nuwanza e a Piyassili quale tra gli alti ufficiali inviare in missione presso il re di Ahhiyawa. Hassuili, seduto su uno sgabello, ascoltava con la spalla e il volto fasciati.

«Andrò io» propose il GAL GEŠTIN, sempre pronto a rendere onore al Paese di Hatti e al LUGAL.GAL.

«Per questa missione è meglio inviare qualcun altro, ci servi contro Manapa-Tarhunta» si oppose il viceré di Karkamiš.

«Hai ragione, ma chi sennò?» disse Mursili, pensoso. «È necessario mandare un importante dignitario per dare il giusto peso alla richiesta.»

«Allora hai trovato quell'uomo!» proruppe Hassuili, alzandosi in piedi.

Piyassili sghignazzò con quella risata irritante che il fratellastro detestava, e ribatté, tornando serio, oscillando un bicchiere di vino davanti al suo volto: «Tu? Ma se a fatica ti reggi in piedi».

«Qui non servo a nulla. Non posso difendere Mursili nella marcia verso la regione del fiume Seha, ma posso riportare a casa Piyama-Kuruntiya. E sono ancora il GAL *MEŠEDI*, il più importante dei Grandi, non te lo scordare» affermò con arroganza Hassuili, prendendogli il boccale e bevendone d'un sorso il contenuto.

Mursili gli mise una mano sulla spalla sinistra e annuì. «Va bene. Andrai tu, scortato da un nutrito contingente di soldati.» Quello era un modo per rendere onore all'amico e fargli capire che confidava ancora in lui.

Piyassili se ne andò infuriato dalla tenda, ancora più sdegnato dal comportamento del fratello minore. Non vedeva l'ora di mettere fine a quella guerra e tornarsene a Karkamiš, dove nessuno osava mettere in discussione i suoi ordini.

La primavera aveva lasciato il posto a una nuova estate e Gassulawiya, con la pancia rotonda e sporgente che indicava che presto sarebbe di nuovo diventata madre, era stata chiamata presso la É LÚŠÁ.TAM da Tawananna. Doveva apporre il suo sigillo sul dono che sarebbe stato dato al tempio di Tarhunta, se Mursili fosse ritornato sano e salvo.

«È splendido!» esclamò, vedendo il rhyton d'oro a forma di toro rilucere nelle mani della regina. La maga Mezzulla, che l'accompagnava, guardava avida l'oggetto. «Del peso di una mina» aggiunse, per rimarcarne il valore.

«Bene» disse Tawananna, dopo aver siglato la cretula che accompagnava il prezioso artefatto e averla passata alla sposa reale perché facesse altrettanto.

«Può essere riposto all'interno del "deposito del tesoro"» disse a un paggio, quando la procedura fu conclusa.

Una volta che il rhyton fu chiuso nel magazzino, la regina prese sottobraccio Gassulawiya e s'incamminò fuori dall'edificio. La principessa voltò leggermente la testa per capire se la MUNUSŠU.GI le seguisse a distanza, ma quella si dileguò dalla parte opposta.

Quando la "vecchia" rincasò, trovò Amminnaya ad attenderla. La ragazzina era vicina a una gabbia dove era stato rinchiuso un serpente. Non sembrava avere paura del pericoloso animale ma anzi, lo guardava estasiata e mimava il suo movimento sinuoso con il corpo, mentre emetteva strani sibili con la bocca.

«Che cosa ci fai qui?» l'apostrofò Mezzulla, che cominciava a essere infastidita dalla sua costante presenza.

La principessa non rispose, ma chiese curiosa: «A che cosa ti serve questa serpe?».

La maga afferrò la gabbia e la portò in un'altra stanza che chiuse a chiave. «Ci sono cose che capirai quando sarai una potente regina» le disse.

«Dimmele ora! Ne hai bisogno per praticare la magia nera?» insistette Amminnaya con gli occhi che le brillavano di una luce oscura.

Mezzulla le mise un dito sulla bocca: «Shhh! Chi ti ha messo in testa certe idee?».

«Deve essere per forza così. Insegnami, e un giorno ti ricoprirò d'oro» propose maliziosa la ragazzina, che aveva notato che la casa era adornata con molti oggetti preziosi.

La MUNUSŠU.GI si strofinò le mani e rise di gusto: «Al momento c'è già chi paga per i miei servigi, ma sono sicura che ben presto potrai farlo anche tu, e allora ti insegnerò tutto quello che vuoi sapere».

In quel momento, entrò nell'abitazione Zuwanna, che necessitava di conferire con urgenza con la "vecchia". Alla vista di Amminnaya, però, ebbe un sussulto: che fosse anche lei al corrente del loro disdicevole e rischioso piano?

La nave salpata da Apasa con a bordo Hassuili e il contingente di valorosi guerrieri ittiti era arrivata nell'isola dove risiedeva il re di Ahhiyawa per prelevare Piyama-Kuruntiya.

Durante il viaggio, il GAL *MEŠEDI* si era tolto la benda che gli fasciava il viso: la pelle bruciata aveva deturpato lo zigomo sinistro, un tempo alto e levigato, rendendo l'armonia del volto irregolare, come un fiore in parte appassito. Respirando a pieni polmoni l'aria del mare, che era così diversa da quella dell'altopiano di Hattusa dove aveva passato gran parte della sua vita, il militare sentiva la voglia di sprofondare in quell'immensa distesa celeste e frantumarsi contro le rocce di una di quelle isole che si frapponevano lungo il suo corso. Che ne sarebbe stato di lui, quando la guerra fosse finita? Avrebbe ancora potuto servire Mursili? Avrebbe finalmente avuto il coraggio di dichiarare il suo amore ad Annella pur sentendosi un uomo a metà, privato del suo talento e del suo viso un tempo amabile?

Ad attenderlo nel palazzo reale non c'erano solo le guardie del re di Ahhiyawa, che non poteva riceverlo personalmente perché impegnato in una missione in terraferma in Grecia, ma anche un messaggero con un invito speciale. Henti, un tempo la Gran Regina e moglie di primo rango di Suppiluliuma, chiedeva udienza al dignitario. Esiliata in terra achea molti anni prima, quando i due regni erano alleati, aveva sempre goduto di rispetto e onori degni del suo titolo, che tuttavia erano stati solo un'amara consolazione alla lontananza dai suoi figli e dalla sua gente.

Hassuili fu sorpreso, ma accettò di vederla per il riguardo che ancora nutriva nei suoi confronti e anche per onorare Mursili, che era molto legato al suo ricordo, sebbene sfumato e per lo più fonte della sua immaginazione. Il re, infatti, era solo un bambino quando Suppiluliuma aveva deciso di cacciare sua madre e di far assurgere Tawananna al ruolo di MUNUS.LUGAL.GAL, e allora non poteva capire le ragioni di stato e l'ambizione di quella donna che avrebbe fatto di tutto pur di sbarazzarsi della sposa rivale.

Henti lo ricevette nella sua residenza, una villa su un crinale a picco sul mare. Arredata con un gusto semplice e in stile spiccatamente ittita, la dimora sembrava quasi abbandonata e si poteva sentire a tratti la risacca dell'acqua e il garrire dei gabbiani.

I servitori, riservati e concilianti, scortarono Hassuili in un'ampia sala, dove la regina sedeva su uno scranno finemente decorato. Aveva il volto pallido e i capelli argentati spuntavano appena sulla fronte coperta da un lungo velo ricamato e spesso. Il corpo era provato da una malattia che da mesi l'aveva divorata, rendendola quasi cieca e in continua necessità di bere. «Sono felice di incontrarti» disse, accennando un dolce sorriso.

«Anch'io, mia Signora. Sono passati tanti anni, ma la tua memoria è ancora viva nella capitale e nel cuore del popolo di Hatti» rispose gentile il giovane.

Un'ancella servì dell'acqua fresca alla matrona, che si ristorò, e poi le ordinò di lasciarli nuovamente soli.

«Perché hai chiesto di vedermi?» domandò Hassuili, in imbarazzo.

«So quanto sei legato a Mursili. Da piccoli stavate sempre insieme, e adesso sei diventato il suo GAL *MEŠEDI*, per cui deve tenere ancora molto alla tua opinione» rispose Henti. «Io non potrò vederlo mai più, ma tu sì! Ho un messaggio per lui e la tua visita tra gli Ahhiyawa è stata propizia e voluta dagli dèi.»

«Che cosa vuoi che gli riferisca?» ribatté l'altro, curioso e al contempo pieno di stima per quella madre che provava ancora un così grande affetto per i figli, nonostante fossero solo un ricordo sbiadito nel suo cuore.

La donna cominciò il suo racconto. «Qualche giorno fa ho fatto un sogno: mi trovavo nella grande sala delle udienze, a Hattusa. Era una giornata assolata e il re sedeva di fronte a me con uno sguardo melanconico identico a quello di Mursili, quando era bambino. Sono sicura che fosse lui! Mi sono prostrata al suo cospetto e gli ho chiesto pietà per me e la mia gente. Poi un raggio di sole ha rischiarato il volto del sovrano, e ho visto accanto a lui la dea Sole di Arinna che mi chiedeva di alzarmi.»

Hassuili schiuse leggermente le labbra, incredulo, mentre Henti riprese la parola. «Spesso, quando ero la Gran Regina, facevo sogni premonitori e i veggenti interpretavano attraverso di essi il volere delle divinità. So che devo aiutare Mursili a prendere una decisione importante. Va' e riferiscigli quello che ho sognato. Ricordagli che il re deve mostrare compassione verso i propri sudditi, la stessa che gli dèi riservano a lui.» La sovrana bevve un po' d'acqua, che le calmò momentaneamente l'arsura che le asciugava le labbra, e continuò: «Se un servo è colpevole, ma lo confessa al proprio padrone, l'animo del padrone si placa e non punisce il servo».

«Le tue parole sono molto sagge, mia Signora» disse Hassuili, colpito nel profondo dalla grande pietà che muoveva l'animo di Henti. «Riferirò il tuo messaggio a Mursili quanto prima.»

Allora la donna fece per avvicinare la mano al viso del Comandante delle guardie del corpo per accarezzarglielo in segno di gratitudine, ma sentì una forte fitta al cuore e, mentre ricadeva sulla sedia, afflosciandosi come le vele quando cala il vento, l'altro la sorresse, ammutolito.

Hassuili chiamò più volte il suo nome, ma la sovrana non poteva più sentirlo, perché stava varcando la soglia del regno degli Inferi, serena e fiera di aver compiuto per un'ultima volta il suo compito di MUNUS.LUGAL.GAL.

In quello stesso istante, la principessa ittita Muwatti, che guardava dall'alto del suo palazzo gli operai ricostruire alcuni edifici distrutti dai soldati di Piyama-Kuruntiya nell'attacco subìto alcuni mesi prima, si sentì improvvisamente svenire.

Il medico la soccorse e venne ricondotta nelle sue stanze. Sperava ardentemente di essere finalmente rimasta incinta, ma ancora una volta le sue preghiere non erano state esaudite, perché il giorno dopo un grumo di sangue fresco bagnò le lenzuola del suo letto, come succedeva ogni mese.

I suoi rapporti con Mashuiluwa erano sempre più tesi, ma era giunta l'ora di avere un erede, soprattutto in quel momento in cui Uhhaziti e i suoi figli erano fuori dai giochi e la città di Impa avrebbe potuto assumere un ruolo di controllo sul Paese di Arzawa per conto del re ittita.

Il tentativo di rimanere feconda grazie al seme del cognato non aveva portato ad alcun risultato. Forse gli dèi l'avevano punita per questo o era davvero stato suo fratello Mursili ad averla resa sterile ferendola al grembo molti anni prima. Non aveva più importanza, perché non sarebbe stata ancora a guardare: avrebbe avuto un figlio, a qualunque costo.

Si alzò dal letto e si accostò alla finestra per prendere un po' d'aria, quando vide in lontananza il nipote Kupanta-Kuruntiya che correva, seguito da Pihaziti che, al contrario, incedeva lentamente.

D'un tratto, un'idea le balenò in testa. Chiamò un'ancella perché la vestisse e le acconciasse i capelli e, sebbene si sentisse ancora debole, cercò il marito.

Mashuiluwa stava attraversando la corte del palazzo, quando la regina gli sbarrò la strada. «Che vuoi, Muwatti? Ho fretta» le disse sgarbato.

«Voglio un figlio, me lo devi. Soprattutto dopo che ho salvato la tua città» rispose altezzosa l'altra.

A quelle parole, il sangue dell'uomo gli ribollì nelle vene; alzò con forza la mano ed era sul punto di darle uno schiaffo, quando apparve Pihaziti. «Fermo, che cosa fai!» gli urlò, correndogli incontro e bloccandogli il braccio.

«Non sono affari tuoi. Pensa a tua moglie» rispose il fratello, spintonandolo e tirandogli un pugno.

L'uomo cadde a terra, ma si rialzò di scatto, gettandosi su Mashuiluwa e colpendolo al mento con l'elsa della spada che teneva alla cintura. «Smettila di pensare solo a te stesso, e per una volta fai ciò che ti chiede!» gridò tutto d'un fiato, senza neanche sapere quale fosse l'argomento della discussione.

Il sovrano restò muto e interdetto: quella era la prima volta che il fratello faceva a botte con lui. Allora Pihaziti gli porse la mano per aiutarlo a rialzarsi e quello l'afferrò, guardando torvo la moglie. «Va bene, mi sottoporrò a quel maledetto rituale.»

Muwatti alzò le folte sopracciglia. «Oh, no, non si tratta di un rituale, ma di lui», e indicò Kupanta-Kuruntiya, che era in piedi in silenzio davanti a loro.

«Mio figlio?» esclamò Pihaziti senza capire.

«Lo adotteremo e sarà il futuro re di Impa» dichiarò sicura la donna.

Mashuiluwa ammutolì nuovamente, mentre guardava fisso il nipote.

«Chiederò a Mursili di farcelo ufficialmente adottare perché un giorno si sottometta alla sua volontà e governi in suo nome queste terre» chiosò Muwatti, ma il cognato si oppose, abbracciando stretto a sé Kupanta-Kuruntiya. «Non puoi farlo, non puoi portarmelo via.»

Muwatti, però, prese il ragazzino per le spalle e lo trascinò davanti a sé, senza che quello opponesse resistenza. «È il suo destino, e sono sicura che anche sua madre sarà d'accordo. Si trasferirà in questo palazzo domani stesso.»

Mashuiluwa passò velocemente la mano tra i capelli del nipote, scompigliandoglieli, e rassicurò il fratello: «Lo tratterò come se fosse mio figlio». Poi si diresse verso il portone della residenza, dove lo attendevano le sue guardie e la sua giornata di caccia.

La donna si accostò all'amante e gli sussurrò all'orecchio: «Ho fatto ciò che ti avevo promesso: tuo figlio sarà re».

Quello la guardò esterrefatto, mentre prendeva per mano il bambino, che continuava a non dire nulla, e con lui si allontanò. Gli sembrò di sentire una risata soffocata che echeggiava per il cortile, ma proseguì senza voltarsi per dare quanto prima la notizia a sua moglie.

Mentre l'esercito ittita era in marcia verso la vallata del fiume Seha, scoppiò un'epidemia nell'accampamento! A Mursili sembrava impossibile che la *henkan* lo perseguitasse anche al di fuori dei confini del suo regno. I deportati di Arzawa avevano probabilmente contratto la malattia, che ormai si era propagata in tutte le parti del mondo allora conosciuto, e l'avevano diffusa tra i militari che li scortavano.

I soldati ammalati furono immediatamente isolati e venne approntato un rituale per sradicare il morbo prima che fosse troppo tardi.

A ognuno dei comandanti dell'esercito venne affidato un ariete e l'addetto al rito intrecciò fili di lana bianca, rossa e verde per farne una ghirlanda e attaccò al collo e alle corna degli ovini una collana, un anello e una pietra di calcedonio. Di notte, gli animali vennero legati di fronte alle tende dei militari e l'uomo recitò lo scongiuro: «Qualunque divinità abbia causato questo morbo, ho legato questi arieti per lei, che si plachi![1]».

Il mattino seguente li condusse in campo aperto e per

ogni ariete gli ufficiali portarono una brocca di birra, una pagnotta e una tazza di latte, mentre davanti alla tenda di Mursili fu condotta una donna, elegantemente vestita, che teneva in mano una brocca di birra e tre pagnotte.

Allora i comandanti posarono le loro mani sugli ovini e recitarono così: «Qualunque divinità abbia causato questa malattia, adesso guardi! Questi arieti sono qui, molto grassi nel fegato, nel cuore e nei lombi. Fa' sì che la carne umana le sia odiosa, lascia che venga placata da questi arieti».

E gli ufficiali indicarono gli animali, e il re la donna adornata. Poi gli arieti e la donna portarono la birra e le pagnotte attraverso l'accampamento e i soldati li cacciarono via.

Infine, l'officiante del rituale declamò in modo solenne: «Guarda! Qualunque malattia ci fosse tra uomini, buoi, pecore, cavalli, muli e asini in questo campo, questi arieti e questa donna l'hanno portata via con sé. E il paese che li accoglierà, prenderà su di sé questo terribile male».

La moria cessò, ma aveva ritardato la spedizione di Mursili, così Hassuili fece in tempo a raggiungerlo, prima che il sovrano attaccasse Manapa-Tarhunta, nonostante questi gli avesse inviato un messaggero chiedendogli perdono e di accoglierlo nuovamente in servitù.

Il re, però, gli aveva negato clemenza, mandandogli a dire queste dure parole: «Un tempo, quando i tuoi sudditi ti scacciarono dalla regione, io ti raccomandai agli abitanti di Karkisa e te li diedi in dono. E tu non ti sei schierato dalla mia parte, ma da quella di Uhhaziti, il mio nemico. Perché dovrei accoglierti in servitù?[2]».

Il messaggio criptico di Henti e la sua morte avevano accentuato i sentimenti contrastanti di pietà e rivalsa di Mursili, fortemente provato dagli ultimi mesi di campagna in terra nemica.

Il ragionamento del GAL *MEŠEDI*, tuttavia, lo rinfrancò: «Forse tutto quello che sta succedendo non è un male, e dietro c'è una precisa volontà divina».

«Trovo molto strano che tu parli in difesa degli dèi, ma probabilmente hai ragione» rifletté a voce alta l'amico. «Verso chi devo avere compassione? A quale popolo si riferiva mia madre? Io non lo so!»

La risposta arrivò quanto mai inattesa. Manapa-Tarhunta, infatti, per salvarsi dall'ira di Mursili fece un ultimo disperato tentativo: gli inviò una delegazione di donne e uomini anziani, a capo della quale c'era la madre.

Giunta all'accampamento ittita, la donna si prostrò ai piedi del giovane re e implorò perdono per il suo popolo: «Signor nostro, non distruggerci! Signor nostro, accoglici in servitù![3]».

Mursili rimase impietrito e finalmente interpretò il sogno di Henti: gli dèi volevano che fosse misericordioso e che perdonasse Manapa-Tarhunta e il suo tradimento. Lo avrebbe astretto nuovamente a giuramento, imponendogli la fornitura regolare di uomini, doni e alleanza politico-militare contro i nemici di Hatti.

«Stavolta non farò l'errore che ha commesso nostro padre» confessò a Piyassili, che era ancora scosso dalla morte di Henti, e a stento lo ascoltava. Nemmeno sbronzarsi era servito a lenire quel dolore! Il suo odio per Tawananna si era ancor più acuito: non avrebbe, infatti, mai più potuto rivedere la madre, una possibilità che in cuor suo ancora auspicava.

«Farò giurare a lui, a Mashuiluwa e a Targasnalli reciproca fedeltà, così che ognuno governi la propria regione, senza accampare pretese sui confini degli altri o, peggio, assalirli!» continuò Mursili. «E chi trasgredirà questo vincolo e questo giuramento, sarà in guerra anche con il Paese di Hatti.»

«Sei diventato molto assennato, mi complimento con te» si limitò a dire Piyassili, il cui consiglio evidentemente non era più richiesto come prima.

Il fratello lo abbracciò forte, una cosa che non faceva da quando era bambino, e l'altro si meravigliò per un tale inatteso gesto d'affetto.

«Non sarei mai riuscito a vincere i nostri nemici senza di te. E comprendo il dolore che provi per la morte di nostra madre, anche se io, per quanto mi sforzi, ne ho solo un vago ricordo» gli disse commosso.

«Eppure, non eri così piccolo quando se ne andò. E, prima che lo facesse, eri sempre attaccato alla sua veste!» rise imbarazzato Piyassili, dandogli una pacca sulla spalla e offrendogli da bere.

Mursili sorseggiò piano il vino nel buio di quella tenda, che ormai dopo due anni gli era quasi divenuta odiosa. «Lo so, ma quando la condussero via ho provato un'angoscia così intensa che volevo che svanisse insieme a lei.»

«Non riposerà in pace finché non sarà vendicata» aggiunse l'altro, guardando il fratello dritto negli occhi.

«So a che cosa ti riferisci. Con la sconfitta di Arzawa, a corte mi porteranno quel rispetto che attendevo da tempo e Tawananna comincerà a temermi» rispose il LUGAL.GAL, pesando le parole.

Il viceré di Karkamiš si grattò il mento pensieroso e sul suo volto si formò un ghigno sottile di chi sa di avere ancora una carta da giocare contro il più temibile degli avversari.

## 18

## *Intrighi di palazzo*

Quando Mursili e il suo esercito, seguiti dalla lunga carovana di deportati che contava il numero impressionante di sessantaseimila persone, arrivarono a Impa, manovali e artigiani pullulavano come formiche nei quartieri in ricostruzione della città.

«Sono felice di vedervi» disse Muwatti, accogliendo i fratelli nel suo palazzo.

«Anche noi, cara sorella» rispose Mursili, percorrendo al suo fianco un lungo corridoio, scortato da Hassuili e altri *MEŠEDI*.

«Il tuo leggendario successo ti precede» lo lusingò la regina, mentre entravano in una maestosa sala che ricordava quella delle udienze di Hattusa, sebbene di dimensioni ridotte.

«Sembra di essere a casa!» si stupì l'altro, notando le somiglianze.

Muwatti sorrise frivola: «Ho ordinato di fare alcuni ritocchi, in vista della gloria con cui spero onorerai Impa e i suoi abitanti».

Piyassili, infastidito da quel teatrino, interruppe i convenevoli: «Dov'è Mashuiluwa? Impegnato a cacciare e a bestemmiare gli dèi come sempre?».

«Sono qui» disse una voce alle sue spalle. «Vi aspettavo

da tempo. Non pensavo che sottomettere quel traditore di Manapa-Tarhunta richiedesse un tale impegno.»

Con fare arrogante, il sovrano di Impa si affacciò alla porta accompagnato da Kupanta-Kuruntiya.

«E chi è questo ragazzino?» chiese subito Mursili, avvicinandosi.

«È il figlio di Pihaziti» si affrettò a dire la sorella. «Ma con la tua benedizione sarà nostro.»

Il re e Piyassili si guardarono molto sorpresi: Muwatti aveva finalmente trovato un modo per avere un erede.

«E sia, se questo è il vostro desiderio» acconsentì il LUGAL.GAL, ma aggiunse, abbassandosi per scrutare lo sguardo del bambino: «Dovrai giurarmi fedeltà, e che gli dèi distruggano te e la tua discendenza se non rispetterai l'*ishiul* e il *lingai* cui ti sottoporrò».

«Lo giuro, mio Sole» disse Kupanta-Kuruntiya come un perfetto soldatino.

Mursili si mise a ridere, dandogli un buffetto sulla guancia. «Molto bene, andremo d'accordo. Adesso, va' a divertirti!»

Prima di muoversi, quello guardò i genitori adottivi, che annuirono, così si inchinò più volte al cospetto del sovrano ittita, e poi corse via.

«Ora che hai la sua parola giurata, puoi sbarazzarti di me» lo provocò Mashuiluwa ridendo sguaiato.

«Non lo farò, anzi, sono qui per renderti onore dato che sei rimasto coraggiosamente al mio fianco» ribatté l'altro, serio. «Vi aiuterò a ricostruire e fortificare Impa, e lascerò una guarnigione di seicento uomini a vostra protezione. Da oggi, inoltre, ti affido il governo di tutta la regione di Mira e di Kuwaliya, così che sia di nuovo tuo quello che da sempre ti spetta di diritto.»

Mashuiluwa rimase a bocca aperta e lo stesso fece Muwatti, che prese la mano del fratello, riconoscente. «E noi ti saremo sempre fedeli, mio Sole.»

«E non avrete mire su nessuno dei territori della regione di Hapalla e di quella del fiume Seha» aggiunse Piyassili, accomodandosi su una sedia imbottita della sala.

«Che cosa vuoi dire?» chiese la sorella, che non si era ancora del tutto ripresa dalla sorprendente notizia: quello che aveva sempre desiderato, un figlio e un grande potere, si era finalmente avverato.

«Tu, Targasnalli e Manapa-Tarhunta non sarete solo miei sudditi, ma sarete alleati l'uno dell'altro, e chi di voi trasgredirà la mia parola, sarà nemico di Hatti e dei suoi dèi» precisò Mursili rivolgendosi a Mashuiluwa.

Quello fece buon viso a cattivo gioco, nonostante non desiderasse allearsi con nessuno dei dignitari che governavano su quelle che un tempo erano regioni dell'antica Arzawa. Il suo orgoglio, anzi, si acuì d'un tratto, e pensò che un giorno avrebbe dominato quelle terre, con o senza il consenso del cognato.

Il ritorno glorioso del re e del suo esercito a Hattusa fu salutato con giubilo dalla popolazione e dai numerosi dignitari di corte. I festeggiamenti a palazzo, a suono di musica e canti, rallegrarono il cuore di Mursili, finalmente orgoglioso del suo operato. E la notizia più lieta fu che era diventato per l'ennesima volta padre!

Gassulawiya, infatti, ben presto gli presentò la nuova arrivata; l'aveva chiamata Massanauzzi, che significava "desiderio esaudito dagli dèi", perché così tanto aveva bramato di avere una figlia femmina.

Anche in quel caso il parto non era stato semplice, e la *hasnupalla* aveva invocato le dee Antili e Zukki che, adirate, avevano calzato le scarpe invertite, indossato al contrario le vesti, il pettorale e il velo, e lasciato il loro sacello. Per placarne la collera e invogliarne il ritorno, erano stati, dunque, bruciati un ulivo, un cedro e le piante aromatiche *sahi* e *parnulli*. Alla fine, la bambina era venuta alla luce e aveva riempito di gioia il cuore di Gassulawiya.

Muwatalli, Halpasulupi e Dada crescevano in salute e la coppia reale si augurava che avrebbero protetto la loro sorella proprio come Mursili e i suoi fratelli avevano fatto con Muwatti. Allora non potevano sapere, tuttavia, che gli dèi avevano in mente per Massanauzzi un simile triste destino.

Alla festa c'era anche Annella, in compagnia dell'odiosa Amminnaya, che se ne stava in disparte, mentre Tawananna conversava amabilmente con i dignitari e gli ufficiali, congratulandosi per il loro coraggio.

Tra i volti della folla che animava una grande sala adibita con un sontuoso banchetto, l'ancella vide Hassuili. Sentì lo stesso brivido di quando lo aveva incontrato per la prima volta. Erano passati tre anni e, sebbene il suo volto fosse emaciato e in parte coperto da una benda, ne fu subito attratta e il suo cuore cominciò a battere forte, così fugò ogni dubbio: i suoi sentimenti erano rimasti immutati. Si chiedeva se la guerra, invece, avesse cambiato quelli di Hassuili. C'era, dunque, solo un modo per scoprirlo.

Per evitare che Amminnaya ascoltasse la loro conversazione, le disse che si assentava per andare a prenderle qualcosa da mangiare. Poi fece un cenno furtivo al GAL *MEŠEDI*, che si era appena voltato e guardava nella sua direzione. Un po' titubante, quello la seguì facendosi largo tra la folla. Era più bella di quanto ricordasse, ma non sapeva che cosa dirle e aveva paura che il suo zigomo deturpato l'avrebbe allontanata per sempre, quando avesse tolto la benda. Si fece, però, coraggio ed esordì così, non riuscendo a smettere di rimirarla: «Sei raggiante!».

«Che cosa hai fatto al viso?» chiese premurosa l'altra.

«Bisogna pur sacrificare qualcosa per vincere una guerra» rispose con una battuta Hassuili, sebbene sentisse un forte imbarazzo.

Annella sorrise gentile per farlo sentire a suo agio, poi tornò seria: «Anch'io ho perso qualcosa. Mio marito è stato accolto nella Nera Terra, a causa dell'epidemia».

«Mi dispiace molto per la tua perdita» disse Hassuili, che d'un tratto sentì il cuore aprirsi: aveva un'altra possibilità!

«Ti ringrazio, ma non parliamo di questo. Mi devi raccontare tutto quello che ti è successo in questo lungo periodo» continuò Annella, ritrovando il sorriso.

«Ho visto morire molti amici e valorosi guerrieri, e la mia spalla destra forse non tornerà mai più come prima» le rivelò.

«La tua spalla?» sospirò sorpresa la ragazza, che lo guardava persa nei suoi lucenti occhi color del cielo.

«E potrei non servire più Mursili come suo GAL *MEŠEDI*» continuò il militare.

«Ma questo è terribile, sono così addolorata per te» aggiunse l'ancella con la voce commossa, sfiorandogli la spalla malata.

A quel tocco leggero, ma così sensuale, Hassuili sentì un brivido e l'impulso irrefrenabile di baciarla, così la cinse a sé: «Ma ho anche avuto modo di riflettere molto sulla mia vita e mi sono ripromesso una cosa, se mai fossi tornato».

Annella arrossì leggermente, in attesa di quella rivelazione e di quel bacio che aveva così tanto sognato.

«Ecco dove ti eri cacciata!» disse una voce stridula alle loro spalle.

I due si voltarono e videro Amminnaya, che li guardava invidiosa; allora la principessa afferrò per il braccio l'ancella e la strattonò per portarla via con sé. «Dov'è il mio cibo?»

L'altra non oppose resistenza e, mentre si allontanava, diede un'occhiata triste a Hassuili, che restò impalato a fissarla con le labbra socchiuse, come se una freccia lo avesse infilzato di nuovo, ma stavolta al cuore.

Felice del rientro vittorioso del re, il sacerdote del tempio di Tarhunta chiese il pagamento del tributo. Tawananna acconsentì ma, quando fu aperto il "deposito del tesoro" reale, il rhyton d'oro a forma di toro del peso di una mina era sparito!

Era una cosa inaudita, che lasciò Mursili incredulo, e la regina finse altrettanto stupore. Vennero subito fatte ispezionare tutte le stanze dell'edificio, ma non fu trovato nulla, anche perché era impossibile sapere quando fosse avvenuto il furto.

«Chiunque lo abbia rubato, pagherà con una pena severa. E dovremo subito mantenere la promessa fatta al dio della Tempesta, che ha mostrato la sua benevolenza nei miei confronti durante la guerra di Arzawa» disse il sovrano alla matrigna, mentre rientravano insieme alla cittadella a bordo del *huluganni*.

«Hai riportato a Hattusa un ingente bottino e potremo far forgiare un nuovo dono, più prezioso di quello di prima» lo rassicurò Tawananna.

«È una cosa gravissima e tu eri responsabile della salvaguardia di quell'oggetto sacro» gridò rabbioso l'altro, in cerca di un colpevole.

La donna non si scompose: non c'era nessuna prova contro la sua cattiva amministrazione, e già in passato si erano verificati dei furti alla É LÚŠÁ.TAM; il suo pensiero, invece, era rivolto alla maga Mezzulla, che doveva occuparsi della sorte di Arimelku quanto prima.

Una volta giunto nelle sue stanze, Mursili si confidò con Gassulawiya, che come sempre era pronta ad ascoltarlo.

«Chi può averlo sottratto?» si domandava il re. «Recando oltraggio non solo agli dèi, ma anche a me, che sono il loro sommo sacerdote.»

«Qualcuno che è molto potente e che può contare sul silenzio dei suoi altrettanto influenti complici» suggerì la sposa.

L'altro le accarezzò il seno, all'improvviso attratto dalle sue forme, e la stese con ardore sul letto per godere di quel momento di intimità, che gli era mancato così tanto nei due lunghi anni di campagna militare. Nessuna delle schiave e delle concubine lo facevano sentire protetto e amato come Gassulawiya, nemmeno il ricordo doloroso di Armawiya, i cui occhi spietati ogni tanto ancora lo visitavano in sogno.

In quello stesso momento, Annella entrò nella stanza di Amminnaya, che la attendeva per la routine della sera.

Mentre le pettinava i lunghi capelli, l'ancella notò che la principessa era stranamente silenziosa. «Che cosa ti turba?» le chiese con il suo solito tono gentile.

«Non sono preoccupata, sono furiosa» disse l'altra, incrociando le braccia. «Questa volta non c'era bisogno di affidarsi a Mezzulla, io sarei stata molto più brava di lei.»

«Per fare che cosa?» domandò ingenuamente Annella.

La ragazza si alzò di scatto dalla sedia. «Cose che una stupida ancella non può capire.»

«Certo, nessuna altra donna è intelligente e influente come te qui a corte, a parte tua madre» la provocò quella.

«Un giorno sarò più potente di lei grazie alla magia» disse presuntuosa la principessa e, sghignazzando, fece una giravolta. «E la userò perché tutti mi rispettino, non per avere regali in cambio, come quell'avida MUNUSŠU.GI.»

Annella ascoltava con attenzione quelle parole, che dipingevano chiaramente una situazione reale. Che cosa doveva fare con la magia la “vecchia”, e per avere quale ricompensa?

«Ma mia madre non mi dà considerazione e crede che io sia ancora una bambina, invece le ho già provato con Huella quanto grande sia il mio potere» aggiunse Amminnaya, ormai in preda a un delirio di onnipotenza.

L’ancella, allertata, pensò che fosse meglio evitare di ascoltare qualsiasi terribile confessione per tutelare la sua stessa vita. «È tardi, devi riposare» le disse.

«Hai ragione. Non ho più voglia di parlare con te. Vattene!» rispose astiosa l’altra, e la spinse verso la porta.

Annella corse veloce lungo il corridoio, con la testa piena di pensieri: avrebbe chiesto quanto prima udienza a Gassulawiya per riferirle quello che la principessa le aveva detto; quanto a Hassuili, doveva trovare un modo per vederlo da sola e confessargli il suo amore, prima di perderlo di nuovo.

L’indomani, s’incontrò con la sposa reale nel porticato della più grande delle tre maestose corti della cittadella.

Zuwanna stava percorrendo il loggiato, con passo affannato, quando le vide: Gassulawiya era stranamente stupita e preoccupata, così da destare curiosità nel cortigiano che, senza farsi vedere, si avvicinò alle due donne. Da dietro un pilastro, poteva sentire la loro conversazione.

«In base a quello che mi hai detto, potrebbe essere stata Tawananna ad aver trafugato il vaso per Tarhunta, così da darlo a Mezzulla» rifletteva Gassulawiya.

«Per un dono così pregiato, la magia cui si riferisce Amminnaya non può che essere nera!» suppose l’ancella. «Che cosa farai? Lo dirai al LUGAL.GAL?»

La sposa reale la prese sottobraccio e cominciò a percorrere il colonnato. «Non posso accusare la regina di furto senza le prove, sarebbe troppo pericoloso.»

«Allora chiedi di perquisire la casa di Mezzulla» suggerì Annella, mentre la matrona restava pensosa in silenzio.

Zuwanna non riuscì a sentire altro, ma sapeva che doveva intervenire prima che il furto cui lui stesso aveva partecipato, comprando il silenzio delle guardie della "casa del tesoro", venisse allo scoperto. Era certo che stavolta Tawananna gli sarebbe stata per sempre riconoscente.

La sovrana, appena messa al corrente, ebbe un moto di ira, che le fece perdere per la prima volta il suo autocontrollo. «Chi mi ha tradito?» urlò, mentre scaraventava per terra una razione di frutta appoggiata su un piatto dorato.

«Non lo so. Nessuno oserebbe farlo, mia Signora» tremò l'altro nel vedere gli occhi di Tawananna che lampeggiavano.

Per cercare di rassicurarla, aggiunse: «Le calunnie di quella serva non dovranno arrivare all'orecchio del re. Volete che me ne occupi?».

«Troppo tardi!» gridò stizzita la MUNUS.LUGAL, ancora più adirata. «Gassulawiya sa già tutto e non vede l'ora di mettermi contro Mursili. Comprare il silenzio di Annella, inoltre, non è possibile, lei è fedele alla moglie del re.»

«E, dunque, che farai?» domandò l'eunuco, mentre raccoglieva alcuni chicchi d'uva e li ingurgitava.

Tawananna non rispose, restando a guardare il cielo grigio dalla finestra dell'anticamera della sua stanza da letto. Le nuvole scure facevano presagire pioggia, e un forte temporale poco dopo scaricò tutta la sua furia su Hattusa.

L'acqua scrosciava forte e già "l'uomo del dio della Tempesta" stava preparando il materiale per approntare un rituale di purificazione in lingua hattica e placare l'ira di Tarhunta.

Poco dopo, le due donne più influenti di Hatti – Gassulawiya e Tawananna – erano già l'una al cospetto dell'altra.

«Perché mi volevi vedere con così tanta urgenza?» chiese la sposa reale, sorpresa.

«Sai che a corte non ci si può fidare di nessuno» esordì la regina, seduta sul suo scranno, nella sala dove era solita tenere le udienze.

«Sì, mia Signora. Sono poche le persone fidate. Di chi temete le calunnie?» domandò l'altra, cercando di capire i suoi propositi.

La MUNUS.LUGAL.GAL teneva lo sguardo dritto verso l'avversaria, altrettanto concentrata a intuirne le intenzioni. «Sapevi che Annella mi ritiene coinvolta nel furto del rhyton che avevo fatto forgiare per rendere onore a Tarhunta?»

La domanda spiazzò Gassulawiya, che cercò di prendere tempo per valutare la strategia migliore: la sua fedele ancella era in pericolo!

«Non ne so nulla» disse, cercando di sembrare disinvolta.

Tawananna si alzò per andarle più vicino e studiare il movimento del corpo da cui spesso percepiva se qualcuno avesse paura. «Davvero? Non ti ha confidato le sue accuse?»

In quel momento, tuonò così forte da sconquassare le pareti della maestosa stanza.

Nel tempio, il sacerdote aveva appena offerto al simulacro della divinità un bue, cinque pecore, nove pagnotte, formaggio acido, frutta e un vaso di miele, e si accingeva a recitare un antico mito, che cominciava così: «Il dio Luna cadde dal cielo e cadde sul portale, ma nessuno lo vide e dietro di lui il dio della Tempesta lasciò cadere scrosci di pioggia, così lo afferrarono la paura e l'angoscia[1]».

Gassulawiya respirò profondamente, non lasciando che le emozioni prendessero il sopravvento, e continuò a mentire. «No, non mi ha confidato alcunché. E anche se lo facesse, non le crederei.»

Tawananna le girò intorno, meravigliata. «E perché non dovresti? Il colpevole non è ancora stato preso e certamente si tratta di un alto dignitario» la provocò.

«Non ho idea di chi sia stato e perché, ma sono sicura che presto Mursili troverà il responsabile. Se Annella ha osato infangare il tuo nome, mia Signora, credo che sia saggio mandarla via da corte. Non è degna della fiducia che ho riposto in lei, e me ne scuso» disse con tono duro e convincente.

La regina assottigliò gli occhi e assecondò quella decisione: si sarebbe occupata a tempo debito della sorte dell'ancella. «Sono d'accordo, non è degna di servire il Palazzo, soprattutto di stare al fianco di mia figlia.»

Nel dire quelle parole, tuttavia, un terribile dubbio le si insinuò nella mente. Che cosa aveva visto o, peggio, rivelato quella sciagurata di Amminnaya? Come aveva saputo del furto? No, non poteva essere stata lei a tradirla!

Il temporale cominciò a placarsi, mentre l'uomo del dio della Tempesta portava a termine il rituale, bevendo per nove volte le paure e le angosce della divinità e spezzando nove pagnotte.

«La decisione è presa, sarai tu stessa a comunicarla ad Annella, che domani dovrà lasciare la città. Lupakki ha un'azienda agricola nei pressi di Arinna, lì troverà il suo destino» decretò la sovrana.

Gassulawiya si inchinò e uscì dalla porta, con il cuore che iniziò a batterle all'impazzata, mentre la tensione calava. Come aveva fatto Tawananna a sapere della conversazione che aveva avuto con la sua più fidata ancella? Qualcuno doveva averle spiate di nascosto, ma chi?

Scacciò via questi pensieri e fece subito mandare a chiamare Annella per darle la triste notizia: allontanarla, purtroppo, era l'unico modo per salvarle la vita. Le sue calunnie sarebbero cadute nel vuoto e sarebbe stata condannata a morte per aver cospirato contro la MUNUS.LUGAL.GAL.

Dopo aver conosciuto il suo infausto destino, sconvolta e con le lacrime che scendevano copiose lungo il viso come i rivoli di acqua che lambivano le vie della capitale dopo il violento nubifragio, Annella si recò veloce presso la grande villa del GAL *MEŠEDI* che, a quell'ora, doveva aver finito il turno di guardia ed essere di ritorno a casa. Non si addiceva a una donna girare da sola per la città all'imbrunire, ma l'ancella sentiva di non avere più nulla da perdere e l'unica persona che voleva vedere prima di dire addio a Hattusa e ai suoi sogni era Hassuili.

Il Comandante delle guardie del corpo stava varcando l'ingresso a bordo del suo carro, quando la vide avvolta in un lungo mantello e con la testa coperta da un velo leggero.

«Che ci fai qui?» le gridò preoccupato.

Quella, senza dire nulla, alzò lo sguardo, mostrandogli il volto piangente. Il militare l'afferrò con il braccio sano, tirandola sul veicolo e incitando i cavalli a entrare.

Stretta al suo fianco, la ragazza si sentiva sicura e finalmente libera di dare sfogo a tutte le sue emozioni e paure. Quando furono all'interno della dimora, gli raccontò quanto era accaduto e che cosa l'aspettava l'indomani.

«Non è possibile! Ci deve essere un'altra soluzione, non puoi andartene» continuava a ripetere lui in cerca di una soluzione. All'improvviso, le prese il volto tra le mani e le disse pieno di passione: «Sposami! E non dovrai lasciare Hattusa».

Annella non riusciva a credere a quelle parole e lo guardava imbambolata, soffermando lo sguardo prima sulle sue labbra sottili e poi sui suoi lucenti occhi celesti.

Il GAL *MEŠEDI* aspettava una risposta, temendo di avere travisato i sentimenti dell'ancella o, peggio, di averla offesa.

«Il Gran Re non te lo permetterà, la mia posizione a corte è compromessa» disse l'altra con un filo di voce.

Hassuili allora la baciò con trasporto, suggellando il loro triste e contrastato amore. In quegli interminabili secondi in cui si scambiarono le loro anime, la luna fece capolino da una finestra e con la sua pienezza e il suo chiarore illuminò i loro cuori.

«Parlerò con lui e, se necessario, rinuncerò alla mia carica» dichiarò il Comandante delle guardie del corpo, sorridendole dolce. «Nessuno potrà mai farti del male, se io sarò al tuo fianco.»

Annella lo baciò ancora con ardore e lui la prese tra le braccia e la portò nella sua stanza da letto, dove per la prima volta provò che cosa volesse dire fare l'amore con una donna che amava.

# 19

## *Decisioni difficili*

Quando una nuova alba illuminò Hattusa e i raggi del sole fecero brillare le gocce d'acqua tra le foglie delle foreste che circondavano l'altopiano, Hassuili aveva già preso la sua decisione.

Si recò a palazzo per controllare che dodici *MEŠEDI* e altrettanti Uomini della lancia d'oro stessero a protezione della dimora reale, poi chiese udienza a Mursili, che non aveva chiuso occhio.

«Quello che è successo è gravissimo» disse all'amico. «Ma non abbiamo le prove, e nessuno può permettersi di calunniare Tawananna.»

«Sai benissimo anche tu che è colpevole insieme alla maga Mezzulla» rispose concitato l'altro. «Quanta gente dovrà ancora soffrire per colpa sua? Hai già dimenticato che cosa ha fatto a tua madre?»

Il re si voltò di scatto e gli gridò contro: «Che cosa stai insinuando?».

Hassuili non distolse lo sguardo e continuò il suo discorso. «Non sono qui per rinfacciarti niente, ma per chiederti il permesso di sposare Annella.»

«Che cosa? Ma sei impazzito? Grazie all'intervento tempestivo di Gassulawiya le sue accuse non sono diventate ufficiali e potrà almeno vivere, anche se in disgrazia, lontano da Hattusa» ribatté Mursili, cambiando tono. «Mi dispiace, so che l'amavi.»

«E ancora la amo! Non permetterò che parta, ma se sarà necessario, partirò con lei» disse l'altro, altero.

Il fratello lo incalzò, incredulo: «Che ti è successo? Vorresti rinunciare a tutto per una donna? Non ti riconosco più, amico mio».

Hassuili si diresse verso una delle grandi finestre che rischiaravano la sala, e rise con amarezza. «Proprio tu osi parlarmi in questo modo, che eri accecato dall'amore per una schiava kaskea.»

«È vero, ancora soffro al suo ricordo, ma mai avrei messo in discussione per lei il mio compito e i miei doveri nei confronti del popolo di Hatti e dei suoi dèi» rispose fiero il re.

Hassuili abbassò la testa e ripeté tra sé e sé: «Perché nessuno è libero».

«Proprio così, nemmeno tu. E il tuo posto è accanto al tuo sovrano» disse Mursili avvicinandosi e mettendogli una mano sulla spalla sana.

«Non so nemmeno se potrò più servirti. Allora forse potrei difendere Annella e vivere felice con lei» tentò di convincersi Hassuili.

«Ti rimetterai, e presto troverai una sposa che curi il tuo cuore e ravvivi le tue notti con il suo corpo» concluse il fratello.

Il GAL *MEŠEDI* provava rabbia, rancore e impotenza di fronte a quella che non era una scelta, ma un ordine. Fece un piccolo inchino e si dileguò, senza dire altro. Lo aspettava il momento più doloroso: dire addio all'unica donna che avesse mai amato.

Tawananna, al contrario, era soddisfatta di come erano andate le cose, sebbene non avesse creduto alle parole di Gassulawiya, pensando che la sposa reale la ritenesse, in realtà, colpevole dell'odioso misfatto.

Doveva scegliere la sua prossima mossa, perché erano stati commessi troppi errori negli ultimi tempi, e non si fidava più di nessuno.

Lupakki, nonostante i fugaci amplessi e i compiti sempre più influenti, aveva mal digerito l'allontanamento della nipote: era, infatti, un'onta che ricadeva sulla sua famiglia e sul suo prestigio.

La regina non gli aveva rivelato il vero motivo che l'aveva spinta a cacciare Annella che, ufficialmente, basandosi sulle recriminazioni di Amminnaya, era stata ritenuta più incline alla vita agricola che a quella di corte.

Il Grande degli inservienti di palazzo pensò che si trattasse di invidia da parte della spregiudicata principessa, che sputava sempre veleno su quanti le stessero vicino.

Poi c'era il problema di Arimelku, che aveva visto nella sorte dell'ancella un monito a quanti osassero contraddire o dispiacere la figlia di Suppiluliuma, contro cui aveva iniziato a spargere sospetti di *alwanzatar*. La costante vicinanza della principessa a Mezzulla e alle pratiche magiche, unita al suo temperamento iroso, non faceva che confermare i dubbi in molte giovani cortigiane, che diffidavano della sua amicizia.

Inoltre, la $^{\text{MUNUS}}$ŠU.GI doveva stare molto attenta a sferrare le sue mosse, perché gli occhi erano tutti puntati su di lei. Che cosa era meglio fare, dunque? Ritardare la morte del Grande dei coppieri o agire prima che il castello di bugie crollasse?

Tawananna decise saggiamente che era meglio aspettare che si calmassero le acque e che il suo nome tornasse a essere sinonimo di magnificenza e pietà, in quel momento che il re aveva l'appoggio della maggioranza dei dignitari.

Quanto ad Amminnaya, doveva trovare il modo di allontanarla momentaneamente da palazzo per evitare che il suo piano di farla diventare un giorno Gran Regina naufragasse per sempre. Pensò, quindi, di mandarla per qualche mese dalla figliastra Muwatti con la scusa di farle apprendere da vicino i riti e la cultura arzawita. La pace era stata ripristinata e la sovrana di Impa era in debito non solo con Mursili, ma anche con la MUNUS.LUGAL.GAL di Hatti.

La partenza di Annella fu più dolorosa di quanto Hassuili avesse previsto: non riusciva ad accettare il pensiero che non l'avrebbe mai più rivista. Sebbene la città sacra di Arinna distasse un giorno di cammino da Hattusa, il suo ruolo e i suoi doveri non gli avrebbero concesso che brevi visite durante le celebrazioni della festa AN.TAḪ.ŠUM, in primavera.

Inoltre, Mursili aveva già ventilato l'idea di un matrimonio, che gli portasse figli e solidità. E chissà quante altre guerre aveva in mente di combattere il re, dopo aver conquistato Arzawa, un'impresa che non era riuscita nemmeno a loro padre. Sarebbe stato lontano altri lunghi anni e forse avrebbe trovato la morte in terra nemica. Rimpiangeva amaramente quel giorno in cui, nella sua villa, nella penombra di quell'umida stanza, le aveva baciato la fronte e i capelli, ma non aveva avuto il coraggio di dichiararle il suo amore. Perché l'attimo fugge e bisogna saperlo cogliere al volo, come un uccello che brama il cielo, ma non riesce a spiccare il volo e saltella indeciso da un ramo all'altro, finché giunge la sera e rimane ancorato a quell'albero, attratto dall'ignoto, ma incapace di afferrarlo.

Annella accarezzava con infinita dolcezza il volto del GAL *MEŠEDI* e pensava che nessuno potesse decidere a chi avrebbe dovuto donare il suo cuore, e che nessun calcolo o nessun destino avverso le avrebbe mai impedito di amarlo.

«Ogni volta che guarderai il tramonto, pensami! Ricordati che presto risorgerà il sole e la luce rischiarerà di nuovo i nostri volti, anche se in quel momento saranno distanti. E quando potremo finalmente rivedere insieme la dea Sole che entra nelle viscere della Terra, saranno i tuoi occhi a brillare nei miei, proprio come adesso» disse piena di speranza.

«Sarà così!» rispose Hassuili, sorridendole incerto. L'ottimismo di Annella lo spiazzava, ma era quell'atteggiamento positivo che gli dava la forza di guardare con fiducia al domani.

La baciò teneramente per un'ultima volta e l'aiutò a salire sul carro. Mentre l'ancella spariva in lontananza, il suo cuore si fece piccolo e si chiuse di nuovo tra le maglie dorate e così fitte della sua armatura, dove aveva permesso solo per un istante di far entrare la luce.

In quello stesso momento, Mursili si recò personalmente nel grande archivio reale per incontrare Mittannamuwa, che aveva urgenza di vederlo.

«Ho ritrovato le tavolette che sono sparite, mio Sole» disse soddisfatto il Grande degli scribi.

«È un'ottima notizia! Dove erano finite?» chiese con curiosità il re, dando uno sguardo agli alti scaffali che circondavano la sala, dove su alcuni tavoli erano riposti numerosi stilo di canna dura per incidere l'argilla e la cera, che ricopriva le meno pregiate tavolette di legno.

«Nella discarica» rispose placido il GAL DUB.SAR.

Mursili sbottò: «Com'è possibile?».

«Sembra che ci sia stato un errore e le tavolette siano state ritenute semplici esercizi scribali» spiegò Mittannamuwa. «Sono, tuttavia, riuscito a recuperare parte di una tavoletta. È la copia di un antico esemplare relativo a un trattato sancito di fronte a Tarhunta tra gli uomini di Hatti e gli abitanti di un altro paese.»

«E che cosa dice questo antico vincolo? Qual è il territorio coinvolto? Perché pensi che sia così importante?» lo incalzò concitato Mursili, sbattendo un pugno sul tavolo.

«Non lo so, mio Sole. Devo trovare la tavoletta originale, ma temo che il trattato sia stato violato» suppose lo scriba, grattandosi il mento.

«Devi scoprire tutta la verità!» gridò Mursili, ma al contempo era sollevato: forse l'epidemia era stata causata da questa grave mancanza e sapere qual era, chi l'aveva commessa e fare la giusta ammenda avrebbe finalmente potuto placare l'ira degli dèi che da anni si abbatteva senza tregua sul suo popolo.

# 20

## *Senza tregua*

Erano già trascorsi sette lunghi anni dall'ascesa di Mursili al trono. La sua incredibile impresa contro Arzawa aveva rafforzato il suo prestigio a Hattusa e aumentato il timore nei suoi confronti presso tutte le corti dei più grandi regni, mentre la sua famiglia si era ulteriormente allargata.

Con un parto difficile, Gassulawiya aveva dato alla luce Hattusili. Durante la gestazione, il *harnau* si era rotto e subito era stato approntato il rituale di purificazione di Papanikri, il sacerdote *patili* di Kummani. Furono aperte le finestre, rimosso lo sgabello e bruciati in onore della dea Alitapara e delle divinità di Hattusa degli uccelli. Poi la sposa reale fu condotta al tempio *sinapsi*[1] per partorire in quel luogo sacro e purificare il neonato.

«Gli dèi non lo proteggono» ripeteva Mursili alla moglie.

«Non è così, ti sbagli» ribatteva quella, mentre teneva in braccio il piccolo e lo cullava, dopo aver partecipato al banchetto cultuale alla presenza della coppia divina Tešub e Hebat durante la quarta notte dal parto. La salute del principe sembrava precaria, ma la madre confidava nella forza che scorreva nel sangue di tutti i discendenti di Suppiluliuma.

«Chiederò a Mittannamuwa di prendersi cura di lui. È

un abile LÚA.ZU e mi è sempre stato leale» dichiarò il re, accarezzando timidamente la testa del figlio.

«Hattusili vivrà» insistette Gassulawiya «e ti renderà orgoglioso di lui.»

La vita di Hassuili, invece, sembrava essersi fermata al giorno in cui aveva detto addio ad Annella. Aveva deciso di non sposarsi e passava ogni momento libero che aveva nell'*arzana* a sbronzarsi e a trovare quel poco di piacere effimero tra le braccia delle prostitute.

Mentre il suo cuore era sempre più malato, la sua spalla era migliorata, così il GAL *MEŠEDI* aveva ricominciato a tirare con l'arco frecce precise, sebbene poco veloci e dalla breve gittata. Ogni giorno si allenava e, al tramonto, volgeva sempre gli occhi in direzione di Arinna per salutare anche solo con lo sguardo l'amata perduta.

Il silenzio e la rabbia avevano sedimentato il dolore tanto a fondo che anche il suo consueto umorismo ne aveva risentito. Mursili era in pensiero per lui, ma non sapeva come risollevare il suo animo.

Anche il re, infatti, ogni tanto rivolgeva la mente ad Armawiya. Che cosa stava facendo? Lo odiava ancora per avere ucciso suo padre e averle strappato il figlio? Dada aveva un animo indomito e aveva fatto più volte a botte con Muwatalli. Sembrava che i due non sarebbero mai andati d'accordo, mentre Halpasulupi era sempre più interessato all'arte della guerra e aveva già cominciato ad avere dimestichezza con il carro. Era lunatico e non sapevi mai a chi dei due fratelli avrebbe coperto il fianco.

Intanto, l'epidemia non si era placata e il Grande degli scribi non aveva ancora trovato la parte mancante della tavoletta che sembrava dimostrare un torto agli dèi.

Piyama-Kuruntiya, reso schiavo in un'azienda agricola del Palazzo, era morto di recente, mentre di Tapalazunawali non si era più avuto notizia. "Dov'è finito quel codardo? Trama forse vendetta?" pensava Mursili, che temeva che i suoi nemici sarebbero risorti un giorno dalle loro ceneri.

Tawananna, invece, aveva ottenuto quello che desiderava: il cuore di Arimelku all'improvviso aveva cessato di battere. C'era voluto più di quanto pensasse, dopo che Mezzulla aveva maledetto il suo nome, schiacciando la testa di un serpente e facendo in modo che mangiasse carne fatturata presa da una tomba. Sembrava che l'*alwanzatar* avesse fatto il suo corso e Amminnaya ne era sempre più affascinata.

La giovane principessa ittita si recava spesso dalla sorellastra Muwatti, che sembrava l'unica a non disdegnarne la compagnia. Presso la corte di Impa, una città sempre più sfarzosa e adornata di palazzi e templi, la figlia di Tawananna aveva trovato l'amore!

Walwi, un cugino di Mashuiluwa, amante della caccia come lui, aveva incantato il suo animo malvagio. Dal canto suo, Muwatti, con la scusa di tenerla alla sua corte, poteva spiarne le mosse e le ambizioni, ma soprattutto sapere per filo e per segno che cosa accadesse nella capitale.

Nella lontana regione di Tipiya, al confine con il Paese Alto, un uomo maturo dal fisico asciutto e gli occhi neri come la notte, stava scendendo da un ripido sentiero montano con un'affilata ascia in mano e un lungo scudo che gli copriva il fianco. In testa aveva un diadema di bronzo e al suo seguito c'era un nutrito contingente di guerrieri, che brandivano sicuri le loro armi.

Quando arrivò nei pressi della città di Kanuwara, diede l'ordine: «Razziate tutto quello che trovate, prendete quanti più uomini e donne in salute potete, e date fuoco al resto».

Al suo segnale i Kaska si riversarono con violenza contro gli Ittiti, che fuggivano impauriti e in preda al panico. Pihhuniya sembrava godere di tutta quella violenza e il suo sguardo truce era rischiarato dalle fiamme che stavano a poco a poco consumando le abitazioni fatte di legno e mattoni di fango.

Durante il regno di Suppiluliuma, quando il Gran Re era occupato nella guerra contro Mittani, l'astuto e intraprendente capo tribù aveva compiuto numerose incursioni nel Paese Alto, deportandone la popolazione nelle terre dei Kaska; era avanzato fino alla città di Zazisa e aveva reso l'intera regione di Istitina luogo per i suoi pascoli.

La sua sete di conquista non si era placata con gli anni, anzi, si era accresciuta, fino a riunire sotto il suo comando diverse tribù, cominciando a governare come un re; presso i Kaska, infatti, il potere non era mai stato nelle mani di un unico uomo, ma Pihhuniya aveva riflettuto a fondo sulle ripetute sconfitte del suo popolo e aveva capito che il problema era la mancanza di uno stato centrale forte come lo era quello di Hatti. Piccole vittorie e attacchi isolati, patti sanciti da alcuni capi tribù a scapito di altri, avevano mantenuto la sopravvivenza dei Kaska e l'impossibilità per gli Ittiti di dominare il loro territorio, ma rendevano la loro politica sterile e miope a lungo tempo.

Quando tornò a Tipiya, il centro urbano principale dell'omonima regione, con i nuovi deportati e l'ingente raccolto depredato, ad aspettarlo nella sua dimora, che non aveva minimamente l'aspetto di un'umile capanna kaskea, c'era una donna, i cui occhi celesti lampeggiavano, ansiosi di sapere del bottino, ma soprattutto quale sarebbe stata la sua prossima mossa.

«Felice di vederti, Armawiya!» esclamò l'uomo, sporco di polvere e di sudore.

Nonostante la differenza di età di quasi vent'anni, Pihhuniya aveva un fascino magnetico che scaturiva dalla sua sicurezza e dalla sua ferocia, che avevano subito colpito l'animo indomito di Armawiya, ancora in cerca di vendetta.

Aveva lasciato Ishupitta dopo la morte prematura di Nanaziti e si era trasferita a Tipiya avendo appreso dei ripetuti successi del potente capo tribù contro gli Ittiti. Sebbene fosse già sposato, Pihhuniya aveva cominciato ad atteggiarsi come i sovrani di Hatti, circondandosi di schiave e concubine per dare alla luce quanti più discendenti possibili. Armawiya aveva deciso di cedere alle sue lusinghe, convinta che un giorno al suo fianco avrebbe ucciso Mursili. E faceva di tutto per mettergli quel tarlo in testa.

«Quando sfiderai il re in persona?» gli domandò con aria provocatoria. «Vuoi continuare a razziare piccoli villaggi?»

L'uomo la cinse con violenza e la baciò eccitato, spingendola contro una parete, con ancora l'ascia in mano. «Perché lo odi così tanto?» le chiese, guardandola fissa negli occhi.

«Qualunque kaskeo prova i miei stessi sentimenti» rispose lei, abbassando lo sguardo. «E vorrebbe la sua morte. Possiamo essere più forti di lui, se solo lo volessimo» aggiunse, tornando a mostrare i suoi occhi feroci.

Pihhuniya chiamò un servitore, che era rimasto in disparte a osservare la scena, e gli ordinò di portare da bere, allora si sedette su una sedia davanti a un focolare e rise forte.

«Conquisterò una ad una tutte le città del Paese Alto e mi spingerò fino a Hattusa, dove taglierò la testa di Mursili con la mia stessa ascia» dichiarò con arroganza.

«E io verrò con te» ribatté Armawiya, cui l'unico pensiero era ritrovare il figlio Dada.

«Resterai qui a filare, donna. La guerra è un affare da

uomini. E adesso, divertiamoci un po'» disse, mentre il servitore era tornato e gli aveva versato un bicchiere di vino. Dopo aver tracannato il contenuto d'un fiato e aver mandato via il servo in malo modo, spinse contro uno stipite la ragazza e abusò di lei senza nemmeno guardarla in faccia.

Le recenti incursioni, le razzie e le continue violenze sui domini ittiti nel Paese Alto a opera di Pihhuniya arrivarono ben presto alle orecchie di Mursili. I vari Governatori della marca di frontiera lamentavano mancanza di uomini, bestiame e raccolto, ed erano convinti che Hattusa fosse diventata sorda alle loro esigenze.

Riunitosi d'urgenza nella grande sala delle udienze con il generale Nuwanza, Tawananna e Hassuili, il sovrano cercava un modo per arginare il crescente potere del nemico.

«È inaudito!» sbottò, sbattendo con forza i pugni l'uno contro l'altro. «Da quando un vile pastore kaskeo crede di essere un re?»

La MUNUS.LUGAL.GAL prese la parola: «Perché gli hai permesso di farlo. Attaccalo e vediamo se agirà da tale».

Il GAL GEŠTIN chiuse leggermente gli occhi e suggerì di usare cautela. «L'esercito è ancora molto provato dalla lunga campagna di Arzawa, mia Signora, e l'epidemia non si è ancora placata, decimando guerrieri e molti degli uomini che lavorano nelle aziende agricole dei più alti ufficiali. Meglio usare la diplomazia.»

Mursili si alzò di scatto e cominciò a camminare avanti e indietro davanti al trono. «Che cosa suggerisci, dunque?»

«Di mandare un messaggero e chiedere la restituzione degli uomini che Pihhuniya ha sottratto al regno di Hatti, mio Sole. Tuo padre avrebbe fatto questo» rispose Nuwanza, che aveva visto fin troppe guerre negli ultimi anni.

Hassuili, il cui zigomo lacerato era ancora più evidente sotto la luce accecante di mezzogiorno che penetrava dalle finestre della maestosa sala, annuì: «Deve dimostrare di sottomettersi o essere responsabile del suo diniego. Sa bene che facendolo, ti riprenderai con la forza ciò che è tuo. Ricordati le parole di Henti».

A sentir pronunciare quel nome, Tawananna s'irrigidì. Aveva goduto in cuor suo della triste fine della rivale, il cui monito di tanti anni prima – che sarebbero stati i discendenti di quella a regnare e non i suoi – pensava sarebbe finalmente cessato con la sua morte.

«Henti era una donna compassionevole, e la sua pietà le faceva onore, ma il regno di Hatti non può subire un ulteriore oltraggio da parte di un kaskeo. Trattarlo da pari sarebbe un errore, non farebbe che acuire la sua insolenza» dichiarò la regina.

Mursili rifletteva sulla strategia migliore da attuare; pensò di scrivere a Piyassili per chiedergli consiglio, ma poi decise di fare di testa sua. In fin dei conti era lui il LUGAL.GAL, e doveva dare prova di conoscere a fondo l'animo non solo dei suoi sudditi, ma anche dei nemici.

«Farò scrivere un messaggio a Pihhuniya e vedremo quale sarà la sua prossima mossa» decretò, lasciando insoddisfatta Tawananna. «Come vuoi» acconsentì quella, e si congedò, seguita dal generale Nuwanza.

Mittannamuwa stava supervisionando un suo pupillo che scriveva su una tavoletta il messaggio del re di Hatti da inviare quanto prima a Pihhuniya.

All'improvviso, dentro l'archivio del palazzo reale cominciò a sentirsi puzza di bruciato. Il Grande degli scribi, allarmato, fece capolino dalla porta che si apriva su un lungo corridoio. C'era del fumo che usciva da una stanza in fondo all'androne.

«Presto! Devi uscire!» intimò al giovane, esortandolo a lasciare la stanza.

Poco dopo, le fiamme avvolsero il corridoio e molti scribi vi si riversarono, correndo impauriti con le mani davanti alla bocca.

Il GAL DUB.SAR, invece, si diresse nella direzione opposta, perché voleva cercare di salvare le tavolette, prima che andassero distrutte. Si affacciò alla sala dove era scaturito l'incendio e cercò di afferrarne quante più poteva, ma uno scaffale di legno gli cadde addosso. Incastratovi sotto, l'uomo fissava la porta aperta e diceva le sue ultime preghiere.

Una mano sollevò con forza il ripiano ed estrasse il corpo dello scriba. Nel fumo, quello riconobbe il viso grassoccio di Zuwanna.

«Di qua!» gli disse il cortigiano, prendendolo a braccio e trascinandolo fuori, dove erano già arrivati molti paggi di palazzo che buttavano acqua a più riprese per spegnere l'incendio.

Con loro c'era anche Lupakki, che dirigeva i soccorsi. Molti DUB.SAR intossicati, infatti, respiravano a fatica e le fiamme avevano lacerato le vesti di alcuni di loro.

Quando il Grande degli inservienti di palazzo riconobbe Mittannamuwa, sussultò. Se fosse morto nell'incendio, Mursili avrebbe chiesto la sua testa.

«Ti ringrazio, mi hai salvato la vita» disse l'uomo con un filo di voce a Zuwanna, che ancora lo sorreggeva.

L'eunuco annuì con la testa, senza dire niente, mentre Lupakki si affrettava ad aiutarli.

I tre uscirono dall'archivio del palazzo reale, mentre una sottile scia di fumo colorava di grigio la calda aria di Hattusa. L'estate, infatti, era tornata e con essa l'afa che di consueto ammorbava la capitale.

«Qualcuno ha appiccato il fuoco, non può essere stato

un incidente» disse il Grande degli scribi, tra un colpo di tosse e l'altro.

«Come fai a dirlo?» si stupì il GAL DUMU$^{MEŠ}$ É.GAL, mentre Zuwanna si asciugava le guance rosse, imperlate di sudore.

Il Grande degli scribi non aggiunse parola, tenendo lo sguardo fisso su una tavoletta che stringeva ancora in mano. Gli altri due, infatti, non potevano sapere che in quella stanza stava raccogliendo alcuni vecchi esemplari provenienti dagli archivi di diverse città del regno che potevano rappresentare l'originale della tavoletta del misterioso trattato. Qualcuno evidentemente voleva impedirgli di trovarlo, ma chi?

# 21

## *Un nuovo re*

«Non ti restituirò nulla! E se verrai a battaglia contro di me, io non mi schiererò a battaglia sulle mie campagne! Verrò contro di te e mi schiererò a battaglia sul tuo territorio![1]»

Il messaggio che Pihhuniya aveva fatto recapitare a Mursili lasciò il LUGAL.GAL amareggiato e pieno di ira. «Come osa parlarmi in questo modo quell'insolente di un porcaro?»

Tawananna, che ascoltava in silenzio seduta su un seggio regale, accennò un sorriso di compiacimento. «Il re kaskeo ti ha sfidato apertamente. Che cosa farai, ora?» gli chiese, curiosa.

«Lo annienterò! Non metterà mai piede a Hattusa!» continuò il figliastro, rosso in volto.

Gassulawiya, che era presente all'udienza come aveva voluto il suo amato sposo, intervenne per calmarlo: «Certo che non lo farà, tu glielo impedirai. Manda i tuoi generali più fidati a dargli una lezione».

«No, andrò io! Questo è un affronto che gli farò pagare con la vita» ribatté l'altro, lasciando la stanza per andare a conferire con Nuwanza.

«Mursili non è più un ragazzino e sa che cosa è giusto fare. Il tuo dovere è preoccuparti dei tuoi figli. Hattusili è molto malato» le disse Tawananna. «Se vuoi, posso mandare a chiamare un medico da Karduniya.»

Gassulawiya la guardò con diffidenza: non avrebbe mai messo il destino del figlio nelle sue mani.

«Ti ringrazio, mia Signora, per il momento lo abbiamo affidato alle cure di Mittannamuwa» si affrettò a rispondere, e si congedò, facendole un inchino di circostanza.

Quella stessa notte, il piccolo Hattusili, che portava il nobile nome dell'antico sovrano ittita discendente della dinastia di Anitta di Kussara, fu colpito da una violenta febbre. Il Grande degli scribi rassicurò la coppia reale: non si trattava della *henkan* che ancora appestava la capitale e il regno di Hatti. Tuttavia, le condizioni di salute del bambino erano molto gravi.

«Sei esentato da qualsiasi incarico» gli ordinò il re. «Devi salvare mio figlio!» aggiunse, con la voce commossa.

«Come vuoi, mio Sole» gli rispose il GAL DUB.SAR con fare pacato. «Chi si occuperà della ricerca della tavoletta del trattato perduto? L'incendio all'archivio del palazzo ha distrutto il materiale che ero riuscito a trovare.»

«La vita di Hattusili è più importante. Gli dèi sono adirati con me, e questo è un altro chiaro segno» confessò sconsolato il sovrano. «Ho fatto tutto quello che potevo per placare la loro ira. Qual è la mia colpa? E se fosse di qualcun altro della famiglia reale, perché puniscono me? Le colpe dei padri non devono ricadere sui figli, lo sai. È la legge.»

Lo scriba lo guardò con i suoi occhi vigili ma dolci per infondergli quanta più speranza poteva. «Troveremo la ragione della collera divina, così potrai finalmente discolparti davanti all'assemblea degli dèi.»

«Farò redigere una preghiera per chiedere la clemenza del dio Telipinu, e dovrà essere recitata ogni giorno» annunciò Mursili, angosciato dalla malattia del figlio e dall'imminente campagna verso il Nord.

Telipinu, infatti, era il figlio del dio della Tempesta hattico Taru e della sua sposa, la dea Wurunšemu: rappresentava la vegetazione, e la sua sparizione era narrata in un antico mito, recitato in occasione di carestie e quando c'erano situazioni di crisi o instabilità nel Paese di Hatti. Era per questo motivo che Mursili intendeva rivolgere a lui la sua invocazione, per scongiurare ancora terribili lutti e flagelli.

Mittannamuwa diede subito l'ordine di mandare a chiamare uno dei suoi pupilli e il sovrano gli dettò il testo, secondo uno schema che conosceva bene: «Sia che tu, possente Telipinu, ti trovi su nel cielo fra gli dèi o sia andato a vagare per il mare o sulle montagne o sia andato in guerra in terra nemica, ora ti attiri il dolce profumo del cedro e dell'olio: rientra nel tuo tempio!

Ecco, ti vado evocando con offerte di pane e bevanda: sii completamente placato! Piega l'orecchio, o divinità, a ciò che andrò dicendo e ascoltalo!

Solo nel Paese di Hatti vi sono per te, mio dio, templi fortificati che non vi sono per te in nessun altro paese, e solo nel Paese di Hatti si offrono in tuo onore feste e riti santi e puri che non ti vengono mai offerti da nessun'altra parte.

Telipinu, possente dio, mantieni in vita il re, la regina e i figli del re, concedi loro vita, salute per il futuro, longevità e vigore, e metti nel loro animo splendore dell'anima e gioia! Concedi loro figli e figlie, nipoti e pronipoti, concedi loro contentezza e ascolto, concedi loro abbondanza di orzo, vino, bovini, ovini e uomini, concedi loro un'arma divina virilmente prode pronta a colpire. Metti sotto i loro piedi le terre nemiche!

Scaccia, invece, dal Paese di Hatti la grave febbre, l'epidemia, la fame e la cavalletta!

Le terre nemiche che sono litigiose e rabbiose, coloro che non hanno timore di te, Telipinu, e per gli dèi di Hatti, coloro che bramano continuamente di incenerire i vostri templi, coloro che cercano continuamente di impadronirsi dei rhyta, delle coppe, degli utensili d'oro e d'argento, coloro che cercano continuamente di devastare i vostri campi, i vigneti e i boschi, coloro che cercano continuamente di impadronirsi dei vostri agricoltori, vignaioli, orticultori, donne addette alla macina, dà a queste terre nemiche la grave febbre, l'epidemia, la fame e le cavallette!

Spirino i venti della prosperità, e che il Paese di Hatti cresca e prosperi![2]».

Finita la redazione della tavoletta, il GAL DUB.SAR e lo scriba lasciarono Mursili alle sue preoccupazioni.

Mittannamuwa si recò subito nella stanza del piccolo Hattusili e restò al suo cospetto giorno e notte: ripeté più volte il *pahhunas hukmai*, lo scongiuro del fuoco, in cui chiedeva clemenza da parte di Kamrusepa, la dea della magia, con l'intercessione di Aruna[3]. Poi fece preparare alcuni rimedi a base di erbe per debellare il terribile morbo.

Finalmente la febbre si abbassò e il piccolo principe guarì dal suo stato di *papratar*, ma i segni della sofferenza patita erano evidenti sui suoi occhi, che erano ancora gonfi e dolenti.

Intanto, Amminnaya scalpitava per fare ritorno a Impa.

«Non credevo che soggiornare in una città di provincia ti piacesse così tanto» le disse Tawananna, che da qualche tempo si domandava il motivo che spingesse la figlia a volersi recare così spesso presso la lontana regione di Mira.

«Il clima è migliore di quello di Hattusa e anche la compagnia» rispose la principessa, mentre ammorbidiva le labbra con un unguento.

«Dunque, hai fatto amicizia?» indagò la madre, ben sapendo che l'altra era solita dire più di quanto dovesse.

Stavolta, però, Amminnaya dissimulò le sue intenzioni: «Muwatti è la mia sorella maggiore e posso parlare con lei, qui non ho nessuno di pari rango, a parte quei mocciosi dei figli di Mursili». Che cosa avrebbe detto, infatti, sua madre, se le avesse confidato di provare dei sentimenti per Walwi? Le avrebbe concesso di sposarlo? Sarebbe stato all'altezza di diventare un giorno il re del glorioso regno di Hatti?

«Me ne compiaccio. Presto sarai pronta a sposarti e non potrai più recarti a Impa, ma se ti fa piacere, ti concederò un ultimo viaggio» dichiarò Tawananna.

A quelle parole, il viso di Amminnaya si fece livido e la ragazza fu sul punto di sbottare, ma si morse le labbra lucenti. «E hai già in mente il nome del mio futuro marito?» domandò, impaziente.

«È una decisione che va presa con molta attenzione, senza fretta. Non ti preoccupare, penserò a tutto io» decretò l'altra, e se ne andò.

Una volta sola, la figlia scatenò la sua ira su un'ancella, che era appena entrata nella stanza per portarle dell'acqua fresca.

«Vattene!» le urlò urtandola.

La brocca argentata che la giovane teneva in mano le si rovesciò addosso; bagnata da capo a piedi, si scusò e, dopo aver fatto una serie di inchini, uscì veloce dalla stanza, mentre sentiva echeggiare dietro di sé delle risa malvagie.

«Sarò io a decidere chi sposare, madre» disse Amminnaya tra sé e sé rimirandosi allo specchio. «E qualsiasi altro pretendente morirà grazie al potere dell'*alwanzatar.*»

L'esercito ittita era finalmente pronto a mettersi in marcia: contava cinquemila fanti e trecento carristi, e molte milizie sarebbero state reclutate durante il cammino verso il Paese Alto.

Le condizioni ancora precarie di Hattusili non facevano allontanare Mursili a cuor leggero, ma non aveva altra scelta. Pihhuniya doveva trovare il suo destino e il re di Hatti era sicuro che i suoi dèi avrebbero marciato davanti a lui, come avevano fatto fino a quel momento. Gli àuguri e gli aruspici avevano dato ancora una volta il loro benestare all'impresa.

Tuttavia, non riusciva a capire perché le divinità lo sostenessero e al contempo infliggessero al suo popolo una tremenda punizione come l'epidemia. Qualcuno all'interno della corte ostacolava le sue ricerche, ma non aveva prove che fosse Tawananna. Chi, altrimenti, sarebbe stato così restio a indagare sulla condotta di Suppiluliuma? Era stato quest'ultimo a oltraggiare un antico trattato? Perché non ne aveva mai avuto notizia quando era GAL *MEŠEDI*?

Mittannamuwa era molto impegnato a seguire la guarigione di Hattusili, così il LUGAL decise di mandare un messaggio a suo fratello prima di partire, ma non a Piyassili, bensì a Telipinu, che aveva sempre mostrato saggezza e uno sguardo critico sull'operato del padre, oltre ad avere una profonda reverenza nei confronti degli dèi. Voleva che si adoperasse affinché fossero mandate a Hattusa le tavolette più antiche ritrovate nei templi delle città siriane fino a quelle al confine con il Paese di Mizri. Niente doveva essere lasciato intentato.

Prima di affrontare la sua nuova campagna in territorio kaskeo, come di consueto, Mursili andò a salutare gli amati figli, ma l'improvvisa domanda di Dada lo spiazzò: «Chi è mia madre?».

Il sovrano non era pronto a rispondere, allora Muwatalli lo fece al posto suo con quella schiettezza e severità che lo contraddistinguevano: «Te l'ho detto, tu non hai una madre».

Gassulawiya intervenne per placare la tensione che sempre aleggiava tra i due fratellastri. «Non vive qui, ma ti vuole molto bene» disse, accarezzando la testa di Dada.

«E dov'è, perché mi ha abbandonato?» urlò rabbioso il bambino.

«È nella Nera Terra» mentì Mursili, anticipando la moglie. Quello si fece scuro in volto e scappò via, piangendo.

«Aspetta!» disse Halpasulupi andandogli dietro, e anche Muwatalli uscì rapido dalla stanza, correndo dalla parte opposta, seguito da una balia, mentre la piccola Massanauzzi rimaneva imbambolata a guardare i genitori.

«Non c'era bisogno di dirgli una bugia» asserì Gassulawiya, guardando con disappunto Mursili. «Un giorno dovrai confessargli che nelle sue vene scorre sangue kaskeo.»

«Non incontrerà mai sua madre, dunque, è meglio che pensi che sia morta» si giustificò il sovrano, ma a quelle parole la ferita nel suo cuore si riaprì. Era davvero ciò che si augurava per il figlio oppure stava parlando a se stesso? Se avesse avuto Armawiya davanti agli occhi, quale sentimento avrebbe provato? Gli anni e il silenzio sedimentano i più indicibili rancori, e nessuno ha la possibilità di tornare indietro, nemmeno il forte Tarhunta, che guarda gli uomini dall'alto del cielo.

Intanto, la notizia che il KARAŠ ittita stava marciando verso i confini del Paese Alto fu ben presto riferita a Pihhuniya. Il novello "re" kaskeo non era intimidito e, in vista dell'imminente scontro, cominciò a chiedere la fornitura di uomini a tutte le tribù che gli avevano accordato il potere, proprio come usavano fare i sovrani di Hatti con i loro stati vassalli.

«È vero che Mursili sta venendo qui?» gli chiese Armawiya, dopo un fugace amplesso.

«Sì, crede di intimorirmi, ma si sbaglia» dichiarò concitato l'uomo. «Morirà, e poi assedierò Hattusa e la darò alle fiamme, come fecero tanto tempo fa le antiche tribù dei Kaska» aggiunse, in preda a un delirio di onnipotenza. «Ma non farò il loro sbaglio. Metterò uno dei miei figli al governo della città.»

«Lascia che venga con te!» esclamò l'altra, ancora nuda, mettendosi a cavalcioni su di lui.

«E perché?» chiese con stupore Pihhuniya.

Armawiya gli confidò la sua breve ma intensa relazione con il re di Hatti, che aveva portato a un erede.

«E come fai a sapere che tuo figlio non ti ripudierà? Ormai è uno di loro» dichiarò l'uomo.

«Dada non lo farà!» ribatté decisa quella, cominciando a dimenare il corpo avanti e indietro per dare ancora piacere a Pihhuniya.

Il capo tribù non rispose nulla e godette del momento, ma pensò che quell'ingenua confessione provocata dal risentimento e dalla voglia di rivalsa di una donna ferita gli avrebbe potuto giovare nella sua guerra contro gli Ittiti.

Mentre un nuovo nemico minacciava il Nord, a Ovest Mursili poteva contare sull'appoggio dei sovrani delle regioni di Mira e Kuwaliya, del fiume Seha e di Hapalla, che non avevano solo giurato fedeltà a lui, ma lo avevano fatto anche reciprocamente come era scritto nel trattato che il LUGAL.GAL aveva stipulato con ognuno di loro.

Arzawa era stata sconfitta definitivamente e Muwatti sentiva che la sua esistenza non era più sospesa tra l'incertezza del futuro e l'impossibilità di avere un figlio. Aveva, infatti, ottenuto ciò che desiderava e stava a poco a poco ricominciando a costruire una vita che rendesse giustizia al rango che ricopriva come regina di Impa, anche se lontano da Hattusa e dal suo splendore.

Accolse nuovamente tra le mura del suo grande palazzo la sorellastra, che continuava ad avere molte curiosità per le pratiche magiche di quel popolo, o almeno questo era il motivo che aveva addotto per le sue sempre più frequenti visite.

«Sono lieta di vederti» disse ad Amminnaya, entrando nella stanza dove era stato allestito un lauto banchetto in suo onore.

«Anch'io, soprattutto perché potrei non vederti per molto tempo» le confidò l'altra.

Muwatti le prese le mani e chiese curiosa: «Non starai per sposarti?».

La sorella fece una smorfia di disgusto. «Non ancora, ma purtroppo questo sarà presto il mio destino.»

«So che cosa vuol dire sposare un uomo che non ami. Pensa a quando avrai dei figli» la rassicurò Muwatti. Poi facendosi più vicina, aggiunse maliziosa: «E chi è il fortunato pretendente?».

Amminnaya si aggiustò il velo sulla testa e s'inumidì le labbra, perché nella sala aveva appena fatto il suo ingresso Walwi. Aveva sedici anni e un busto tozzo con le gambe corte ma muscolose; non amava i convenevoli, aveva una risata grossolana ed era privo di senso dell'umorismo. La principessa, tuttavia, era lusingata dalle attenzioni che le rivolgeva ogni volta che si incontravano; non aveva ancora conosciuto l'amore e le adulazioni le sembravano quanto di più simile a quel sentimento.

«La tua presenza onora questa corte, mia Signora» si affrettò a dire l'adolescente.

«Ti ringrazio, qui mi sento a casa» rispose civettuola la ragazza, arrossendo.

Il colorito sulle sue guance allarmò Muwatti, che

intuì l'attrazione che la sorella provava per Walwi. Se avesse sposato il cugino di Mashuiluwa, avrebbe potuto accampare pretese sul regno di Mira? Che cosa aveva, invece, in serbo per lei Tawananna? In ogni caso, il matrimonio di Amminnaya era un affare di stato da non sottovalutare.

I presenti si accomodarono intorno al lungo tavolo, dove si erano accostati anche l'erede al trono Kupanta-Kuruntiya e altri dignitari, tra cui figuravano Pihaziti e sua moglie.

Muwatti mangiava lentamente, osservando i commensali. Per la prima volta dopo quasi tre anni sentiva un sottile malessere ed era conscia che avrebbe dovuto contare ancora una volta solo su di sé per fare fronte a una possibile e imminente sciagura. Ebbe le stessi vertigini che aveva provato dopo il colloquio con la matrigna prima che Arnuwanda morisse. E, come allora, decise che nessuno si sarebbe frapposto tra lei e i suoi desideri, soprattutto per l'affetto che provava nei confronti del figlio adottivo. Nessuno lo avrebbe spodestato o, peggio, fatto cadere vittima di un intrigo di palazzo.

Dopo il pranzo, Walwi si offrì di accompagnare Amminnaya a rinfrescarsi nei pressi di una fontana che si trovava in una corte interna del palazzo, e quella accettò lusingata. Muwatti si alzò di scatto intenzionata a seguirli, quando Pihaziti la fermò.

«Che cosa vuoi fare?» le disse, prendendola per un braccio. «Manovrare anche tua sorella per i tuoi scopi?» Quel gesto destò l'attenzione di Mashuiluwa, che iniziò a osservarli incuriosito.

«Che fai? Ci vedono!» gli sussurrò piano la regina.

«Un tempo ti piaceva che ti toccassi, purché potessi avere un figlio» rispose velenoso l'altro, con cui ormai la donna intratteneva freddi rapporti di circostanza da quando aveva adottato Kupanta-Kuruntiya.

«Se tuo fratello sapesse di noi, ti farebbe uccidere» ribatté la donna, sprezzante.

Il cognato fece un leggero ghigno: «E non credi che faresti la mia stessa fine?».

«Per me il passato non conta. Adesso, devo pensare a mio figlio, e tu agli altri che ti sono rimasti» chiosò Muwatti, incrociando lo sguardo del marito, che si stava dirigendo verso di loro.

«C'è qualche problema di cui non sono stato messo al corrente?» disse con fare ostile.

«Nessun problema. Muwatti sa sempre molto bene quello che vuole. Sei fortunato ad averla al tuo fianco, e Kupanta-Kuruntiya ad averla come madre» rispose il fratello senza scomporsi, e tornò dalla moglie, che stava parlando con il figlio. Era difficile per lei accettare quella situazione, ma sapeva che non avrebbe potuto desiderare di meglio per il frutto del suo grembo, che un giorno avrebbe governato su quelle terre.

Intanto, Walwi e Amminnaya stavano percorrendo fianco a fianco un corridoio che presto li avrebbe condotti nella corte del palazzo reale dove si trovava la fontana, ma all'improvviso il giovane la fermò.

«Che cosa c'è?» esclamò lei, stupita.

L'altro si guardò intorno guardingo, poi la prese per mano e la spinse contro un angolo dell'androne che si trovava in penombra. «Sei bellissima» le disse, accarezzandole le labbra sottili con le dita tozze.

La principessa arrossì. Allora lui la baciò con forza, prendendola alla sprovvista. La ragazza non oppose resistenza, anzi si abbondonò a quell'assalto inatteso, che la divertiva. Era soprattutto il gusto del proibito ad attrarla, e Walwi sembrò capire i suoi desideri e cominciò a tastarle grossolanamente i seni.

All'improvviso, si sentirono dei passi arrivare in lontananza, che si confusero con i gracchianti gridolini della principessa.

Muwatti li raggiunse rapida con gli occhi sospettosi, ma le sue parole finsero stupore, vedendo che il viso di Amminnaya era ancora scosso da quel seppur breve piacere: «Che ci fate qui? Vi siete forse persi?».

«Ho avuto un leggero giramento di testa e mi sono appoggiata al muro» disse Amminnaya portando un palmo alla fronte.

«Sorella mia amata, il viaggio è stato lungo. Sembri così affannata, devi ancora riposare a dovere» prese la palla al balzo la regina, e le afferrò con fermezza il braccio per condurla con sé.

«Adesso, sto meglio. Meno male che Walwi era con me» disse l'altra, puntando i piedi. «Voglio comunque uscire e rilassarmi un po' al sole» aggiunse, accennando un sorriso.

«Ti accompagnerò volentieri» suggerì Muwatti, e poi si rivolse al giovane arzawita: «Tu va' pure! Tuo cugino ti sta aspettando».

Il ragazzo fece un inchino e guardò malizioso Amminnaya. «Quando vorrai, sarò onorato di aiutarti ancora a stare meglio.»

La sovrana di Impa lo fulminò con lo sguardo, temendo di essere arrivata troppo tardi, e la risatina complice della sorellastra non fece altro che alimentare i suoi timori.

# 22

## *Gli dèi marciano davanti a me*

Il Paese Alto distava molti giorni di cammino da Hattusa e la volontà di Mursili era mettere il territorio di Tipiya a ferro e a fuoco quanto prima, incenerendo con esso l'insolenza di Pihhuniya.

Nei pressi dell'omonima città dove risiedeva il sedicente re kaskeo, all'imbrunire, un ingente numero di soldati nemici attaccò l'accampamento fortificato ittita.

L'orda dei pastori guerrieri si riversò come una furia, approfittando della notte che stava calando veloce.

I carristi che erano di guardia montarono sui loro mezzi e cercarono di coprire il fianco alla fanteria, che già era disposta a difesa del KARAŠ. Erano stati addestrati a combattere in ogni condizione, anche di notte, e nemmeno i loro cavalli avevano paura del buio.

«Codardi Kaska!» sibilò Mursili, non appena Nuwanza l'avvertì dell'assalto, accedendo di corsa alla sua tenda, a guardia della quale sostavano alcuni *MEŠEDI*.

«È tutto sotto controllo, mio Sole» lo rassicurò il generale che, indossando il pesante elmo, si diresse immediatamente verso le prime linee. La sua corazza di maglie di bronzo era come sempre tirata a lucido nonostante le numerose battaglie, il suo sguardo era fiero e pronto a contrattaccare.

Hassuili raggiunse trafelato il fratello. «Qui non sei al sicuro» gli disse.

«Non intendo, infatti, restare a guardare» rispose il re, mentre indossava gli abiti militari.

«È troppo rischioso! Devi restare nel campo, ma non in questa tenda» suggerì il Comandante delle guardie reali. Mursili annuì e lo seguì, scortato dai *MEŠEDI*, che gli facevano da scudo con il loro corpo.

Un contingente di Kaska, cui faceva capo Pihhuniya, era riuscito a fare breccia nell'accampamento, attraversando un piccolo fiume che lo costeggiava sul lato meridionale. Nuotando silenziosi nell'oscurità, attaccati a legni coperti da frasche, avevano eluso le sentinelle, prendendole di sorpresa e massacrandole.

Armawiya, che era un'abile nuotatrice, aveva convinto il capo kaskeo a portarla con sé: avrebbe saputo riconoscere il re di Hatti anche di notte o se fosse stato celato dai suoi fedelissimi.

Bagnata fradicia ma piena di ardore, si muoveva veloce per il KARAŠ ittita seguendo gli altri guerrieri che mietevano vittime brandendo le loro armi nel caos che regnava tutto intorno. Il buio e il tenue barlume delle torce rendeva l'impresa ancora più ardua. Armawiya aveva portato con sé il pugnale che le aveva donato suo padre Sunaili, e non vedeva l'ora di conficcarlo nella gola di Mursili.

All'improvviso, scorse il gruppo di guardie reali guidato da Hassuili. Non poteva vedere chi scortavano, ma era sicura che fosse il re di Hatti.

«Da quella parte» urlò, richiamando l'attenzione di Pihhuniya. «Sei sicura?» sobbalzò quello, in preda all'eccitazione.

«È lui, dobbiamo agire adesso» rispose la ragazza, prendendo la testa del contingente, tra lo stupore dei guerrieri kaskei.

Al cenno di assenso del loro condottiero, quelli la seguirono e si scagliarono con violenza contro i *MEŠEDI*. Potendo usare con difficoltà le loro lunghe lance, i valorosi soldati dell'élite ittita sfoderarono le loro corte spade dalla lama ricurva e si difesero dall'attacco.

Hassuili proteggeva con il suo corpo il re, rimasto scoperto su un fianco a causa dell'uccisione di alcune guardie.

«Resta dietro di me» ripeteva, mentre il fratello aveva sguainato la sua scimitarra, pronto a usarla e a vendere cara la pelle.

Pihhuniya si gettò su di loro, brandendo l'ascia con una violenza inaudita. IL GAL *MEŠEDI*, sebbene la sua spalla non fosse ancora del tutto guarita, parò con altrettanta forza il colpo e spinse via l'aggressore, emettendo un potente grido.

Armawiya, che era acquattata alle spalle del capo tribù, saltò fuori urlando a sua volta, e Mursili la riconobbe dagli occhi truci che brillavano alla luce della luna piena, appena svelata da una nube passeggera. «Tu? Com'è possibile?»

La kaskea, con il volto infervorato e i capelli scarmigliati e ancora bagnati, gli tirò un fendente con il pugnale: «È giunto per te il momento di raggiungere quell'ignobile di tuo padre!».

Il LUGAL.GAL schivò il colpo e le prese il polso, ma non ebbe il coraggio di ucciderla con la spada che teneva nell'altra mano, così quella si dimenò e gli tirò una pedata tra le gambe.

Intanto Pihhuniya, privato della sua arma che era caduta lontano a causa del contraccolpo causato dal calcio di Hassuili, si alzò di scatto e scappò via, con il favore della notte.

Il sovrano di Hatti era chinato a terra dolorante: Armawiya gli aveva afferrato la testa e stava per tagliargli la gola con il pugnale, proprio come aveva fatto da bambina con quel maiale, di cui sentiva ancora nelle orecchie il grugnito simile a un pianto.

Il GAL *MEŠEDI* afferrò velocemente da terra l'ascia di Pihhuniya e la scagliò verso la donna, colpendola alla schiena. Quella emise un debole gemito e si accasciò come un filo d'erba spezzato.

Mursili urlò di dolore e la prese tra le braccia stringendola a sé: i suoi occhi celesti vividi e terribili lo guardarono per un ultimo lunghissimo istante. Poi Armawiya si avvicinò al suo orecchio e lo maledisse, pensando a Dada e augurandosi che mai subisse il suo stesso triste destino.

Hassuili portò via il fratello, sconvolto e incredulo, lontano dal corpo della donna.

«È colpa mia» disse con un filo di voce il re.

«Non è colpa di nessuno» ribatté l'altro. «Sei vivo per il volere dei mille dèi di Hatti.»

Mentre la battaglia continuava a imperversare fuori dall'accampamento, i due si diressero verso un folto gruppo di soldati, che difendeva con orgoglio e valore il campo.

Quando arrivò l'alba, la campagna circostante era piena di corpi di uomini uccisi brutalmente appartenenti a entrambi gli schieramenti. I guerrieri ittiti, tuttavia, avevano riportato la vittoria, e il loro sovrano era salvo!

Preoccupato della maledizione, prima di riprendere la campagna militare, Mursili chiese subito di sottostare a un rituale di purificazione, così fu chiamata una MUNUSŠU.GI affinché praticasse uno scongiuro in grado di contrastare la terribile *hurtai* che metteva in pericolo la salute mentale e fisica del re.

Nei giorni seguenti, la dea Sole di Arinna, il potente Tarhunta e gli dèi tutti marciarono di fronte a Mursili e l'intera regione di Tipiya fu vinta e devastata con il fuoco, mentre il territorio di Istitina venne liberato dal giogo nemico e tornò sotto il dominio ittita. Sembrava che la condanna di Armawiya niente avesse potuto sul destino del LUGAL.GAL e sul suo operato.

Kanuwara fu ricostruita e tutte le altre città che erano cadute in mano kaskea vennero fortificate e dotate di una nutrita guarnigione di soldati per scongiurare possibili nuovi ambiziosi progetti di conquista straniera.

Pihhuniya non aveva più credito tra le tribù della sua gente e nessuno degli altri capi si era reso disponibile a dargli rifugio, così fu costretto a consegnarsi alle autorità di Hatti. Mursili gli risparmiò la vita, mostrando quella pietà che gli aveva insegnato la madre Henti. Il ribelle, dunque, fu fatto prigioniero e condotto a Hattusa, quella stessa città che aveva sperato di dare alle fiamme e su cui avrebbe voluto che un giorno regnasse un kaskeo.

Nonostante la gloriosa spedizione militare, il ricordo dell'aggressione di Armawiya tormentava il Gran Re. Si chiedeva come fosse stato possibile che un sentimento d'amore nato in maniera così spontanea e istintiva si fosse trasformato in un odio tanto profondo e avesse portato angoscia e dolore a entrambi. Che cosa avrebbe raccontato a Dada, quando gli avesse chiesto come era morta la madre, quasi che alla sua partenza avesse predetto quell'infausto evento?

Erano così tante le domande che affollavano la mente di Mursili che una sera, mentre era accampato nei pressi di Istitina, si tagliò leggermente il braccio con la lama della spada. Ancora una volta quella ferita che si era autoinflitto riusciva a placargli l'animo tormentato. Il sangue indicava purezza, come gli aveva detto Arnuwanda da bambino. E il suo era quello di un re, destinato dopo la morte a diventare un dio. Si imbrattò la faccia di rosso e stette immobile a guardare la luce fioca di una lucerna, incapace di prendere sonno.

L'indomani, un messaggio inatteso lo sconvolse: i problemi al Nord, infatti, non erano ancora finiti. Il sovrano del regno di Azzi Hayasa, che si trovava al confine con il Paese Alto, aveva marciato contro il territorio ittita di Tankuwa, deportandone gli uomini e il bestiame ovino e bovino.

«Anniya è un uomo scaltro» disse Nuwanza. «Ha approfittato degli scontri con Pihhuniya per annettersi parte delle terre di frontiera.»

«Farà la stessa fine di quell'ignobile pastore kaskeo, se non mi restituisce subito ciò che mi appartiene» urlò sfinito il sovrano di Hatti, che vedeva ancora una volta messa in discussione la sua capacità di tenere le redini dell'impero.

«L'antica fortezza di Ura non dista molto da Istitina, mio Sole» suggerì il GAL GEŠTIN. «Potremmo attaccarla, se Anniya dovesse rispondere negativamente al tuo messaggio. Il morale dell'esercito è alto, dopo le recenti vittorie.»

«È un'ottima strategia. Se vuole la guerra, non ci tireremo indietro» chiosò Mursili, riprendendo coraggio.

Intanto, nella capitale, le condizioni di Hattusili erano ancora precarie. Mittannamuwa se ne prendeva cura come se fosse uno dei suoi cinque figli. Le preghiere di Gassulawiya e le sue offerte alla dea Lelwani in cambio della guarigione del piccolo principe si erano intensificate.

Tawananna, invece, era alle prese con una difficile decisione: a chi dare in sposa Amminnaya. Quale tra gli aristocratici ittiti era il più indicato a diventare un giorno il LUGAL.GAL? Oppure sarebbe stato meglio confidare nel rampollo di qualche paese paritario straniero o addirittura darla in moglie a un principe di Karduniya? In che modo, inoltre, avrebbe potuto screditare l'operato di

Mursili e dei suoi legittimi figli per rovesciare il potere ufficiale?

Le campagne militari del figliastro erano sempre state trionfali, fino ad arrivare all'eclatante sottomissione di Arzawa, e la sua condotta era stata fino ad allora onorevole e timorata degli dèi.

I rapporti tra i suoi eredi, tuttavia, erano tesi, nonostante la loro giovane età. Era già chiaro a tutti che Muwatalli sarebbe ben presto stato designato *tuhkanti*, ma il conflitto caratteriale tra lui e Dada faceva ben sperare la regina in un risvolto tragico e inaspettato.

Di Hattusili non si dava pena, perché per lei il piccolo principe aveva i giorni contati, mentre il temperamento lunatico di Halpasulupi poteva volgersi a suo vantaggio in una contesa tra i fratelli. Quanto alla giovane Massanauzzi, non avrebbe potuto oscurare il ruolo di Amminnaya a corte, dato che per lei la Gran Regina aveva già in serbo un infausto destino.

Chi le dava maggiore pensiero era Gassulawiya. La sua continua intromissione nelle faccende amministrative del Palazzo le lasciava poca possibilità di manovra per i suoi loschi affari.

La sua dote e l'erario reale, infatti, erano diminuiti moltissimo dall'ascesa al trono di Mursili a causa dei ripetuti doni a sacerdoti, dignitari e personale addetto alle indagini oracolari, che la regina consultava sempre più spesso. Per non parlare di ingenti quantità di regali preziosi inviati nella sua madre patria, Karduniya.

Chiamò in udienza Zuwanna per sapere a che punto fosse la costruzione del nuovo tempio della dea Išhara di Aštata, che godeva di un culto importante a Kizzuwatna. Tawananna aveva deciso di riservarle i giusti onori anche nella capitale per attrarre tributi e procurarsi il favore dell'élite della corte di origine hurrita.

Il cortigiano, però, aveva altrettanta urgenza di conferire con lei. «Mia Signora, sono venuto a sapere che il re ha inviato a suo fratello Telipinu un messaggio riservato. Riguarda il recupero di alcune tavolette andate perdute nell'archivio reale.»

«Vedo che hai preso molto a cuore questa delicata missione» gli disse Tawananna, corrucciando la fronte. «Non preoccuparti. Quando arriveranno le tavolette, sai che cosa fare.» Notando che il volto dell'uomo era sempre più affaticato e le occhiaie pronunciate, aggiunse: «Prendi un po' d'acqua», e indicò una brocca su un tavolo della stanza.

L'uomo si dissetò, e poi si inchinò molte volte, nonostante l'addome grasso e molle gli rendesse difficoltoso prostrarsi come era solito fare un tempo.

«Ah, dimenticavo!» disse la donna, dirigendosi verso una finestra e dandogli le spalle. «Sei stato coraggioso a salvare Mittannamuwa, è il più fidato tra i Grandi, della cui lealtà e competenza tutti noi abbiamo bisogno. Ma forse gli dèi volevano un destino diverso per lui, non ci avevi pensato?»

Zuwanna sentì che le mani cominciavano a sudargli: sapeva che se il GAL DUB.SAR fosse morto, sarebbe stata solo sua la colpa, come lo era l'incendio che era stato appiccato all'archivio del palazzo reale. Non era un sicario e i suoi servigi alla regina stavano diventando sempre più pericolosi. La sua salute, inoltre, era peggiorata e l'unico che gli aveva prestato attenzione e cure era stato proprio Mittannamuwa, attenuando con i suoi rimedi medicamentosi le sempre più frequenti palpitazioni. Rubare, tradire, corrompere, mentire e spargere calunnie erano tutte attività che l'eunuco svolgeva da tempo senza nessun rimpianto o remora, ma portare via la vita a un altro uomo era qualcosa di cui non si sentiva capace, a differenza di

Mezzulla, che con la stregoneria aveva fatto scendere nella Nera Terra dignitari divenuti troppo scomodi.

«Io non sono in grado di interpretare la volontà degli dèi, mia Signora, questo è il tuo compito, per cui tutto il popolo di Hatti ti è immensamente grato» rispose in modo diplomatico, e si dileguò per non sentire ancora addosso lo sguardo enigmatico e allo stesso tempo impietoso di Tawananna.

# 23

## *L'ira divina non si placa*

Mursili aveva trascorso il suo ottavo anno di regno nel Paese Alto a combattere contro Anniya del regno di Azzi Hayasa, un nemico che aveva dato del filo da torcere anche a Suppiluliuma.

Il re di Hatti continuava a mandargli messaggi per esigere la restituzione dei fuggiaschi e l'altro faceva la stessa cosa, pretendendo che gli venissero resi i sudditi hayasei fatti prigionieri durante gli scontri. Nessuno, tuttavia, intendeva cedere, e l'esito della guerra era incerto.

Le notizie provenienti da Hattusa erano altrettanto poco rassicuranti: l'epidemia non si era placata, continuando a decimare la popolazione. L'isolamento dei malati non aveva portato a risultati efficaci, perché a infettarsi non erano solo gli uomini, ma anche gli animali da allevamento, che venivano usati per il cibo, i lavori di fatica e per le offerte ai templi.

Sul finire dell'anno, il viceré di Halpa, Telipinu, che aveva inviato nella capitale tutto il materiale scribale richiesto dal fratello minore per ricercare il motivo dell'ira divina, morì all'improvviso, confermando che sulla famiglia reale aleggiava il biasimo degli dèi.

Mursili era accampato a Tiliura e la dolorosa notizia lo colse di sorpresa; erano alcuni anni che non vedeva il fratello e se ne rammaricava profondamente, ma le campagne militari erano state inevitabili e lo avevano, suo malgrado, tenuto lontano dagli affetti.

Il "Sacerdote", come lo chiamavano tutti, si era addormentato nel sonno, senza più svegliarsi, lasciando il giovane figlio Talmi-Šarruma sgomento, e una delle città più importanti della Siria senza il suo sovrano.

La situazione era difficile, perché il territorio di Halpa era vicino alle terre di Nuhhašše, i cui re, tra cui spiccava Tette per arroganza e spregiudicatezza, erano sempre pronti a cambiare alleanze e a rompere i patti.

Mursili non poteva farsi sopraffare dal dolore e dalla volontà che aveva di abbandonarsi al lutto e alla disperazione, perché sentiva che i confini erano minacciati su più fronti, come all'inizio della sua ascesa al trono.

Con il fratello maggiore non aveva mai avuto un rapporto conflittuale, e gli invidiava quella capacità di fare sempre la mossa giusta al momento opportuno in accordo con il dio Tešub, il cui volere sapeva interpretare alla perfezione. E si chiedeva perché lui non avesse ereditato lo stesso dono, che contraddistingueva anche la madre Henti.

Tra le tavolette inviate a Hattusa, Mittannamuwa ne trovò una in cui Suppiluliuma aveva promesso la celebrazione della festa dell'invocazione in onore della dea hurrita Hebat di Kummani, ma non gliel'aveva mai offerta, perché occupato a presidiare i territori di Mittani. Ne informò subito il re, che era rientrato nella capitale per accogliere le spoglie del fratello.

«Devo partire per Kizzuwatna» disse Mursili a Hassuili, mentre cenavano insieme. «Nuwanza si occuperà di Anniya.»

Dopo aver appreso il motivo del viaggio, il fratello gli domandò, scettico: «Sei sicuro che questa preghiera metterà fine alle sofferenze del nostro popolo?».

«Gli unici a saperlo sono gli dèi. Non riesco a capire la loro volontà. Se solo mi apparissero in sogno o parlassero attraverso gli indovini!» sbottò il re, che dubitava sempre di più della sua capacità di sommo sacerdote.

«Chiederò a Piyassili di raggiungermi. Ho bisogno del suo consiglio per porre fine a questa guerra, e sarà anche l'occasione per monitorare da vicino le intenzioni dei re di Nuhhašše. Devo pensare a chi porre sulla regalità di Halpa» aggiunse sospirando.

Hassuili lo guardò indulgente: era troppo duro con se stesso, in fin dei conti era grazie al suo coraggio, alla sua clemenza e alla sua lungimiranza se aveva mantenuto saldo il trono e dato nuova gloria al regno di Hatti.

«Non devi rimproverarti nulla. Le scelte che hai fatto sono state giuste e qualcun altro è colpevole del flagello che si è abbattuto sul nostro popolo» lo rassicurò il GAL *MEŠEDI*. «Credo che la cosa migliore sia confidare nella famiglia, e il figlio di Telipinu, che è altrettanto benvoluto dagli dèi, può essere l'uomo di cui hai bisogno.»

Mursili masticò velocemente un boccone, riflettendo su quelle parole. «Hai ragione, Arnuwanda mi ha suggerito la stessa cosa prima di diventare un dio. Insedierò Talmi-Šarruma nel trono di suo padre, dopo che avrò fatto l'invocazione.» Poi cambiò discorso: «E tu? Hai pensato a che cosa fare dopo che avremo vinto la guerra contro quell'infido hayaseo?».

«Mi occuperò più da vicino delle mie proprietà agricole e ho intenzione di assoldare nuovi schiavi» rispose l'altro, accennando un sorriso.

Il fratello alzò il boccale e sorseggiò soddisfatto il vino. «Bene, e io ti darò altre terre e tutti gli uomini che desideri, amico mio.»

Era felice di avere un fido alleato ed era consapevole che, se non fosse stato per lui, sarebbe già divenuto un dio. Lo aveva assolto per aver ucciso Armawiya, la cui maledizione, nonostante il rito di purificazione, risuonava ancora nelle sue orecchie.

Prima che Mursili intraprendesse il lungo viaggio verso Kummani, sua moglie Gassulawiya volle conferire con lui per una questione della massima urgenza.

«Si tratta di Hattusili? Le Gulses hanno finito di filare i suoi giorni?» le chiese nervoso.

«La sua salute è ancora precaria, ma sta meglio grazie a Mittannamuwa, e sono sicura che gli dèi hanno in serbo per lui un illustre destino. Sono i beni del Palazzo a preoccuparmi» rivelò la sposa. «Riceviamo molti doni e tributi, ma sembra che non siano mai abbastanza, e alcune feste rischiano di rimanere sospese più del dovuto.»

«È Tawananna che amministra tutto con i più fidi dignitari, hai parlato con lei?» domandò l'altro alzando stupito un sopracciglio.

La donna si mosse rapida per la stanza, mostrando una certa agitazione. «Non mi permette di condurre nessun affare ufficiale e l'unica mansione che ho è quella che mi hai dato tu per aiutarla con la gestione della "casa di pietra".»

«Hai notato anche lì qualche anomalia?» ribatté Mursili, sempre più impensierito.

«Fa sempre ingenti donazioni, e dice che provengono dalla sua dote, ma non credo che sia vero» spiegò Gassulawiya.

«Allora c'è solo una cosa da fare. Io dovrò assentarmi ancora a lungo. Dopo l'invocazione a Hebat andrò a Halpa, e poi tornerò nel Paese Alto. Devi poter gestire autonomamente la tesoreria del Palazzo al pari di Tawananna» rifletté a voce alta il sovrano.

«Che cosa intendi dire?» chiese sorpresa la moglie, andandogli vicino e guardandolo fisso negli occhi verde giada così rassicuranti e nobili.

«Farò creare per te un nuovo sigillo con il titolo di MUNUS.LUGAL.GAL» dichiarò sicuro Mursili.

«Tawananna non lo permetterà mai!» gridò Gassulawiya. «Ha lottato per quella carica tutta la vita e non la cederà, finché avrà fiato in corpo.»

«Sì che lo farà, perché sono io il re e lei mi ha giurato fedeltà. Ho permesso che conducesse i suoi affari senza interferire, ma ora la sua condotta ha ripercussioni negative sull'amministrazione del regno» spiegò il marito, prendendole dolcemente la mano. «Mi fido di te, e so che farai del tuo meglio in mia assenza.»

«Ti sbagli, se pensi che la regina mi permetterà di prendere il suo posto» disse rassegnata la sposa reale.

«Non ho detto questo! Non le potrei mai togliere ciò che le spetta di diritto, a meno che non si macchi di qualche grave misfatto. I tempi sono maturi perché inizi a farsi da parte e, presto, lei stessa capirà che è la cosa migliore per entrambe» decretò infine Mursili.

La giovane lo baciò leggermente sulla bocca e acconsentì alla decisione: «È un errore, ma farò ciò che mi chiedi».

Mentre quello lasciava la stanza, Gassulawiya sentiva un senso di smarrimento e oppressione, che non provava da quando aveva partorito Hattusili. L'assenza protratta del consorte e la mancanza di persone fidate come Annella al suo fianco cominciavano ad affliggerle il cuore. I suoi figli, ancora molto giovani, non sarebbero stati in grado di difendersi, se fosse successo qualcosa a Mursili, e nessuno di loro avrebbe potuto prendere le redini dell'impero. Amminnaya, invece, era in età da marito e i suoi lunghi soggiorni a Impa la impensierivano. Che cosa aveva in serbo per lei Tawananna? Che stesse cospirando qualcosa insieme a Muwatti? La cognata, infatti, era molto cambiata da quando aveva adottato Kupanta-Kuruntiya: le scriveva di rado brevi messaggi di circostanza. Sembrava che il suo unico interesse fosse la vita in quella città di provincia, che giorno dopo giorno diventava sempre più sfarzosa e simile a Hattusa.

La notizia del nuovo sigillo di Gassulawiya, giunta all'orecchio di Tawananna grazie a Zuwanna prima che diventasse ufficiale, colpì profondamente l'orgoglio della Gran Regina e insinuò in lei il terribile dubbio che presto avrebbe fatto la fine di Henti: esiliata e umiliata di fronte alla corte ittita e a quella di Karduniya, che foraggiava di nascosto usando le risorse della tesoreria del Palazzo.

Mentre si preparava per l'udienza con il sovrano, Tawananna si guardò ripetutamente allo specchio e, per la prima volta, notò delle sottili rughe solcare il suo volto e i lineamenti le sembrarono aver perso la bellezza di un tempo. Tirò indietro il velo fino a lasciare scoperta quasi tutta la testa e mise una veste a balze con ricami in oro, impreziosendola con una vistosa e lunga collana di lapislazzuli. Cominciò a pensare alla vendetta con cui avrebbe distrutto la sposa reale prima che fosse troppo tardi.

Giunta al cospetto di Mursili, che sedeva sull'imponente trono, mentre Gassulawiya stava in piedi accanto a lui, finse condiscendenza e, quando il re finì di informarla sul titolo di cui avrebbe insignito la moglie, rivolse lo sguardo verso di lei e le disse: «Mi rallegro di poter contare sul tuo aiuto per gli affari più importanti. Sei come una figlia, per me».

La novella MUNUS.LUGAL.GAL s'inchinò in segno di rispetto per non umiliarla ulteriormente. «È per me un onore, ho così tanto da imparare da te, mia Signora.»

Mursili allora si alzò e stava per congedare la matrigna, quando quella riprese a parlare con voce suadente: «C'è una questione della massima importanza che deve subito ricevere la tua attenzione».

«Di che cosa si tratta?» chiese curioso il sovrano, risedendosi sul trono, mentre le bocche dei leoni di pietra al suo fianco sembravano anch'esse in attesa di una replica.

«Come sai, ho fatto edificare un tempio per la dea Išhara, trasferendo il suo culto da Aštata a Hattusa. Ho chiesto a Piyassili di inviare l'argento dei santuari della città quanto prima, ma non ho ancora ricevuto risposta» continuò Tawananna.

«Conosco questa faccenda, mio fratello me ne ha messo al corrente. Reputo, tuttavia, che sia molto rischioso al momento trasportare una così preziosa merce» le rispose cordiale ma fermo il figliastro.

La donna strinse i pugni delle mani, cercando di reprimere la rabbia che provava. «È necessario che siano tributati alla dea i giusti onori, mio Sole. Ma se questi sono i tuoi timori e il tuo volere, troveremo un momento migliore per approntare la spedizione.»

«Sarò felice di aiutarti a offrirle doni altrettanto adeguati fino a che non riceveremo l'argento» si affrettò a dire Gassulawiya.

La MUNUS.LUGAL.GAL, il cui volto teso aveva cominciato a trasudare la sottile polvere che usava per colorare le guance, accennò un sorriso che le increspò leggermente le labbra carnose. «Te ne sono grata. Potrai occupartene in mia assenza, dato che mi recherò anch'io a Kummani per l'invocazione» disse con tono affettato prima di uscire dalla stanza, ma quando diede le spalle alla coppia reale i suoi occhi lampeggiavano come saette mandate da Tarhunta.

Sapeva, infatti, che il figliastro si sarebbe incontrato con Piyassili e doveva approfittare di quell'occasione per convincere il viceré di Karkamiš a siglare personalmente l'atto per trasferire l'argento di Aštata.

Il viaggio per arrivare a Kummani, capitale di quello che un tempo fu il glorioso Paese di Kizzuwatna, durò diversi giorni. Hassuili, come sempre, scortava Mursili, e si era sorpreso del sigillo che aveva fatto realizzare per Gassulawiya.

«Non credi che sia stata un'azione avventata? Nessuno prima di te aveva preso un provvedimento simile» gli domandò preoccupato.

«Prima di salire al trono, mi avevi detto che avrei dovuto trovare il mio modo di essere re, anche a discapito della tradizione» rispose serio il fratello. «È quello che ho fatto, nell'interesse di tutti.»

«È una donna senza scrupoli e stai minacciando ciò cui tiene di più» asserì il GAL *MEŠEDI*, mentre guardava distrattamente il paesaggio montano dal convoglio.

«Mio padre confidava in lei e si occupava sempre meno degli affari del Palazzo, tralasciando spesso di rendere onore alle mille divinità di Hatti, perché era ossessionato dalla guerra. Non posso permettermi di fare i suoi stessi sbagli» ribatté il sovrano, chiudendo per un attimo le palpebre e cercando di concentrarsi sul dondolio delle ruote.

All'improvviso, mentre si trovavano presso le rovine di Kunnu, il cielo si oscurò. Cominciò a soffiare forte il vento e il sibilo che squassava i carri venne acuito dallo scoppio di un tuono. Tarhunta allora palesò la sua potenza e indignazione, vibrando nell'aria un fulmine luminoso.

Mursili vide la saetta vicina accecargli gli occhi, e i tuoni che si susseguivano uno dietro l'altro lo fecero sobbalzare per lo spavento; si mise istintivamente la mano alla gola, impaurito.

Hassuili, assordato da quel rombo fragoroso, lo guardò interrogativo e gli chiese ansioso: «Che cosa succede, mio Sole?».

Il re voleva parlare, ma la voce usciva flebile dalla sua bocca, e riusciva a emettere solo dei suoni indistinti e rochi. La tempesta imperversava e i suoi occhi cercavano conforto nel fratello.

«Non sforzarti, passerà presto» gli diceva quello con un tono calmo per rassicuralo.

Il LUGAL.GAL aveva timore che il dio della Tempesta gli stesse inviando un segno divino: lo stava punendo, ricordandogli che lui era solo un servo nelle sue mani. La sua parola non aveva valore, se non era un riflesso di quella degli dèi. Si chiedeva angosciato se le divinità fossero adirate con lui, perché vedevano oscurato il potere di Tawananna, la loro somma sacerdotessa.

La voce cominciò a schiarirsi, non appena la tempesta si placò, restituendogli sicurezza. Decise che avrebbe fatto mettere da parte il carro e le vesti che indossava quel giorno, non usando più quei paramenti e quel veicolo, perché erano stati contaminati dall'ira di Tarhunta.

Finalmente si stagliò all'orizzonte un'alta cinta muraria, che nascondeva allo sguardo dei visitatori la città di Kummani.

Ad attendere il LUGAL.GAL c'era il fratello Piyassili: aveva il volto scarno ed era molto dimagrito dall'ultima volta che si erano visti durante la campagna contro Anniya, in cui più volte l'esercito del viceré di Karkamiš aveva affiancato quello di Mursili. Il suo addome aveva una strana forma rigonfia che creava disarmonia con il resto del corpo.

La situazione con Tette di Nuhhašše stava diventando sempre più tesa: alcune spie fidate gli avevano rivelato che il subdolo sovrano di quelle steppe brulle aveva chiesto nuovamente l'appoggio del faraone egiziano per ribellarsi al potere di Hatti.

«Non gli è bastata la recente sconfitta?» proruppe

Mursili, ricordando che meno di due anni prima aveva inviato il generale Kantuzzili a sedare la rivolta. E il signore del Paese di Mizri si era ben guardato dallo scontrarsi con l'esercito ittita in favore di Tette.

«Sì, ma gli ha dato asilo» rispose il fratello, prendendo posto a tavola e facendosi versare subito del vino da un servitore.

«Immaginavo che la morte di Telipinu avrebbe riacceso la sua arroganza» dichiarò Mursili. «Abbiamo bisogno di uomini, e la lunga guerra contro Anniya non è ancora finita.»

Tra i presenti c'era anche Tawananna e alcuni ufficiali, tra cui Kuruntiya, un giovane comandante dall'aspetto altero e dal volto squadrato, che era seduto accanto a Piyassili.

All'improvviso, il viceré, che stava sorseggiando avidamente un bicchiere di vino, iniziò a sudare freddo ed era sul punto di cadere dalla sedia, quando il militare lo afferrò al volo, evitando che battesse la testa.

«Mio Signore! Che vi prende?» gli chiese preoccupato, ma quello era già svenuto.

Mursili si alzò subito per soccorrere il fratello, mentre Hassuili andò a chiamare un medico.

Gli ufficiali presenti ammutolirono, lasciando la stanza in un silenzio sordo, mentre il re cercava di svegliare Piyassili, chiamandolo a gran voce. Tawananna si era avvicinata e i suoi occhi scintillavano, indecisi se essere felici di quell'inatteso drammatico evento oppure preoccupati per le conseguenze che avrebbe comportato.

Condotto immediatamente nelle sue stanze, il viceré si riprese dopo qualche ora in cui era rimasto in uno stato di semincoscienza.

Al suo capezzale c'erano Mursili, la matrigna e il figlio maggiore Sahurunuwa, che lo guardava con distacco, senza far trapelare nessuna emozione. A differenza del padre, infatti, che aveva un temperamento passionale, risultava sempre misurato nelle parole e aveva un atteggiamento superstizioso nei confronti degli dèi, per i quali mostrava timore piuttosto che rispetto.

«Non preoccuparti, si riprenderà presto. È un leone, proprio come tuo nonno» lo rassicurò il re.

«Sono grande, mio Sole. Posso sopportare il peso della verità» rispose quello, volgendo leggermente lo sguardo verso lo zio. «Mio padre non vivrà ancora per molto.»

«Non dire così!» gridò Mursili, che provava un vuoto dentro, e ancora una volta si sentiva impotente di fronte al destino.

«Sono pronto a prendere il suo posto e a giurarti fedeltà, se è questo che vuoi sapere» disse il ragazzo, con una punta di insolenza.

Tawananna fece una leggera smorfia di sorpresa a quell'affermazione, mentre Mursili gli rispose con tono di rimprovero: «Questo lo deciderò a tempo debito. Per adesso, prega che non gli succeda niente e che esca presto da questo stato di *papratar*».

«E qual è la sua colpa? Averti seguito in una guerra sbagliata? Oppure essere il figlio del Gran Re Suppiluliuma, che come lui ha sempre e solo pensato al potere, senza curarsi degli dèi e dei suoi cari?» sbottò il nipote, esprimendo un chiaro biasimo per l'operato del padre.

Il sovrano lo afferrò per la tunica elegante che avvolgeva il suo giovane corpo e lo apostrofò: «Attento a come parli, Sahurunuwa!». Poi lasciò la presa, sentendo che Piyassili aveva proferito alcune parole confuse e aperto finalmente gli occhi.

«Fratello mio, come stai?» gli chiese premuroso, avvicinandosi al suo capezzale.

«Va' via!» gli disse il viceré, il cui stomaco turgido gli

causava un dolore lancinante. «Non lasciare che ti contagi.» Allora si rivolse al figlio e a Tawananna: «E anche voi, andatevene!».

Quel monito risuonò come un'avvisaglia per Mursili: era la dea solare Hebat a punirlo, perché aveva lasciato disattesa per così lungo tempo la sua invocazione? Dopo la morte prematura di Telipinu era arrivato il momento di Piyassili di varcare la soglia del regno dei morti?

Uscì di corsa dalla stanza, tenendo la testa tra le mani su cui riluceva il diadema prezioso affisso al copricapo *lupanni*, e trovò i suoi *MEŠEDI* ad attenderlo. Non voleva vedere nessuno, così ordinò di essere lasciato solo, ma Hassuili insistette per scortarlo personalmente nelle sue stanze.

«Non sono libero, amico mio, nemmeno di piangere» gli confessò mentre percorrevano l'uno accanto all'altro un lungo corridoio del palazzo, che sembrava portasse verso l'oblio.

La sera era calata e il freddo autunnale si faceva sentire dentro le ossa; a gelare l'anima di Mursili non era, tuttavia, quel clima rigido, ma la consapevolezza che il suo regno avrebbe rischiato ancora una volta di andare in frantumi, attaccato su tutti i fronti e malvoluto dagli dèi.

Soprattutto, era ignaro che Tawananna avesse un'altra freccia al suo arco per infierire su di lui. La regina, infatti, era rimasta da sola con Sahurunuwa, che al suo fianco aveva appena lasciato la stanza del padre.

«Hai la mia comprensione, è difficile accettare la responsabilità di un ruolo così importante a scapito degli affetti. Un giorno sarai il re di queste terre e dovrai capire qual è la cosa più giusta da fare» gli disse falsamente comprensiva.

«Che intendi dire, mia Signora?» chiese sorpreso il ragazzo.

«Gli dèi stanno giudicando tuo padre per la sua condotta» cominciò a insinuargli il dubbio quella. «Devi aiutarlo a trovare il loro perdono, non è troppo tardi.»

Il principe si fermò e guardò in alto la luna quasi piena che faceva capolino da una finestra. «Darò subito l'ordine di fare delle consultazioni oracolari, ma c'è così poco tempo. Tu sei la somma sacerdotessa di Hatti, hai idea di quale divinità sia stata oltraggiata?»

«Išhara di Aštata» rivelò melliflua Tawananna. «Non è stata, però, colpa sua, ha solo eseguito l'ordine del re, ma tu puoi rimediare.»

«Farò quanto in mio possesso per onorarla a dovere» disse con un filo di voce Sahurunuwa.

La donna gli andò vicino e gli sfiorò con la sua lunga e affusolata mano il viso, poi lo prese dolcemente sottobraccio e lui la seguì. «Allora c'è ancora una speranza. Vieni, ti dirò io che cosa fare.»

# 24

## *L'argento di Aštata*

La salute di Piyassili si era maggiormente aggravata: il suo corpo era devastato dalla malattia oscura che lo stava dilaniando; all'addome gonfio si erano aggiunti la febbre e continui conati di vomito. Sahurunuwa gli era stato al cospetto giorno e notte e, quando il padre fu in grado di parlare, gli sottopose l'importante questione dell'argento di Aštata.

Nella stanza c'era anche il Grande degli scribi di Kummani e Tawananna, in attesa trepidante di approfittare della disperazione del giovane principe, che stava per diventare il nuovo viceré di Karkamiš.

«Non posso far trasferire l'argento» disse Piyassili. «Mursili non è d'accordo. Il tragitto è lungo e poco sicuro in questo momento, e il prezioso carico potrebbe cadere nelle mani sbagliate.»

«Onora la dea Išhara, in grado di proteggere dalle malattie ma anche di infliggerne di terribili! Fallo per me e per la nostra gente» lo implorò il figlio. «È di lei che devi avere paura, non dei nostri nemici, e nemmeno del LUGAL.GAL.»

Il padre, che non era mai stato un uomo devoto, storse la bocca a quella richiesta insistente. «Chiedi il consenso a lui» dichiarò, sentendo che gli cominciava a mancare il respiro.

«Sei tu a regnare su queste terre, te lo sei scordato?» intervenne Tawananna. «Suppiluliuma ti ha dato questo grande potere e responsabilità perché confidava nella tua saggezza.»

A Piyassili, afflitto e corroso dal dolore, si annebbiò la vista. Detestava quella donna meschina e senza scrupoli, che manipolava a suo piacere gli altri senza sporcarsi mai le mani in prima persona. Su una cosa, tuttavia, aveva ragione: lui era più intelligente e capace del fratello minore.

«Dimostragli che si sbaglia e salva la tua vita» insistette la regina.

Il viceré fu preso dell'orgoglio e, in verità, per quanto gli sembrasse poco onorevole, non voleva morire, così, se ci fosse stata anche una sola possibilità di salvezza, l'avrebbe percorsa.

«E sia!» disse, apponendo il suo sigillo sulla richiesta di trasferimento dell'argento dai santuari di Išhara da Aštata al nuovo tempio della dea a Hattusa.

«Hai fatto la cosa giusta» disse Sahurunuwa, cercando di non lasciarsi sopraffare dai sentimenti che provava in quel momento, notando all'improvviso che il padre un tempo così forte e battagliero era diventato un omuncolo indifeso, gonfio e maleodorante.

«Ora voglio riposare» annunciò Piyassili, e chiuse gli occhi.

Nello stesso momento, nella lontana Impa, la sorella Muwatti si stava rilassando vicino alla fontana che abbelliva il suo palazzo, in compagnia di Amminnaya.

«Allora dimmi, è il giovane Walwi che dimora nel tuo cuore?» chiese maliziosa.

«No, no, che dici!» rispose sorpresa l'altra, ma il rossore delle sue guance tradiva quella bugia. «Perché pensi questo?»

«Perché so che cosa si prova» dissimulò Muwatti, che in vita sua non aveva mai amato nessuno. «Lo hai detto a tua madre?»

«Non ancora, ma ho deciso che lo farò quando ritornerò a casa. Non voglio che sia lei a scegliere lo sposo al mio posto.»

«Come ti ho già detto, è una cosa normale. Nessuna regina ha il lusso di sposarsi per amore» ribatté l'altra, usando le stesse parole che anni prima le aveva rivolto Tawananna.

«Anche tu, dunque, pensi che un giorno io diventerò la MUNUS.LUGAL.GAL di Hatti?» disse ingenuamente Amminnaya.

La sorella prese un lungo respiro prima di parlare: era quello, dunque, l'obiettivo che la matrigna stava ordendo da tempo? Come avrebbe buttato discredito su suo fratello e i suoi discendenti? Oppure intendeva farli uccidere?

«Se un giorno questa eventualità dovesse avverarsi, io ti sarò fedele» dichiarò con calma, eludendo la gravità di ciò che la giovane principessa aveva appena detto. Diventare regina di uno stato vassallo, infatti, non era come ambire al ruolo di Gran Regina del Paese di Hatti!

«Se ami Walwi, metterò io una buona parola per te con tua madre, anzi ti accompagnerò nella capitale» disse infine.

La ragazzina l'abbracciò emozionata: «Faresti questo per me?».

«Naturalmente. La famiglia è il bene più prezioso, ricordatelo» affermò con voce suadente, ricambiando l'abbraccio, ma già la sua mente pensava a come spegnere per sempre le ambizioni di quella piccola vipera.

Passavano i giorni e Mursili non riusciva mai a prendere sonno, assillato dal ricordo di Armawiya che lo malediceva e di quei tuoni minacciosi presso le rovine di Kunnu, che gli avevano tolto le parole dalla gola. Gli sembrava di soffocare, ma poi si svegliava e pronunciava dolcemente il nome di Gassulawiya e si calmava. Sentiva la mancanza della sua sposa e non vedeva l'ora di poterla riabbracciare.

Un giorno, alle prime luci dell'alba, sentì un grido acuto e così prolungato che si propagò per tutto il palazzo.

Dopo aver indossato gli abiti regali, si recò nella stanza del fratello e scoprì che quel disperato urlo era stato emesso da Sahurunuwa, affranto dalla morte del padre appena spirato. Era la prima volta che il principe dava sfogo alle emozioni in modo tanto violento e irrazionale. Tutto il suo contegno si era dissolto in un attimo, lasciando il passo a un fiume ininterrotto di lacrime.

Per esperienza personale, il re sapeva che nessuna parola avrebbe portato conforto al nipote e solo il tempo sarebbe stato in grado di lenire quella ferita che, tuttavia, non sarebbe mai guarita del tutto.

Si rese subito conto che non avrebbe dovuto accedere a quella camera: non avrebbe, infatti, potuto più celebrare la festa dell'invocazione a Hebat per timore di contaminare la soglia del tempio, essendo venuto a contatto con un defunto. Il desiderio, però, di dare l'estremo saluto a Piyassili aveva preso il sopravvento e in cuor suo Mursili pensava in qualche modo di aver cagionato quell'ennesima morte improvvisa.

Nel suo sfogo, che sembrava non avere fine, Sahurunuwa accusò lo zio, acuendo il suo senso di colpa: «Sei tu il responsabile!».

«Chi ti ha messo questa idea in testa?» replicò indispettito l'altro.

«Se non avessi ritardato la consegna dell'argento del tempio di Išhara, mio padre sarebbe ancora vivo. Ho agito troppo tardi» ribatté con veemenza il nipote, mentre le lacrime gli scendevano copiose lungo il viso imberbe.

«Che cosa hai fatto?» chiese sgomento il sovrano.

«Quello che anche lui voleva fare, ma tu non gliel'hai permesso» disse con tutto il fiato che aveva in corpo il ragazzo, che doveva trovare una ragione a quell'insensato lutto.

Mursili capì immediatamente a che cosa si riferisse e sapeva già chi c'era dietro a quell'ennesimo intrigo. Il dubbio, tuttavia, che l'ira di Išhara c'entrasse in qualche modo con la morte di Piyassili gli sfiorò la mente. In fin dei conti, Tawananna era la somma sacerdotessa di Hatti e le sue divinazioni avevano spesso colto nel segno, in passato. A un tratto si chiese perché avesse deciso di opporsi al volere della matrigna in quell'affare sacro. Le parole di Gassulawiya gli avevano offuscato il giudizio ed era lui a pagarne le conseguenze.

«Ciò che è successo non si può cambiare, ma la dea Išhara ben presto riceverà i suoi tributi e sarà grazie al tuo operato. In questo modo onorerai in suo nome anche tuo padre» chiosò, e lasciò il capezzale.

Hassuili lo aspettava fuori dalla stanza: il luccichio della spilla fissata al lungo mantello che avvolgeva la preziosa tunica di GAL *MEŠEDI* si confondeva con quello dei suoi occhi. Aveva perso un altro fratello cui era affezionato, sebbene non avesse mai condiviso quella sua smania di conquista e quel cinismo che contraddistinguevano tutte le sue scelte. La sua preoccupazione più grande in quel momento, però, era rivolta a Mursili.

«Che cosa farai?» gli domandò ansioso.

«Torneremo subito a Hattusa, dove faremo le celebrazioni funebri per Piyassili onorandolo come un re, e il suo corpo riposerà nella "casa di pietra" accanto a quello di nostro padre» dichiarò quello, percorrendo lesto il corridoio per dare quanto prima l'ordine di prepararsi al lungo viaggio.

Il convoglio che trasportava la delegazione reale e il corpo del viceré di Karkamiš fece il suo ingresso nella capitale dal rione meridionale della città, dove si stagliavano i grandiosi templi che glorificavano i mille dèi di Hatti, imperturbabili al passaggio di Mursili e del suo dolore.

Dopo che a Piyassili furono dedicati speciali onori funebri, il sovrano fece spesso visita al mausoleo reale, dove già riposavano Suppiluliuma, Zannanza, Arnuwanda e Telipinu. Il padre e i suoi adorati fratelli maggiori avevano dato immenso prestigio al regno e impresso un ricordo vivido e indelebile nel suo cuore. E lui? Era degno di altrettanta gloria? Passeggiando in silenzio in quel luogo sacro al fianco della moglie e scortato a distanza da alcuni *MEŠEDI*, s'imbatté nella tomba di Tuthaliya il Giovane. Un brivido gli corse veloce lungo la schiena. La sposa non poté che notare il suo disagio. «A che cosa pensi?» gli chiese premurosa.

«Mio padre si è seduto sul trono di Hatti con la forza, spargendo il sangue della famiglia reale. Tutti gli ufficiali si sono schierati dalla sua parte e anche gli dèi, ed è per questo che è esente da colpe» cercò di giustificarlo Mursili.

La donna gli prese la mano: «Dunque, che cosa ti turba?».

«Anch'io ho vinto i nostri nemici in guerra, ma l'epidemia non si placa. E se Mittannamuwa non trova una risposta quanto prima, metterò mio padre sotto indagine oracolare.»

«Non puoi farlo! Che ne sarà di te e dei nostri figli, se risultasse colpevole di qualche misfatto?» esclamò sorpresa Gassulawiya.

«Farò pubblica ammenda, perché le colpe dei padri non devono ricadere sui figli» dichiarò il re, ricominciando a camminare con la testa bassa, immersa nei suoi pensieri.

I suoi avversari dentro e fuori le mura della città, infatti, non sembravano dargli tregua. Con la morte di Telipinu e Piyassili le tensioni in Siria si erano riacuite e i re di Nuhhašse avevano dato vita a una nuova rivolta.

Mursili mandò, dunque, a chiamare il comandante Kuruntiya e gli affidò carri e uomini, dandogli l'ordine di distruggere i raccolti dei nemici e metterli alle strette.

Intanto, anche Anniya continuava le sue scorribande al confine con il Paese Alto devastando la regione di Istitina e ponendo sotto assedio la città di Kanuwara.

Il re poteva contare sull'ingente esercito alla cui testa c'era il generale Nuwanza, lasciato a guardia di quella regione. Gli inviò un messaggio in cui gli ordinava di andare in soccorso della città per scongiurare la sua caduta in mano hayasea.

Il GAL GEŠTIN, tuttavia, sollecitato dai nobili che governavano su quei territori, gli rispose che non poteva guidare l'esercito senza ricevere dal LUGAL.GAL il responso positivo da parte delle divinità. Era necessario consultare l'àugure e l'aruspice.

«Ha ragione. In questo momento così delicato, devi avere tutto il sostegno divino» gli disse Tawananna, mentre si erano recati insieme alla "casa del sigillo" per registrare l'arrivo di nuovi tributi.

«E il trasferimento dell'argento di Aštata è servito a evitare l'infausto destino di Piyassili?» chiese velenoso l'altro.

«Non è sempre facile interpretare la volontà degli dèi, e tu ormai dovresti saperlo» si schermì la sovrana. «Non appena arriverà, sarà mia premura dedicare sontuosi doni a Išhara.»

Gassulawiya, che ascoltava in silenzio poco distante, si fece avanti e siglò alcuni documenti, apponendo il suo sigillo accanto a quello di Mursili. Tawananna sentiva ancora quel senso di rabbia repressa, sebbene avesse riportato una vittoria sul figliastro. Doveva, tuttavia, fare qualcosa, se non voleva perdere il suo potere, soprattutto con l'arrivo del prezioso carico destinato al tempio della dea siriana.

Aveva bisogno di un alleato, ma stavolta la sua scelta non ricadde su Zuwanna, bensì su Lupakki, con cui continuava a intrattenere una relazione carnale. Il GAL DUMU$^{\text{MEŠ}}$ É.GAL si era arricchito ancora di più grazie ai successi del Gran Re in terra arzawita e contro le tribù kaskee, che odiava profondamente. Sembrava che Mursili tenesse molto alla sua fedeltà, e Tawananna non poteva rischiare di perdere i servigi dell'avido dignitario.

Durante un incontro fugace, gli parlò dell'argento proveniente dai confini meridionali del regno.

«Mi rallegro, mia Signora» disse compiaciuto, mentre le stringeva tra le mani i seni turgidi, baciandoli goffamente.

«Bene, allora sai che cosa devi fare» rispose sorridente la regina.

Il Grande degli inservienti di palazzo la penetrò con veemenza e aggiunse dubbioso: «Adesso che Gassulawiya ha il sigillo di MUNUS.LUGAL.GAL, sarà più difficile eludere i controlli».

«Non preoccuparti per lei» disse Tawananna, e si lasciò andare a quel mediocre amplesso, pensando a quando avrebbe ottenuto finalmente vendetta.

Quella faccenda la doveva gestire da sola, non poteva affidarla alla maga Mezzulla, come aveva sempre fatto in passato.

Sapeva bene come praticare l'*alwanzatar*, così decise

di usare un'antica formula di Karduniya con cui avrebbe fatturato una pagnotta dolce a base del frutto preferito della sposa reale: il melograno. Doveva recitare ripetutamente delle maledizioni di fronte alla potente dea Išhara per avere l'effetto desiderato, e così fece.

Una mattina, quando stava per uscire dalla cittadella per recarsi di nuovo al tempio, incontrò Amminnaya in compagnia di Muwatti. La figlia, che insieme alla sorellastra era stata richiamata a Hattusa per assistere alle celebrazioni funebri in onore di Piyassili, da alcuni giorni chiedeva con sollecitudine di parlare con lei.

Tawananna le negò ancora una volta udienza. «Sono molto occupata. Gli dèi reclamano la mia devozione e continue offerte. La famiglia reale è funestata dai lutti.»

«Madre, anche questa è una questione della massima urgenza» disse Amminnaya spazientita e offesa da quell'ennesimo diniego.

«Un matrimonio e nuovi figli che esaltino il loro nome è quello di cui Hattusa ha bisogno» affermò Muwatti, prendendo la parola.

«Di che state parlando?» esclamò Tawananna, colta di sorpresa. Poi aggiustandosi la veste riprese la sua compostezza e tagliò corto: «Adesso non ho tempo per questioni così delicate. Ne parleremo in un altro momento». Allora si diresse verso l'uscita della corte più interna del palazzo per raggiungere il *hulugannì* e farsi condurre nella città alta.

Muwatti, insospettita da quella premura, chiese ad Amminnaya se sapesse dove si recava la madre ogni mattina.

«Una delle guardie mi ha detto che va al tempio di Išhara» rivelò la ragazza, ancora delusa.

La sorella la guardò torva: che cosa faceva tutti i giorni Tawananna al cospetto della potente divinità cui aveva appena fatto erigere un santuario? Si vociferava che avesse addirittura estorto al viceré di Karkamiš il consenso per trasferire in suo onore un enorme quantitativo di argento che, tuttavia, non era ancora giunto nella capitale.

«Scusami, anch'io devo andare. Devo parlare con il re» disse all'improvviso, e salutò rapida la principessa.

Invece di rientrare nell'edificio, Muwatti fece preparare velocemente il suo carro e si diresse dove pensava di trovare delle risposte.

# 25

## *Una sostituta per Lelwani*

Quando arrivò allo splendido tempio dedicato a Išhara, Muwatti restò incantata dai decori in oro, argento e pietre preziose che splendevano alla luce del sole.

Gli uomini *haliyattalla*, che si occupavano di pattugliare e fare la guardia, fecero entrare la principessa. Quando viveva a Hattusa, infatti, tra le sue mansioni c'era anche quella di sovrintendere ad alcuni dei riti ufficiali accanto al re, alla regina e al *tuhkanti*.

Senza farsi notare dal GAL SANGA, si avvicinò al recinto sacro, cui potevano accedere solo gli officianti al culto, e vide Tawananna eseguire alcune libagioni e offerte di cibo alla potente dea. Su una tavola, c'erano alcuni melograni.

All'improvviso, la sentì pronunciare una litania in lingua babilonese, di cui non capiva il significato; poté solo intuire la ripetizione di un nome che conosceva molto bene: Gassulawiya!

Che cosa stava facendo la matrigna? Sembrava che recitasse delle maledizioni, ma come poteva esserne certa? Non era in grado di interpretare quella lingua. C'era una sola persona a corte, fedele al re, che poteva farlo: Mittannamuwa.

Tuttavia, come avrebbe potuto il Grande degli scribi

trovare una scusa per accedere al tempio? Era stato appena costruito e non c'erano ancora tavolette archiviate al suo interno da consultare. O forse era meglio tacere e stare ad aspettare che cosa aveva in serbo la matrigna per la cognata? Muwatti non poteva mettersi apertamente contro la MUNUS.LUGAL.GAL senza avere prove. Nel suo intimo, l'unica cosa che le importava era tenere Amminnaya lontana da Impa.

Si dileguò prima che Tawananna si accorgesse della sua presenza, per riflettere con attenzione su che cosa fosse meglio fare.

Quando tornò all'acropoli, trovò Amminnaya vicino a una colonna della corte più interna del complesso del palazzo reale. Era ancora adirata con la madre per la mancata udienza e intendeva aspettarla lì fuori per ottenere quello che voleva.

Muwatti pensò che parlare di matrimonio in quel frangente non volgesse a suo vantaggio.

«Devi avere pazienza» le disse. «Se la regina ha altri pensieri per la testa, rischieresti di indisporla con la tua insistenza.»

«Ma io non posso più aspettare. Voglio sposare Walwi» rispose insolente la principessa.

«Lascia che mi occupi io di tutto e otterrai ciò che desideri» si affrettò a rassicurarla Muwatti, mentre prendeva tempo.

Quella ragazzina era più pericolosa dell'ira di Tarhunta: pronta a esplodere come un tuono quando meno te lo aspettavi.

Il LÚMUŠEN.DÙ osservò il volo degli uccelli e lo stesso fece il LÚḪAL con le viscere degli animali sacrificali ottenendo per il sovrano un responso positivo da inviare a Nuwanza, il più fidato e capace dei suoi generali.

Kanuwara, dopo un mese di assedio, era quasi sul punto di capitolare, e le floride campagne di Istitina erano ormai ridotte a cumuli di cenere, ma il provvido intervento del GAL GEŠTIN, sceso in battaglia con diecimila uomini e settecento carri, diede una sonora sconfitta ad Anniya. La fortezza ittita era salva e il tentativo nemico di insidiare il dominio di Hatti a Nord-Est aveva subito un arresto.

Mursili, invece, tornò a Kizzuwatna per celebrare l'invocazione alla dea Hebat, che da tempo richiedeva la sua attenzione, mentre Muwatti era prossima alla partenza per Impa.

Prima di lasciare la capitale, tuttavia, doveva scoprire a chi la matrigna avrebbe dato in sposa Amminnaya, e se il suo ruolo di regina di Mira era a repentaglio. Così convinse la sorellastra a chiedere finalmente udienza a Tawananna, che le accolse nelle sue stanze private.

«Volevi parlare di matrimonio, ecco, ti ascolto» esordì la regina.

«Ho conosciuto un giovane. Si chiama Walwi e vorrei sposarlo» dichiarò la figlia torturandosi le mani.

«È un cugino di Mashuiluwa. La sua famiglia possiede molte terre» aggiunse Muwatti.

«Ti avevo detto che ti avrei fatto sapere il nome del tuo futuro sposo quando sarebbe stato il momento opportuno» rispose Tawananna, ignorando Muwatti e concentrando il suo sguardo severo su Amminnaya.

«Ma io sono innamorata!» disse quella, stizzita.

«Innamorata?» ribatté la sovrana, e scoppiò forte a ridere. «Pochi hanno il privilegio di sposarsi per amore, anche tra la gente del popolo» continuò, tornando seria.

«È quello che le ho detto» intervenne Muwatti, mostrandosi conciliante.

«Sei venuta a perorare la sua causa? Per quale motivo?» le chiese incuriosita la matrigna.

«Perché io non l'ho potuto fare, e so quanto sia doloroso. Walwi potrebbe essere l'uomo giusto per lei. E non sarebbe sola, perché vivrebbe vicino a me» si giustificò la figliastra.

«Amminnaya sposerà un principe di Karduniya» dichiarò Tawananna. «E non sarà sola, perché vivrà a Hattusa, al mio fianco.»

«No, io non lo farò!» gridò inviperita la figlia, stringendo il pugno e puntandolo contro la madre.

«Mantieni il contegno e non provare mai più a rivolgerti così alla tua regina» rispose la donna, con gli occhi adirati. «Potete andare, non ho altro da dirvi.»

Muwatti prese per il braccio la sorella e fece un inchino forzandola a fare la stessa cosa.

«Io non ho finito» ribatté Amminnaya svincolandosi dalla presa. «Sposerò Walwi, che tu lo voglia o no» disse, e poi si voltò, senza inchinarsi e andandosene via rabbiosa, facendo sventolare con foga il lembo della veste.

Muwatti accennò un lieve sorriso e si dileguò facendo un altro inchino. In cuor suo era molto felice: nessuna donna avrebbe insidiato la regalità di Mira, perché sapeva bene che nessuno poteva far cambiare idea a Tawananna, nemmeno la sua viziata quanto sprovveduta figlia.

L'indomani, dunque, fece i bagagli per Impa, sperando di fare ritorno a Hattusa il più tardi possibile. Decise di non dire nulla a Mursili di quanto aveva visto al tempio della dea Išhara. Gassulawiya sembrava stare bene, e ciò che temeva di più per se stessa era stato scongiurato.

Qualche tempo dopo, arrivò finalmente nella capitale il carico d'argento proveniente dalla lontana Aštata; a presidiare le operazioni di sigillo c'era la sposa reale. Da qualche giorno si sentiva stanca e aveva degli strani crampi all'addome, ma non poteva affidare ad altri quell'importante compito, soprattutto non poteva lasciare che se ne occupasse Tawananna.

Mentre venivano effettuati i controlli sul quantitativo, si accasciò a terra, dolorante. Aveva la vista annebbiata, ma volle continuare la revisione e, infine, sigillò la cretula con il suo titolo di MUNUS.LUGAL.GAL.

Venne ricondotta velocemente all'acropoli, dove Mittannamuwa la visitò premuroso.

«Devi riposare, mia Signora» le disse, guardandola con il suo sorriso etereo.

Anche Zuwanna era stato chiamato d'urgenza negli appartamenti della regina, perché il GAL DUB.SAR aveva chiesto in dettaglio quali cibi erano stati serviti a Gassulawiya nei giorni precedenti.

«Le solite pietanze, mio Signore» rispose franco il cortigiano. Stavolta non era al corrente del piano di Tawananna, ma quell'intossicazione improvvisa gli sembrava sospetta. La sposa reale, infatti, aveva sempre goduto di ottima salute. Così aggiunse, dubbioso: «Pensi che abbia mangiato cibo impuro?».

«Non posso dirlo con certezza, ma meglio verificare con il Grande dei cuochi» consigliò.

L'eunuco si dileguò inchinandosi più volte al cospetto della donna, che aveva appena ripreso conoscenza. La sua ricerca cadde, tuttavia, nel vuoto: non c'erano persone a corte che avevano avuto gli stessi sintomi e dolori addominali.

Nessuno poteva immaginare, però, che durante il banchetto che aveva preceduto la partenza di Mursili, erano state cucinate deliziose pagnotte dolci aromatizzate al melograno. E Tawananna aveva fatto in modo che a Gassulawiya fosse servita quella che lei stessa aveva preparato e che conteneva i semi dei frutti maledetti di fronte alla dea Išhara!

Dopo il breve soggiorno a Kummani, Mursili si recò a Karkamiš per riordinare la regione, insediando nella regalità il nipote Sahurunuwa, e poi andò a Halpa per affidarne la reggenza a Talmi-Šarruma, il figlio di suo fratello Telipinu.

Poiché l'anno volgeva al termine e l'inverno stava per ammantare con una fitta coltre di neve il regno, il sovrano compì alcune veloci spedizioni contro la città ribelle di Iahrisa e la regione di Pikainarisa, spingendosi fino a Tarkuma, che diede alle fiamme. Gli abitanti di Taptina, Hursama e Pikurzi si gettarono ai suoi piedi implorando perdono e sottomettendosi volontariamente. Infine, Mursili rientrò vittorioso a Hattusa con l'intenzione di ripartire subito dopo per svernare con la famiglia nella residenza di Ankuwa, dove il clima era più mite.

Ad attenderlo, però, c'era un'infausta notizia: Gassulawiya era caduta ammalata!

«È molto grave» confermò Mittannamuwa al re, che sedeva al capezzale della sposa delirante e cosparsa di sudore.

«Devi salvarla!» disse quello, disperato.

Il Grande degli scribi aveva il viso triste e sembrava aver perso il serafico sguardo che aveva sempre rassicurato il sovrano. «C'è solo una cosa che puoi fare, mio Sole, affidarti agli dèi. Prima di perdere conoscenza, Gassulawiya mi ha detto di aver sognato Lelwani.»

«Sottoporrò subito il quesito a indagine oracolare e, se sarà la dea a essere adirata, le daremo ciò che reclama.»

La MUNUSŠU.GI Mezzulla confermò l'ipotesi. Tawananna, dunque, come somma sacerdotessa di Hatti, chiese di officiare il rito di sostituzione e rivolgere la preghiera alla possente dea dell'oltretomba per conto della sposa reale.

All'interno della casa *hesta*[1], furono sacrificate una

mucca, una pecora e una capra ingrassate, mentre la regina recitava la supplica, avvolta nella sua lunga tunica bianca: «Mangia il grasso di questi animali, o divinità, e soddisfa la tua fame! Bevi questo sangue e placa la tua sete![2]».

Poi una giovane donna, bella e abbigliata regalmente, venne condotta di fronte alla statua della dea. «È pura, radiosa, pallida e dotata di tutto. Esaminala, mia Signora, rivolgiti a favore della Grande Figlia e salvala dalla malattia. In futuro lei ti rivolgerà continue preghiere e invocherà solo il tuo nome, o dea!»

Tawananna decantava l'*arkuwar* come se fosse in trance, mentre Mursili in silenzio seguiva la cerimonia con il cuore infranto.

«Ecco, Gassulawiya, la tua serva, ti ha mandato questa donna. L'ha abbigliata con vestiti sfarzosi, te l'ha inviata come sostituta. Se tu, o dea, hai qualcosa contro di lei, lascia che questa donna prenda il suo posto, ed estirpa la malattia da Gassulawiya.»

Quando il rituale fu terminato, la Gran Regina e Mursili lasciarono il tempio scortati da Hassuili e alcune guardie. Seduti l'uno accanto all'altra sul *huluganni*, restarono in silenzio, finché il sovrano proferì parola: «Ti ringrazio per quello che hai fatto».

«È mio dovere intercedere con gli dèi affinché vengano ripagati per un torto subito» disse la donna con voce impassibile.

«Gassulawiya è innocente!» ribatté il figliastro, ancora una volta impotente di fronte alle azioni imperscrutabili delle divinità.

«Allora non hai niente da temere, presto guarirà» concluse la MUNUS.LUGAL, sorridendogli partecipe e prendendogli la mano.

Vulnerabile e confuso, Mursili avrebbe voluto lasciarsi andare a un pianto liberatorio e abbracciare quella che aveva preso il posto di sua madre tanto tempo prima. Trattenne l'emozione e le strinse forte il palmo per poi lasciarlo andare e restare ammutolito in attesa di rivedere la sua sposa, il cui volto gli era apparso davanti e lo guardava con quelle sopracciglia folte, che lo avevano avvinto a sé dal primo momento in cui l'aveva vista.

A palazzo, purtroppo, le notizie non erano rassicuranti. Gassulawiya aveva la febbre molto alta e il suo stato di salute faceva temere per il peggio.

I figli chiedevano ripetutamente di vederla, ma nessuna ancella e balia aveva il coraggio di rivelare le sue vere condizioni. Così toccò a Mursili prepararli alla peggiore delle evenienze, che nemmeno lui osava prefigurarsi. Che cosa avrebbe fatto senza la sua amata moglie?

Fece chiamare Halpasulupi e Muwatalli al suo cospetto nella grande sala delle udienze, dove si tenevano le assemblee più importanti, mentre Massanauzzi e Hattusili erano troppo piccoli per poter capire la situazione, e Dada non era un figlio di primo rango e frutto del grembo di Gassulawiya, sebbene la donna lo avesse sempre trattato con rispetto e affetto.

«So che volete vedere vostra madre, ma non è possibile. La salute non glielo permette» esordì con un nodo in gola.

«È grave, mio Sole?» chiese Muwatalli, con il viso fiero.

«Purtroppo sì, e dobbiamo solo pregare gli dèi affinché le concedano il loro perdono» rispose il padre.

«Perché la puniscono?» ribatté Halpasulupi, urlando.

«È Hattusa a essere maledetta!» disse il fratello, corrucciando la fronte.

«Non ti permetto di parlare in questo modo della nostra gloriosa città» rispose con biasimo il padre.

«Anitta l'ha maledetta, non ricordi, mio Sole?» insistette Muwatalli.

«È un'antica leggenda, e il sangue della sua stirpe scorreva nelle vene del fondatore del regno di Hatti» spiegò Mursili, mentre gli occhi del figlio dardeggiavano di rabbia.

«È per questo che Hattusili è inviso agli dèi, proprio come quel re di cui porta il nome e che osò rifondare Hattusa. Il dio della Tempesta lo ha punito, come sta facendo con tutti noi» insistette il figlio.

«Ora basta! Tarhunta ama questa città e ha camminato sempre di fronte a me in guerra, e così farà con chi di voi si siederà su questo trono dopo di me» disse furioso il sovrano.

A quelle parole, Halpasulupi e Muwatalli si guardarono con aria di sfida: chi dei due sarebbe diventato *tuhkanti*? Erano grandi abbastanza per andare in guerra e per vedere segnato il loro destino.

«Quando vostra madre starà meglio, potrete vederla, fino ad allora continuate a rimanere puri nel corpo e nell'anima» chiosò Mursili, e li congedò.

Passarono dieci giorni e, nonostante i doni offerti in sostituzione alla dea Lelwani, Gassulawiya non si rimise dalle sue gravi condizioni di salute e, infine, spirò tra le braccia del re.

Prima di emettere l'ultimo respiro, guardò intensamente il marito negli occhi e lo benedisse: «Amore della mia vita, io veglierò su di te e sui nostri figli dalla Nera Terra, finché non diventerai un dio, e allora io ti venererò per sempre dal mondo dei morti».

«Non mi lasciare!» gridò Mursili, tenendola stretta al petto, ma il suo bel volto, pallido ed emaciato, aveva già abbandonato la vita, assomigliando a una statua di pietra che guardava fissa davanti a sé.

Il dolore indicibile che lacerava il cuore del LUGAL.GAL, che in quel momento si sentiva un semplice uomo, non riusciva a uscire e nemmeno le lacrime sgorgavano dai suoi occhi secchi e spenti, come quelli dell'adorata moglie, che aveva già raggiunto Lelwani nel suo regno.

Dove poteva trovare conforto? Che cosa volevano da lui gli dèi? Per quale motivo gli davano gloria in battaglia, ma gli toglievano quanto di più caro nel focolare domestico? Il GUNNI si era spento per sempre come aveva scongiurato il fratello maggiore Arnuwanda? Chi era la Serpe che spargeva veleno a corte? Chi altro, oltre ad Armawiya, aveva maledetto lui e la sua famiglia?

Preso da tutti questi pensieri cominciò a singhiozzare lentamente e mestamente, ripetendo tra sé e sé il nome dell'unica donna che avesse mai amato di un amore genuino e senza colpa: Gassulawiya.

Ogni giorno, Hassuili stava al suo fianco e cercava di confortarlo, come aveva sempre fatto da quando Mursili era diventato il Gran Re di Hatti. Gli premeva che quella situazione di sconforto non volgesse a vantaggio di Tawananna, che ormai non aveva più rivali a corte. Sebbene si mostrasse scossa e dispiaciuta per la morte della sposa reale e avesse invocato in suo nome Lelwani, il GAL *MEŠEDI* non si fidava di lei e aveva come il sentore che fosse coinvolta in quella tragica morte improvvisa, ma non voleva turbare ulteriormente il fratello.

Un giorno, mentre passeggiavano lungo il corso del placido fiume che si trovava nella piana di fronte a Hattusa, gli disse: «Devi pensare ai tuoi figli. Sono loro la cosa più importante, adesso».

«Lo farò, ma niente sarà più come prima» rispose affranto il sovrano.

«Devi trovare al più presto una moglie che si occupi di loro e prenda un giorno il posto di Tawananna» lo consigliò il Comandante delle guardie del corpo.

«Che dici! Gassulawiya è morta da poco e io dovrei

già pensare a risposarmi?» esclamò Mursili. «Se devo consolarmi, lo farò tra le braccia delle concubine.»

«Hai bisogno di una moglie di primo rango, che ti stia accanto come ha fatto lei. Uno dei tuoi figli sarà *tuhkanti*, ma la futura sposa reale dovrà un giorno essere la somma sacerdotessa di Hatti e affiancarti negli affari del Palazzo. Non devi rimandare questa decisione.»

Il re trattenne per un attimo la testa tra le mani, poi sollevò lo sguardo, disperato: «Un giorno lo farò, ma non ora».

Hassuili annuì e i due camminarono fianco a fianco senza dire altro, godendo dello splendido paesaggio. Da più di trecento anni quell'altopiano aveva assistito all'alternarsi di fama, lutti, sconfitte e rinascite, che avevano reso il popolo di Hatti e i loro sovrani protagonisti indiscussi del loro tempo. Quella gloria era per sempre finita?

Il giorno seguente, Zuwanna annunciò a Mursili un tremendo misfatto: l'argento di Aštata per il tempio di Išhara era scomparso dal deposito del tesoro regio.

«È impossibile! È stata Gassulawiya in persona a siglare l'importante carico» esclamò sorpreso il LUGAL.

Il cortigiano si asciugò la fronte imperlata di sudore e chinò la testa. «Si mormora che l'ira della dea si sia abbattuta su di lei, mio Sole, per aver sottratto l'argento dovuto alla divinità.»

«Che cosa dici? Mia moglie non avrebbe mai fatto una cosa simile. Troveremo il vero colpevole» disse Mursili, agitato. Sapeva bene che quel furto doveva essere risarcito quanto prima e ogni accusa nei confronti della sposa reale essere messa a tacere.

Mandò, dunque, a chiamare Tawananna, che riteneva la principale indiziata.

«È successa una cosa molto grave. Ancora una volta i beni della É LÚŠÁ.TAM sono scomparsi» cominciò il suo discorso, sedendo sul grande trono. I volti dei leoni di pietra, nella penombra della stanza, apparivano tristi e sconsolati.

«Ne sono appena stata messa a conoscenza» rispose la regina, con lo sguardo stupito.

«Hai voluto a tutti i costi che quell'argento fosse trasferito da Aštata a Hattusa, e hai addirittura estorto il consenso dalla bocca di un uomo gravemente malato» continuò il sovrano, inarcando le sopracciglia.

«Ti sbagli. È stato Sahurunuwa a convincere Piyassili, puoi chiedere a lui. Quell'argento era di proprietà della dea e del suo nuovo tempio nella capitale» si difese Tawananna. «Sei stato tu a dare a Gassulawiya il titolo di MUNUS.LUGAL.GAL affinché si occupasse dei più delicati compiti del Palazzo. Prenditela con lei e la sua anima.»

«Come osi accusare mia moglie, la madre dell'erede al trono?» urlò l'altro, perdendo il contegno.

La matrigna gli si fece vicino e sorrise leggermente, mettendo in risalto le labbra turgide, che ancora sprigionavano il fascino di quando era una ragazza.

«Evidentemente non era ancora pronta ad assurgere al ruolo di Gran Regina, e tu lo sapevi» gli sussurrò a un orecchio, poi si voltò e andò verso il centro della sala.

Il re si alzò di scatto e la seguì. «Sei tu che non vuoi perdere il tuo ruolo, e saresti pronta a tutto pur di non cederlo.» La strattonò e indicò il seggio da cui si era appena levato. «Da quando mi sono seduto su quel trono non ti ho fatto mancare nulla e ti ho permesso di continuare a governare nello stesso modo in cui lo facevi durante il regno di mio padre e di mio fratello. Che cos'è che vuoi ancora?»

Poi afferrò la collana di lapislazzuli che adornava la veste suntuosa di Tawananna e la tirò con forza. «Vuoi altre pietre preziose? Non ti basta essere la donna più potente di Hatti?»

Scostando decisa la mano del figliastro dal monile, la sovrana lo guardò con occhi di brace. «Non incolpare me per l'argento perduto e l'inadeguatezza di tua moglie, per la quale ho chiesto indulgenza agli dèi. Ti sono sempre stata accanto e ho pregato affinché tornassi vittorioso da ogni guerra. Se sei su quel trono, lo devi anche a me!»

Mursili abbassò la testa, consapevole di quanto la matrigna avesse fatto per lui e la sua famiglia. In fin dei conti, non aveva prove che fosse stata lei a trafugare l'argento, e Hattusa aveva bisogno della sua somma sacerdotessa e di contare su un potere solido in sua assenza, ma la mise in guardia. «Ti sono grato per quanto hai fatto finora. Presto, però, mi risposerò e tu dovrai accettare il tuo destino.»

Tawananna non disse nulla e s'inchinò, conscia che i tempi erano maturi per attuare il piano che da anni meditava in segreto.

# 26

## *Il Sole si è oscurato*

Il decimo anno di regno di Mursili era appena cominciato, così come una nuova primavera, e con essa la volontà del re di chiudere una volta per tutte i conti con Anniya del Paese di Azzi Hayasa, il nemico che da alcuni anni destabilizzava i confini a est del Paese Alto.

Da poco meno di un mese il sovrano di Hatti si trovava accampato con il suo ingente esercito in una piccola radura circondata da alte montagne, su cui volavano libere le aquile e i falchi.

Una mattina, verso mezzogiorno, la luna, che si trovava ancora nel cielo, cominciò a oscurare il sole. Era un fenomeno che gli Ittiti avevano già conosciuto nei tempi passati e che ritenevano fosse un terribile monito divino che riguardava il destino del re.

I cani che accompagnavano la spedizione militare cominciarono ad abbaiare come se fossero impazziti, e anche gli altri animali domestici iniziarono a dare segni di squilibrio dovuti al calare della notte imminente, sebbene fosse ancora giorno.

Mursili sostava davanti alla sua tenda osservando la luna sovrapporsi sempre più al cerchio solare. Accanto a lui c'erano Hassuili e il generale Nuwanza, entrambi sgomenti e senza parole.

«È arrivato il mio momento» disse all'improvviso il sovrano.

«Questo lo diranno gli dèi attraverso gli indovini» lo contraddisse il Comandante delle guardie reali.

Furono subito chiamati un veggente e una "vecchia", che espressero immediatamente i loro timori. «Sei in pericolo, mio Sole. Ho consultato le viscere di un montone nero e il responso è favorevole» decretò il sacerdote.

«È così!» gli fece eco la MUNUSŠU.GI, che aveva interpretato il movimento di una biscia in un bacino d'acqua per confermare o smentire l'esito, utilizzando una pratica magica differente.

La paura si diffuse immediatamente tra i soldati, che pensavano che i giorni del loro re fossero ormai contati e il loro destino insieme al suo.

«Devi fare un rituale di sostituzione, mio Sole» suggerirono gli addetti alle pratiche oracolari.

Mursili credeva di essere colpevole e che niente avrebbe potuto salvarlo da una fine certa, come era avvenuto per la sua adorata sposa, il cui peccato era stato solo quello di essergli rimasta accanto.

«Va bene, approntate subito il rito» ordinò Hassuili, parlando al posto del fratello, che esitava a prendere una decisione.

A quelle parole, i presenti cominciarono a mormorare. Nessuno poteva osare tanto, nemmeno il GAL *MEŠEDI*! Il generale Nuwanza guardava il LUGAL.GAL, in attesa che dicesse qualcosa, ma quello taceva e continuava a rimirare la luna che impavida oscurava l'astro della vita.

All'improvviso, Mursili ebbe una visione: scorse in lontananza Gassulawiya che gli andava incontro, abbigliata con una veste bianca su cui splendeva la spilla a forma di melograno che le aveva regalato per suggellare il loro amore ritrovato.

«Non è ancora arrivato il tuo momento di diventare un dio, mio Sole» gli sussurrò con voce dolce e rassicurante.

Allora l'immagine della moglie svanì e il re, come se qualcuno lo avesse risvegliato dal torpore, parlò: «E sia! Che gli dèi prendano i sostituti al mio posto».

Nello stesso momento, a Hattusa, tutti gli abitanti e i dignitari della corte si erano fermati a osservare il cielo e quell'oscuro presagio. Sembrava che il tempo si fosse fermato e che gli sguardi rivolti in alto appartenessero a statue, mentre il rumore sordo delle sorgenti che riversavano l'acqua nelle fontane della capitale e gli animali impauriti rendevano quell'incubo reale.

Tawananna era eccitata e subito cominciò a chiedere la pietà degli dèi, che stavano per abbandonare per sempre il sovrano, prossimo a morire.

Come somma sacerdotessa di Hatti le sue parole erano come fuoco, tali da infiammare l'animo di tutti i dignitari che temevano il peggio e da tempo ritenevano Suppiluliuma e i suoi discendenti invisi agli dèi. L'epidemia, che già da molti anni dilaniava la popolazione, era un segno univoco e l'eclissi di sole imminente ne era la definitiva conferma.

La regina si recò immediatamente al tempio della dea Sole di Arinna per farle offerte e chiedere la sua clemenza per il popolo di Hatti: Amminnaya non riusciva a dissimulare la sua felicità, mentre era riunita con i nipoti in una stanza del palazzo reale. La notte che si stava insinuando non le faceva paura anzi, le dava una sensazione di brivido misto a eccitazione che la rendeva ancora più spietata.

«Tuo padre sta per morire» sussurrò all'orecchio di Massanauzzi. Quella era troppo piccola per capire, ma Muwatalli aveva sentito chiaramente la frase e si rivolse secco alla giovane zia. «Come osi parlare così del sovrano di Hatti!»

«Io sono la figlia del Gran Re Suppiluliuma e dico quello che voglio» rispose astiosa Amminnaya.

«La tua lingua cattiva sarà punita come si conviene a chi trama contro il re» intervenne Halpasulupi.

«E chi mi denuncerà, voi? Come vostro padre, siete destinati a scendere presto nella Nera Terra» rispose sicura di sé e della profezia che la madre aveva diffuso a corte.

La luna aveva già coperto metà del sole e una luce cupa penetrava dalla grande finestra; d'un tratto l'aria era diventata fredda e il tepore primaverile era scomparso.

Ai confini del regno, Mursili sentiva lo stesso brivido corrergli lungo le membra. Quel carattere melanconico del suo volto si era accentuato e i suoi occhi vividi si erano spenti, come nell'attimo in cui Gassulawiya lo aveva lasciato per sempre.

Il giorno dopo l'eclissi di sole, fu condotto di notte nella città più vicina al campo fortificato per eseguire il rituale di sostituzione. Di solito, tali riti venivano svolti nella capitale, ma non c'era tempo per rientrare a Hattusa: il rischio che gli dèi prendessero la vita del re doveva essere immediatamente scongiurato.

Mursili sollevò le mani al cielo e sulla montagnola del dio Luna recitò così: «Ascoltami, mio Signore! Il segno che hai mostrato, se con esso hai annunciato una sciagura che mi riguarda, ecco, ti ho dato dei sostituti al mio posto. Prendi loro e lasciami libero![1]».

Allora venne portato un toro vivo e sacrificato. Dopo che l'animale fu bruciato, il re montò sul tumolo e continuò la sua preghiera: «Guarda con i tuoi occhi il fumo! Sono salito io stesso e ti ho portato questi sostituti. Che muoiano loro al posto mio!».

Poi condussero un prigioniero e lo unsero con l'olio fine della regalità, lo stesso unguento con cui Mursili era solito profumare il corpo e i capelli.

«Ecco, questo è il re! A costui ho consegnato il nome della regalità, l'ho vestito con abiti regali, gli ho apposto sulla testa il diadema. Che si volgano su di lui il cattivo presagio, i brevi anni e i brevi giorni della vita! Perseguita questo *tarpalli*!»

Hassuili, che assisteva al rito, prese il prigioniero e lo portò via, mentre il fratello andò a detergersi.

All'alba, il re continuò il rituale, sacrificando una pecorella purificata, mentre recitava una solenne preghiera: «Dio Sole del Cielo, mio Signore, ascoltami! Il segno che il dio Luna ha mostrato, se con esso ha annunciato una sciagura che mi riguarda, ecco, io ho dato al mio posto dei sostituti al dio Sole del Cielo e agli dèi della Terra. Prendete loro e lasciate me libero!».

Sacrificò un ariete a Lelwani e pregò la dea, nelle cui mani lo avevano consegnato gli dèi celesti: che prendesse quelle offerte e lo lasciasse vivere! Venne, dunque, distribuita agli astanti la carne cotta e cruda e si attese che tornasse la notte.

Infine, il sovrano, officiando il rituale a cielo aperto, immolò una pecorella purificata al dio Luna, chiedendo ancora una volta che prendesse la vittima sacrificale al suo posto.

La litania ripetuta con la voce ferma e cadenzata era entrata nella testa di Mursili, cui non restava altro che attendere il suo fato.

Intanto, da Hattusa, Mittannamuwa aveva subito provveduto a fargli recapitare un messaggio per avvertirlo dell'azione della regina ai suoi danni. I sacerdoti, gli addetti alle pratiche oracolari e molti dei dignitari erano convinti che non avrebbe mai fatto ritorno dal Paese Alto e i suoi figli erano stati altrettanto screditati, perché la regina li riteneva come lui invisi agli dèi e, quindi, indegni di governare.

Non doveva, tuttavia, temere per la loro vita, perché molti fedeli ufficiali dell'esercito come il principe Aranhapilizzi vegliavano su di loro, e lui stesso insieme ad altri funzionari devoti non avrebbero mai permesso che corressero alcun pericolo.

Tawananna, inoltre, aveva già annunciato l'imminente matrimonio di Amminnaya con un principe babilonese per suggellare l'alleanza tra i due potenti regni.

«Arnuwanda mi aveva messo in guardia» commentò incredulo Mursili, stringendo forte i pugni. «Era lei la Serpe da cui guardarsi.»

«Devi tornare subito a Hattusa e sederti sul trono che ti spetta di diritto. Non puoi permetterle di portartelo via!» sbottò Hassuili, affilando la lama della spada ricurva che aveva appena sfoderato. «E io sarò al tuo fianco!»

«Lo so, amico mio. Non intendo, però, tornare a casa» annunciò il re.

Il GAL GEŠTIN, che era riunito con loro nella tenda, annuì in silenzio, facendo oscillare leggermente sulla testa quei pochi capelli, ormai tutti grigi, che gli erano rimasti.

«Non capisco! Perché non vuoi fermarla?» chiese stupefatto il Comandante delle guardie del corpo.

«Ho fatto quello che dovevo fare e, se il dio Luna reclamerà la mia vita, Lelwani è già pronta ad accogliermi. Sono venuto qui per chiudere i conti con Anniya e lo farò, se gli dèi mi concederanno di vivere» spiegò Mursili, con la mente lucida.

«Sono d'accordo, mio Sole. La vittoria sul nemico hayaseo convincerà la corte che il presagio di Tawananna era sbagliato» intervenne il generale Nuwanza, che era sempre stato un saggio consigliere per il re.

«È troppo rischioso! La MUNUS.LUGAL.GAL ogni giorno che passa acquista sempre più potere e, se non riuscissimo a vincere velocemente la guerra, avremmo perso solo altro tempo prezioso» ribatté dubbioso Hassuili.

Mursili si versò del vino e guardò il liquido rosso all'interno del boccale, ipnotizzato da quel colore così simile al sangue che aveva visto il giorno prima scorrere vivido sul collo di ogni *tarpalli*. Quelle vittime sacrificali erano state immolate agli dèi per permettergli di vivere e di governare ancora per molti anni.

«Correrò il rischio. Se non morirò, e gli dèi cammineranno ancora davanti a me, nessuno potrà mai più mettere in discussione la mia legittima ascesa al trono» concluse il suo discorso Mursili, e poi congedò i due militari per poter riposare. Ogni volta che chiudeva gli occhi, tuttavia, gli tornavano in mente tutte le persone che aveva amato e che lo avevano lasciato. L'unica speranza erano i suoi cinque figli ed era per loro che avrebbe sconfitto non solo Anniya, ma anche la sua "morte" profetizzata da Tawananna e dall'eclissi solare.

L'avanzata dell'esercito fu inesorabile. La prima città a essere espugnata e depredata dai soldati ittiti fu Aripsa, che si trovava in una zona paludosa circondata da alte montagne.

Poi venne la volta di Tukama, la cui popolazione si sottomise spontaneamente a Mursili, chiedendo di essere deportata a Hattusa; e furono oltre tremila gli uomini che sarebbero stati impiegati nelle proprietà terriere del Palazzo o da reclutare come fanti e combattenti su carro.

Nonostante il territorio impervio, il re di Hatti sembrava invincibile e avanzava preceduto dai suoi dèi, che lo proteggevano e non avevano ancora decretato la sua fine.

Gli anziani di numerose fortezze di Azzi decisero di andargli incontro e di gettarsi ai suoi piedi spontaneamente, chiedendogli di accoglierli in servitù e di non distruggere le loro amate terre, come aveva fatto con Aripsa. Promisero di fornirgli truppe e carri e di consegnare le genti ittite che si trovavano come ostaggi o fuggiaschi nei loro territori, così sancirono un nuovo giuramento di fedeltà.

Anniya non aveva ancora fatto ammenda, ma Mursili non aveva tempo per marciare ulteriormente oltre il confine a Est, perché l'anno volgeva al termine e l'inverno stava per avvincere con la sua morsa di gelo il Paese di Hatti.

Decise, dunque, di fare ritorno a casa vittorioso per mostrare a tutti la benevolenza delle divinità e fare definitivamente i conti con Tawananna, che aveva predetto la sua fine, gettando paura e timori nella corte ittita.

La notizia del presagio della morte di Mursili da parte della MUNUS.LUGAL.GAL era giunta a Impa, come quella dell'imminente matrimonio di Amminnaya. Così Muwatti si mise immediatamente in viaggio alla volta di Hattusa per valutare di persona la gravità della situazione.

Il suo arrivo precedette di qualche giorno quello del fratello.

La Gran Regina era molto sorpresa da quell'inattesa visita, mentre la figlia ne era felice. Presto avrebbe conosciuto il suo sposo, che si stava dirigendo con il suo carico di doni nella capitale dalla lontana Karduniya, e avere accanto la sorellastra la rassicurava. Ad accompagnare il principe c'era anche un cospicuo numero di soldati babilonesi.

«Questa città deve mancarti molto, oppure è un'altra la ragione che ti ha spinta a intraprendere un così impervio viaggio?» indagò la matrigna.

«Mi hanno riferito che Amminnaya sta per sposarsi e mi sorprende che tu non mi abbia invitata e non abbia atteso il ritorno del LUGAL.GAL dalle terre di Azzi» disse schietta l'altra.

Tawananna si finse preoccupata per lei. «Sono tempi difficili e il regno è a rischio, non volevo che corressi un pericolo.»

«E perché mai? Mursili è vivo e non diventerà presto un dio, come hai predetto» rispose con astio Muwatti.

«Gli dèi hanno manifestato la loro volontà e mandato un chiaro segno: il sole si è oscurato. Tutti dobbiamo prenderne atto e prepararci alla peggiore delle evenienze» continuò la sovrana senza perdere la sua flemma. «Se anche il Gran Re facesse ritorno, i suoi giorni sarebbero contati, anche se io mi auguro che viva a lungo» insistette con le sue menzogne, avendo già escogitato di usare anche sul figliastro l'*alwanzatar* a tempo debito, così che si avverasse la sua profezia.

«Sarà lui stesso a dimostrartelo!» affermò sicura di sé l'altra.

Tawananna si sedette sul suo seggio regale e le sorrise. «Allora non avremo niente da temere.»

Muwatti accennò un inchino e uscì dalla sala, che era fredda nonostante il grande camino che la riscaldava. Guardò per un attimo i ciocchi di legno scricchiolare nel focolare e la fiamma, sebbene debole, muoversi sinuosa. Non poteva lasciare che il GUNNI si spegnesse e con esso la gloria della sua famiglia.

Andò a trovare Amminnaya nelle sue stanze e la trovò furiosa e in preda a una crisi isterica. Le ancelle erano tutte in subbuglio: sembrava che nessun infuso di erbe riuscisse a placare il suo sgomento. «Non lo sposerò!» urlò in faccia alla sorella.

«Gridare non farà cambiare idea a tua madre» commentò Muwatti.

«Walwi è l'unico uomo che voglio! E se non sarà così, gli altri pretendenti subiranno la sorte di Gassulawiya» dichiarò arrogante la principessa.

La sovrana di Impa ebbe un sussulto e il suo viso si abbuiò per un istante.

«Che c'è, non mi credi?» insistette Amminnaya, vedendo che quella aveva lo sguardo incredulo. «Sono diventata più brava di lei. E glielo dimostrerò!»

«Adesso calmati e va' a riposarti» cercò di placare il suo animo la sorella.

«È stata mia madre a insegnarmi che se voglio ottenere ciò che desidero, devo essere pronta a rischiare la mia stessa vita. E lo farò!» continuò il suo delirio la ragazza, e si gettò sul letto, cominciando a piangere di rabbia.

Muwatti capì che le parole di Tawananna che aveva sentito nel tempio di Išhara erano vere e proprie maledizioni contro Gassulawiya, e si torceva l'anima per non aver detto niente a Mursili. Pensò che confessargli dopo tanto tempo ciò che aveva visto l'avrebbe resa altrettanto colpevole. C'era, dunque, solo una persona che poteva accusare la Gran Regina, ed era Amminnaya.

Andandole vicino e mettendole dolcemente una mano sulla spalla, le sussurrò all'orecchio: «Non mettere a rischio la tua vita, c'è un modo più semplice per evitare il matrimonio. Confessa i misfatti di tua madre al re e potrai sposare Walwi».

«Che dici? Sei impazzita? Quali colpe?» si voltò verso di lei la sorellastra, con il viso completamente solcato dalle lacrime.

«Si dice che abbia maledetto ripetutamente Gassulawiya davanti alla dea Išhara. Denunciala e sarai finalmente libera» le consigliò melliflua Muwatti.

«Non voglio che muoia» singhiozzò la principessa.

«Presto prenderai il suo posto. A Mursili non resta molto da vivere, sai che la profezia è vera. E solo tu potrai diventare la MUNUS.LUGAL.GAL» insistette l'altra con gli occhi che le erano diventati profondi e quasi ipnotici.

«Anche tu, in quanto figlia di primo rango di Suppiluliuma, potresti pretendere lo stesso ruolo» disse Amminnaya, quasi ingenuamente.

«Io voglio regnare sulla regione di Mira, non ho mai ambito al potere di tutto il regno di Hatti, lo sai bene. Il mio posto è là» chiosò la sorella astutamente. «Veglierò sempre su di te, come se fossi tua madre.»

Amminnaya la cinse stretta e quella ricambiò l'abbraccio, come mai le aveva concesso Tawananna. Muwatti si rese istintivamente conto che aveva appreso molto di più dalla matrigna, sempre pronta a manipolare gli altri a proprio vantaggio, che dalla sua vera mamma, ed ebbe un moto di vergogna misto a orgoglio. Non era giusto il destino che era stato riservato a Henti, e le era mancato il suo affetto in tutti quegli anni, ma in fin dei conti la madre non aveva lottato davvero per la sua famiglia, e gli dèi per questo l'avevano abbandonata, facendola morire in solitudine. Lei era diversa, e avrebbe finalmente trovato il modo di sbarazzarsi di Tawananna, e poi sarebbe giunto il momento di Amminnaya.

# 27

## *Il destino di Tawananna*

Mursili fece finalmente il suo ingresso vittorioso a Hattusa. I cortigiani e i dignitari erano entusiasti per il nuovo successo ottenuto ai confini nordorientali, ma al tempo stesso temevano che il loro re sarebbe ben presto diventato un dio, e si sentivano insicuri e agitati.

Molti attendevano l'arrivo del principe babilonese, e le nozze della più giovane delle figlie di Suppiluliuma sembravano l'unica possibilità di tenere saldo il dominio del regno di Hatti. Sulla discendenza di Mursili, infatti, aleggiava la stessa condanna divina.

Il confronto tra il sovrano e la Gran Regina era inevitabile, ma Amminnaya chiese inaspettatamente udienza al sovrano prima che conferisse con la madre.

«Che cosa ti porta con tanta urgenza al mio cospetto?» le chiese quello, sorpreso, ancora esausto dal lungo viaggio di ritorno a casa.

«Mio Sole, è stato commesso un terribile misfatto, e io non posso più tacere» esordì la ragazza, dopo aver fatto un inchino.

«Qualcuno ti ha mancato di rispetto?» indagò Mursili. Intanto, Tawananna stava percorrendo in tutta fretta il corridoio che portava alla grande sala delle udienze: Zuwanna l'aveva avvertita dell'insolito incontro tra la figlia e il re.

«Non a me, mio Sole, ma alla sposa reale» continuò la sua confessione la principessa.

Il fratello tese la testa in avanti per sentire meglio: «Di che parli?».

«Ho sentito mia madre maledirla continuamente di fronte alla dea Išhara. È terribile quello che le è successo, perdonami mio Sole, se non sono venuta prima a parlare con te» concluse Amminnaya, restando in piedi immobile di fronte al trono, i cui due leoni che ne delineavano i contorni la guardavano feroci.

Mursili era incredulo e pieno di rabbia. «Sei sicura di quello che stai dicendo?»

Quella continuava a fissarlo nei suoi occhi color verde giada resi ancora più splendenti dalla luce mattutina, senza provare nessun rimorso per quello che stava facendo. «Conosco bene la lingua di Karduniya, ed è per questo che sono sicura delle preghiere che la regina ha rivolto contro Gassulawiya.»

Il sovrano si alzò, proprio mentre Zuwanna annunciava l'arrivo di Tawananna. «Ti ringrazio, sorella mia. Farò condurre un'indagine oracolare per chiedere conferma che siano state quelle maledizioni a causare la morte di Gassulawiya, ma non dirò niente a tua madre. Hai la mia parola» annunciò con tono fermo.

Il suo cuore, tuttavia, era in subbuglio e sentiva all'improvviso venirgli meno il respiro. Accostò istintivamente il pollice sull'elsa della spada attaccata alla cintura finemente istoriata, poi sollevò leggermente la lama e la sfiorò più volte. Un rivolo di sangue fuoriuscì dal dito, alleviando il dolore.

«Che giustizia sia fatta!» disse fiera Amminnaya, inchinandosi al suo cospetto.

In quel momento, fece il suo ingresso senza troppi convenevoli la Gran Regina, che gelò con lo sguardo la figlia ormai prossima a varcare la soglia.

«Che succede, mio Sole? La principessa sta tediando anche te con le sue pene d'amore?» proruppe con la voce calda, ma leggermente tremolante, mentre Amminnaya era scomparsa dietro al maestoso portone della sala delle udienze.

«Ho saputo della proposta di matrimonio e mi sono sorpreso che tu non me ne abbia messo al corrente» rispose Mursili, cercando di celare il turbamento e il sentimento d'odio che provava nei confronti della matrigna.

«Te ne avrei parlato al tuo ritorno, non è stato ancora deciso niente» mentì sagace la sovrana.

«E come mai un principe di Karduniya sta venendo a Hattusa?» insistette l'altro, serrando i pugni sul trono.

Tawananna sorrise civettuola e ribatté, ostentando sicurezza: «Gli sposi devono prima conoscersi e volevo essere sicura che fosse l'uomo giusto per Amminnaya; è viziata e lunatica, lo sai. Ma ambisco al meglio per lei, e di questi tempi un matrimonio interdinastico è quello che serve a rafforzare ulteriormente il Paese di Hatti».

«Sei sempre stata abile come tuo padre, e mi rallegro che questo regno ti stia a cuore come quello di Karduniya» disse il re. «Ma prima di preoccuparmi dei confini, voglio essere sicuro che siano solide le fondamenta del palazzo reale e che nessuno trami alle mie spalle e a quelle della mia famiglia.»

Tawananna sbatté le ciglia stupita. «E chi mai farebbe una cosa simile?»

«Lo riveleranno gli dèi» asserì Mursili, sprofondando all'indietro sul *kishi*. «Non abbiamo altro da dirci» aggiunse, e la congedò.

La matrigna si voltò e incedette lentamente verso la soglia, con il cuore che per la prima volta, dopo tanti anni, le batteva forte. Che cosa gli aveva riferito quella sciagurata di sua figlia?

La MUNUS.LUGAL.GAL si chiese se fosse giunto il momento per lei di raggiungere Suppiluliuma e diventare una di quelle dee che l'avevano protetta tutta la vita e la cui clemenza aveva invocato in favore di un popolo a lei straniero, che nel suo intimo detestava da sempre.

Mursili non riusciva a prendere sonno. Non poteva credere che Tawananna fosse arrivata a tanto, a prendere la vita di Gassulawiya. In che cosa le aveva mancato di rispetto? Nei suoi sogni la moglie tornava spesso a visitarlo. Si sentiva in colpa, perché aveva deciso lui di insignirla di quel titolo che probabilmente aveva corroso a tal punto l'animo della matrigna. Lui stesso non si sentiva al sicuro e temeva per la sua vita e quella dei suoi figli.

Numerosi veggenti, "vecchie" e àuguri interrogarono ripetutamente gli dèi per conto del re, e ognuna delle indagini oracolari ebbe lo stesso nefasto esito: la regina era colpevole di avere ucciso la sposa reale con la magia nera.

Alla testa della schiera di esperti di responsi mantici c'era Mezzulla. La più potente delle $^{MUNUS}$ŠU.GI temeva di andare a fondo con Tawananna, così anche lei diede il suo responso favorevole. Era sicura che a tradirla fosse stata Amminnaya e già cercava di farsela alleata per continuare i suoi intrighi e arricchirsi sempre più con le pratiche magiche.

Riunitosi con i Grandi, Mursili doveva decidere al più presto della sorte della MUNUS.LUGAL.GAL.

«La pena per l'*alwanzatar* è la morte, mio Sole» constatò Lupakki, che si era affrettato a rinnegare il suo appoggio alla sovrana e premeva per la pena capitale.

«Che diranno gli dèi se uccido la loro somma sacerdotessa?» obiettò Mursili, in preda ai dubbi. Da una parte voleva vendicare l'assassinio dell'amata moglie, ma dall'altra temeva l'ira divina. E il regno aveva già sofferto abbastanza con l'epidemia che ancora non si placava, e con i tanti lutti di principi e re che da quando si era seduto sul trono avevano afflitto la corte e il suo cuore.

«La condanna a morte è stata confermata anche dagli oracoli» disse Hassuili, che non provava alcuna pietà per la Gran Regina. «Devi ucciderla prima che possa attentare anche alla tua vita. Lo devi fare per il popolo di Hatti.»

«È proprio per la mia gente che non posso farlo. Devo proteggerla, e uccidendo la somma sacerdotessa attirerò la collera degli dèi. La esilierò e la deporrò dal suo ruolo, così che non possa più nuocere a nessuno» disse infine Mursili.

«Se è questo quello che desideri, mio Sole, avrò cura di occuparmi personalmente della questione» intervenne il Grande degli inservienti di palazzo, strofinando con forza le mani l'una contro l'altra.

«Voglio che sia trasferita in una residenza lontana da Hattusa, ma non le deve mancare nulla» aggiunse il re.

Ad ascoltare la parola del sovrano c'erano anche i suoi due figli maggiori.

«Non è giusto! Lascia che muoia» disse Muwatalli, provocando un leggero mormorio tra i presenti.

Mursili si diresse verso di lui e gli mise le mani sulle giovani spalle. «Tua madre non tornerà dalla Nera Terra se mando a morte la regina. La pietà è ciò che rende grande un re, non te lo dimenticare mai.»

Halpasulupi storse le labbra, tenendo salda la mano sull'elsa della spada ricurva che pendeva da una sottile cintura intarsiata di cuoio. «E dunque, mio Sole, non dovremmo cercare vendetta, se qualcuno tentasse di ucciderti o spargesse calunnie su di te?» chiese curioso.

«Dovrete cercare giustizia, rimettendovi innanzitutto al tribunale degli dèi» rispose con animo devoto il padre. Aveva sempre perseguito il volere delle divinità per quanto gli fosse spesso risultato arduo interpretarlo, soprattutto nei momenti di difficoltà, ma era sicuro che solo grazie alla benevolenza divina il popolo di Hatti era prosperato e diventato con il tempo uno dei più potenti del mondo.

All'improvviso, un raggio di sole gli sfiorò il volto e sentì la presenza della dea Sole di Arinna nella grande sala delle udienze, dove tutti aspettavano di ascoltare la sua parola ed eseguire le sue volontà.

La profezia di Tawananna si era rivelata falsa e gli dèi l'avevano abbandonata: Mursili, infatti, era tornato vittorioso da tutte le campagne militari che aveva intrapreso e sembrava godere di ottima salute, così come i due potenziali *tuhkanti*. Già ci si chiedeva chi avrebbe preso il suo posto, o se lo avrebbe fatto il figlio della futura principessa che avrebbe sposato. A corte molte nobildonne si stavano preparando ad affilare le unghie, come le concubine dell'harem, che speravano anch'esse di dare un erede al glorioso sovrano ittita.

Chiusa nelle sue stanze, Tawananna si guardava allo specchio, conscia che la sua fine era arrivata. Avrebbe preferito mille volte la morte all'esilio, che le avrebbe ben presto portato via la dignità e il potere, l'unica cosa che le aveva incendiato il cuore e per la quale aveva vissuto.

Mentre si dipingeva con maestria le labbra carnose per far risaltare il suo contegno e la sua indiscussa beltà, le apparve riflesso nello specchio il volto di Henti.

La sua profezia si era avverata! Non solo aveva ricevuto il suo stesso ignobile destino, ma era stata tradita dal frutto del suo grembo. Nessuno dei suoi figli avrebbe regnato al suo posto, mentre la prima moglie di Suppiluliuma ne aveva già visti due sedere sul trono di Hatti.

Aprì un cassetto di una madia della stanza e prese

un piccolo pugnale adornato di lapislazzuli. Se lo puntò alla vena della mano destra ed era sul punto di incidere il polso, quando si voltò e vide la rivale che le sorrideva con quel suo volto innocente.

Gettò per terra la lama e sorrise a sua volta, ma in modo beffardo: lei era ancora viva, mentre Henti era morta. Finché aveva respiro in corpo poteva trovare le forze per escogitare un nuovo piano. Se Mursili era stato così stupido da risparmiarla, lei non gli avrebbe riservato la stessa compassione.

Si alzò lentamente, pronta a varcare la soglia del palazzo in tutta la sua dignità regale.

I bagagli erano pronti e tutti i suoi averi sarebbero stati trasferiti nella nuova residenza insieme a uno stretto numero di ancelle e paggi fidati.

Zuwanna aveva rifiutato di seguirla, accogliendo la richiesta di Amminnaya di rimanere al suo fianco. Il cortigiano, tuttavia, volle salutare personalmente la regina e l'accompagnò al convoglio che aspettava di portarla per sempre lontana da Hattusa.

«Mi occuperò di tua figlia, mia Signora» la rassicurò, facendo i suoi soliti inchini di riverenza, fingendo di non sapere le accuse infamanti che la malvagia e insensibile principessa le aveva rivolto.

«Ti ringrazio, usufruirà al meglio dei tuoi servigi, ne sono sicura» rispose Tawananna, senza scomporsi al sentire quel nome. Da quando l'aveva denunciata, Amminnaya non aveva più conferito con la madre.

Ad attenderla al carro, invece, c'era Muwatti, sontuosamente abbigliata, quasi fosse stata lei la sovrana.

«Sei stata la figlia che non ho mai avuto, la degna discendente di tuo padre. Se solo fossi stata un uomo, oggi il regno sarebbe tuo» le disse la matrigna.

«Sai che il mio unico desiderio era avere un figlio. E

da quando si è avverato, non ho altra ambizione» rispose l'altra con il tono di voce dimesso.

La sovrana dischiuse leggermente le labbra, mentre saliva sul convoglio: «L'ambizione si nutre di ambizione» affermò sibillina. «E questo vale per tutti, Muwatti. Soprattutto ora che hai un figlio, e dentro il tuo cuore speri che un giorno la sua gloria sia grande, anche più di quella di tuo padre.»

La figliastra chinò la testa su un lato, guardandola per un lungo istante, ma non disse niente. Ancora una volta Tawananna aveva letto nel suo animo.

In alto, dall'edificio che si affacciava sulla principale corte della cittadella, Amminnaya osservava da una finestra la madre andarsene, senza provare alcun dolore o pentimento. Il suo unico pensiero era sposarsi e prendere il suo posto a corte. Aveva affinato l'arte della magia nera e sentiva di poter contare su fidati alleati come Mezzulla, Zuwanna e la sorella maggiore.

Doveva solo attendere che il re morisse: in fin dei conti anche lui aveva preso il potere quando era giovanissimo, ed era certa di avere già le capacità per regnare, essendo riuscita a eliminare la donna più potente di Hatti: sua madre!

Un pomeriggio, Hassuili e alcuni *MEŠEDI* avevano accompagnato Mursili al fiume per osservare l'addestramento dei falchi da caccia. Il cielo era terso e caldo, e il luccichio dell'acqua rasserenava l'animo del re, che amava ammirare quei nobili uccelli librarsi liberi nell'aria, ma tornare a terra al richiamo del padrone.

«Mi sei sempre stato accanto in ogni battaglia e insieme abbiamo vinto tutti i nostri nemici» disse il re al fratello, accarezzando la testa di uno dei rapaci.

«I tuoi dèi mi hanno reso il compito facile fuori dalle

mura di Hattusa» rispose l'altro ridendo. «Ma non sono stato in grado di proteggerti da chi regnava al tuo fianco» aggiunse, tornando serio.

«È colpa mia, Arnuwanda mi aveva messo in guardia e io non l'ho ascoltato. Era un Gran Re, le Gulses non dovevano finire di filare i suoi anni così presto» sospirò il fratello. Poi afferrò un rametto da terra e lo lanciò nell'acqua: il sottile fuscello restò a galla e la corrente lo portò via rapida. «La vita è breve, e non voglio che tu sia privato dell'amore della donna che ami.»

Il GAL *MEŠEDI* lo guardò rassegnato. «Ormai non ha più importanza. La mia famiglia sei tu e i tuoi figli.»

«Ti sbagli, amico mio» sorrise il sovrano.

In quel momento si avvicinò alla riva un carro chiuso che nascondeva qualcuno al suo interno. Hassuili istintivamente imbracciò la sua lunga lancia e si mise dinnanzi a Mursili, che proruppe in una risata: «Tranquillo! Non è qui per me».

Allora il re congedò il falconiere e ordinò alle guardie reali che sostavano nelle vicinanze di scortarlo a palazzo, mentre il fratello guardava incredulo il calesse che era ormai vicino.

Quando si fermò, intravide il volto di una donna, la cui testa era ricoperta da un pesante velo: era Annella.

Le corse incontro e quella fece lo stesso.

«Non può essere vero!» esclamò confuso l'uomo, prendendo tra le mani il volto dell'amata.

«Gli dèi hanno ascoltato le mie preghiere» rispose l'ancella, i cui occhi brillavano come il primo giorno in cui si erano conosciuti. Il tempo aveva solcato i suoi lineamenti facendo affiorare alcune sottili rughe sulla fronte e sul collo sottile, ma l'animo puro e la forza che l'avevano sempre spinta ad andare avanti erano rimasti immutati. E Hassuili se ne rese subito conto.

I loro cuori battevano all'unisono, mentre si baciavano avvinti in uno stretto abbraccio, accanto al fiume che silenzioso li stava a guardare.

All'improvviso, il Comandante delle guardie del corpo scorse con la coda dell'occhio il sole che calava lento, ma inesorabile, all'orizzonte. Annella staccò leggermente le labbra dalle sue e gli sorrise, fermandosi a osservare con lui quel miracolo che ogni giorno si ripeteva e che per sei lunghi anni avevano ammirato separati.

«Nessuno potrà più farti del male» le sussurrò tenero all'orecchio.

«Lo so» disse lei, baciandogli la fronte.

# 28

## *In onore di Tešub*

Rientrando a Hattusa, Mursili andò a trovare Mittannamuwa nell'archivio reale, in cui il GAL DUB.SAR spesso sostava fino a sera, preso dai suoi molteplici incarichi scribali. Non aveva ancora rinvenuto una copia del misterioso trattato andato perduto, ma aveva comunque una buona notizia da dargli: tra le tavolette che Telipinu aveva fatto recapitare nella capitale, ce n'era una che riguardava uno speciale rituale.

«Si tratta di un SISKUR che gli antichi re offrivano al fiume Mala[1] per proteggerli nei giorni futuri, e che non è stato più celebrato dal tempo di Suppiluliuma» disse il Grande degli scribi.

«Non ne ho mai sentito parlare» commentò perplesso il sovrano. Poi, dopo un attimo di riflessione, tentò istintivamente di giustificare il padre. «Era troppo occupato a conquistare nuove terre tra cui il Paese di Hurri, impresa mai tentata da nessun sovrano di Hatti prima di allora, per occuparsi degli antichi culti.»

Allora fece una smorfia di disapprovazione. «E al suo fianco aveva una serpe, ancora più ambiziosa di lui!» urlò, sovvenendogli il volto di Tawananna, che banchettava felice accanto al Gran Re in un ricordo di bambino.

L'altro sospirò. «Suggerisco di consultare gli addetti

agli oracoli su questa faccenda, mio Sole, affinché ogni possibile causa di ira divina sia fugata.»

«Domani darò subito l'ordine, perché se gli dèi non si placano, non potranno più ricevere le offerte a loro dovute. Sono molti, infatti, gli addetti ai templi che continuano a morire, così come gli animali sacrificali» chiosò Mursili vinto dal rimorso. Più di una volta aveva pensato di indagare l'operato di Suppiluliuma, ma aveva avuto paura di perdere il potere o, peggio, di suscitare la collera della sua anima defunta. Se il fiume Mala era la divinità offesa, si sarebbe recato lui stesso alla sua foce per officiare l'antico rito. In cuor suo sperava che la colpa del padre fosse solo quella, sebbene in un angolo recondito della sua mente il nome di Tuthaliya il Giovane continuava ad affiorare.

Si ritirò velocemente nelle sue stanze, senza cenare. L'unica cosa che desiderava era un po' di riposo dopo così tante afflizioni. Un tarlo, in particolare, gli corrodeva la testa: chi avrebbe scelto per diventare sua sposa e somma sacerdotessa al posto di Tawananna in quel delicato momento, in cui gli dèi chiedevano a gran voce risarcimento per i torti subiti?

Madido di sudore, si contorceva tra le lenzuola leggere e, all'improvviso, sognò di nuovo quel giorno in cui Tarhunta tuonava forte presso le rovine di Kunnu. Sentì lo scoppiò ripetuto dei tuoni e notò i lampi rischiarare le mura di quella città lontana. Poi vide la mano del potente dio toccargli la bocca e le sue labbra si torsero. Si svegliò, impaurito, sentendo quell'identica sensazione di stordimento e confusione provata allora.

Cercò di gridare, ma le parole non gli uscivano dalla gola. Sentiva uno strano torpore al viso e la pelle d'un tratto fu pervasa da un sottile formicolio che si propagava fino al collo.

Tentò di alzarsi, ma le membra gli parevano pesanti e sentiva come se un macigno gli premesse il petto. Allora si lasciò cadere all'indietro sprofondando nel letto, pensando che Tarhunta lo avesse ormai definitivamente abbandonato.

Come se fosse stato trascinato via da una tempesta, perse conoscenza e credette di vedere la dea Sole della Terra che attendeva di condurlo per la "grande strada[2], la strada che fa dimenticare ogni cosa[3]".

L'indomani, i paggi di palazzo si recarono nelle stanze del sovrano come di consueto per occuparsi della sua persona.

Cercarono di celare l'imbarazzo e mantenere il contegno, quando videro la bocca sbilenca del LUGAL.GAL e la sua impossibilità a pronunciare anche una sola parola.

Venne subito fatto chiamare Mittannamuwa affinché trovasse un rimedio a quell'oscuro male. Come LÚA.ZU poté solo constatare che non c'era febbre e non erano visibili infezioni sul corpo. La strana inarcatura delle labbra rendeva il volto del sovrano simile a quello di una figurina di argilla che si era sciolta al sole prima di essere cotta.

L'afasia preoccupava molto Mursili: la sua parola era quella che contava di fronte al popolo, ai dignitari, all'esercito, nei trattati con gli stati vassalli e paritari, quando al suo cospetto venivano portate le dispute legali, ma soprattutto nei momenti solenni in cui doveva innalzare le preghiere e celebrare i riti nei templi e di fronte alle stele degli dèi.

Che cosa era un re senza la facoltà di parlare? Doveva subito scoprire la causa di quell'ennesima sciagura.

Mentre veniva curato con decotti e pratiche magiche, diede avvio all'indagine oracolare, lasciando ancora disattesa la questione del fiume Mala, che riguardava una mancanza del padre. A quale divinità, invece, aveva arrecato offesa lui? Era la prima volta che veniva colpita la sua persona e la corte ritornò in uno stato di angoscia, come quando si era verificata l'eclissi solare.

La MUNUSŠU.GI Mezzulla ben presto trovò una risposta, avvalorata anche da altri addetti alle pratiche magiche, e chiese udienza.

Con i capelli grigi tutti arruffati e mal celati dietro al velo, adornata da numerosi monili d'oro che le cingevano il collo, le braccia e un paio di orecchini che le pendevano lungo le orecchie grinzose, si inchinò profusamente ai piedi del re.

«Mio Sole, Tešub di Manuzziya è da tempo adirato con te» disse solennemente. «Gli oracoli lo hanno confermato.»

Con un filo di voce Mursili chiese che cosa dovesse fare per compiacere il temibile dio.

«Dovrai approntare un rito e inviare un toro di sostituzione a Kummani» dichiarò la "vecchia" con la voce stridula, alzando le braccia al cielo con il suo solito atteggiamento istrionico.

Il re le fece un gesto di assenso e subito venne preparato il toro intorno al quale il sovrano girò con il fuoco e su cui fece volteggiare alcuni uccelli. Dopo che la maestosa bestia fu adornata, impose su di essa una mano, poi si lavò e trascorse la notte con una concubina.

Il giorno seguente, all'alba, fece una nuova abluzione e poggiò ancora una volta la mano sull'animale che sarebbe stato il suo sostituito di fronte al dio della Tempesta.

Il toro, che calcitrava furibondo, venne condotto a Kummani insieme alle vesti cerimoniali che il re indossava durante il rito, il suo mantello, le scarpe a punta, il coltello che cingeva alla vita e furono condotti presso la città sacra anche il suo carro, le sue frecce, la sua faretra e i suoi cavalli. Non venne, invece, preso niente dalla tavola in cui aveva mangiato, dal bicchiere in cui aveva bevuto, dal letto in cui aveva dormito e dalla catinella in cui si era lavato.

Come aveva interpretato Mezzulla, anche il carro e le vesti che il sovrano aveva indossato quel giorno di anni prima, quando Tarhunta tuonava forte presso le rovine di Kunnu, vennero inviate a Kummani, e lì tutti i paramenti vennero bruciati insieme al toro per estinguere con essi la pena inflitta al LUGAL.GAL.

Passavano inesorabili i giorni, e il rituale tardava a dare i suoi effetti benefici; Mursili, ancora affetto dall'afasia, trascorreva le sue giornate in compagnia dei figli, che cercavano di interpretare il suo volere attraverso i gesti e le movenze del suo viso. Aveva chiesto a Mittannamuwa di occuparsi delle questioni più urgenti della capitale insieme al *ḪAZANNU* e agli altri Grandi, e al generale Nuwanza di monitorare la situazione a Est, mandando soldati e carristi ai Governatori della marca di frontiera per tenere sotto controllo il territorio di Azzi Hayasa, ed essere pronti a contrastare con la forza nuovi eventuali sconfinamenti di Anniya.

Per dieci lunghi anni Mursili aveva regnato su una delle terre più potenti che fossero mai esistite e la sua parola aveva condannato e risparmiato vite, innalzato innumerevoli volte il nome dei mille dèi di Hatti, vincendo per la loro gloria i tanti nemici che si erano ribellati o avevano osato sfidarlo.

Allora avrebbe tanto voluto evocare il nome di Gassulawiya, così dolce da riuscire a restituirgli il sorriso, ma non riusciva nemmeno a pronunciarlo.

Un giorno, vestito con abiti semplici e senza apporre il *lupanni* in testa, si fece scortare di nascosto da Hassuili presso il tempio della dea Sole di Arinna, che non lo aveva mai abbandonato e aveva rischiarato con la sua luce il suo cammino. Sentiva, infatti, l'esigenza di raccogliersi in solitudine al suo cospetto.

Accedette, dunque, da solo alla cella della dea e si raccolse supplichevole, recitando la sua muta *arkuwar*. La statua dorata della divinità, sontuosamente abbigliata e con il grande copricapo a forma di disco solare che ne adornava la testa, lo ascoltava, e gli sembrava che potesse comprendere il suo profondo dolore.

D'un tratto, una sagoma longilinea apparì alle sue spalle, tenendo in mano una scopa; Mursili istintivamente si voltò e vide il viso di un'adolescente che lo osservava curiosa. La ragazza indossava una lunga vesta bianca e i suoi bei lineamenti erano contornati dal velo a formare un ovale perfetto.

Allora si avvicinò ma, con sua grande sorpresa, quella non abbassò la testa in segno di riverenza, continuando a sostenere il suo sguardo.

«Non volevo interromperti» gli disse lei con voce delicata. Il re cercò di rispondere, ma le parole non gli salivano in gola, e sentì un insolito imbarazzo.

La AMA.DINGIR gli sorrise comprensiva. «Il mio nome è Tanu-Heba, e sono al servizio della dea.» Poi si diresse verso il simulacro per pulire il pavimento, interrompendo ingenuamente e con disinvoltura la privata supplica di Mursili; non sapeva, infatti, che era il re!

Il corpo minuto della giovane si muoveva sinuosamente ma senza malizia, mentre portava a termine con diligenza il suo compito. Il LUGAL.GAL la fissava incredulo e scoppiò in una risata stridula e gracchiante che risuonò nella stanza.

La sacerdotessa si voltò e rise divertita a quel suono. Ancora una volta il sovrano provò un senso di vergogna e sentì che le sue guance si infiammavano.

Tanu-Heba si scusò, notando il pudore dello sconosciuto. «Mi dispiace, ma è stato molto divertente.» Poi provò a imitarlo per farlo sentire a suo agio, improvvisando una risata sguaiata. Mursili sorrise, trovando quella ragazzina buffa e assolutamente inadeguata per il ruolo che ricopriva, ma era stata anche capace di strappargli un sorriso dopo così tanto tempo.

Cercò di dire qualcosa, ma ancora il fiato usciva corto, così la salutò con un gesto della mano e se ne andò.

Sentiva una nuova speranza dentro il cuore: era ancora vivo e presto sarebbe tornato a parlare! Ne era sicuro, soprattutto dopo aver emesso quella risata, seppur soffocata.

Anzi, una volta guarito, si ripropose di far redigere agli scribi le gesta di quei dieci anni di regno, perché tutti sapessero e fosse ricordato per molto tempo a venire che anche il "più giovane dei re" poteva diventare il Gran Re di Hatti.

# *Nota dell'autrice*

La mia passione per la civiltà ittita nasce nel lontano 1997, quando frequentavo il primo anno della facoltà di Lettere Classiche.

Ho dedicato diversi anni allo studio della lingua di questo affascinante popolo, in cui ho conseguito dapprima la laurea, presso il dipartimento di Glottologia dell'Università di Pisa, e poi il diploma di Perfezionamento/Ph.D. (equipollente al Dottorato di Ricerca) in Linguistica presso la Scuola Normale Superiore di Pisa. In questo splendido periodo, che ricordo sempre con immensa gioia, ho trascorso, inoltre, soggiorni di ricerca all'estero, in Germania e negli Stati Uniti.

Devo molto a tutti gli illustri studiosi che mi hanno seguito nel mio percorso di specializzazione,* ed è grazie anche a loro se ho realizzato il mio primo grande sogno. Durante quegli anni, infatti, ho potuto dare il mio personale contributo allo studio della lingua ittita, pubblicando articoli su riviste di settore e una monografia sul funzionamento del suo sistema verbale.

* Il Prof. Romano Lazzeroni, il Prof. Giuseppe F. Del Monte, il Prof. Pier Marco Bertinetto, il Prof. Norbert Oettinger, il Prof. Calvert Watkins.

Già allora, tuttavia, avevo un altro sogno nel cassetto: diventare una scrittrice e una sceneggiatrice di professione. E anche questo desiderio, con lo stesso entusiasmo e abnegazione, si è avverato.

In questo lungo tempo in cui mi sono dedicata allo storytelling nelle sue molteplici forme, non ho, però, mai smesso di aggiornarmi, leggendo numerosi libri e articoli sulla lingua, la cultura, la storia, l'archeologia e l'arte ittita, che venivano pubblicati da studiosi italiani e stranieri.

Ho cominciato la mia narrazione romanzata della storia del regno di Hatti partendo dalle vicende che ruotano intorno alla figura di Mursili II per due motivi:

1) il primo è di natura "affettiva", perché gli Annali Decennali e Completi di questo sovrano sono tra i testi su cui ho mosso i miei primi passi in campo ittitologico.*

2) il secondo è contingente. Quando avevo già creato l'impianto dell'opera generale dedicata ai sovrani di questa civiltà e iniziato a scrivere questo libro, è scoppiata la pandemia dovuta al Covid-19; l'epidemia che ha afflitto per ben venti anni il regno di Mursili era molto simile alla situazione che stavamo vivendo, e ho sentito una profonda vicinanza con il dolore provato da questo Gran Re e dalla sua gente, così mi sono convinta ancora di più che dovessi dedicare a lui il primo volume della saga dei "segreti del regno di Hatti".

Per quanto riguarda la trama, oltre ai personaggi storici realmente esistiti, tra cui, ad esempio, i membri della fami-

* Il Prof. Giuseppe F. Del Monte, l'autore dell'*Annalistica ittita* (Paideia Editrice, Brescia, 1993), un testo fondamentale per la ricostruzione delle gesta di Mursili II, è la persona che mi ha introdotto tanti anni fa allo studio della lingua, della storia e della civiltà degli Ittiti.

glia reale e gli avversari politici di Mursili, ne compaiono alcuni il cui nome è attestato storicamente ma in contesto frammentario e di cui non sappiamo niente, come nel caso di Amminnaya e dell'ancella Annella, per cui le loro storie sono completamente frutto della mia fantasia, come quelle di altri personaggi del tutto fittizi (il GAL *MEŠEDI* Hassuili e la kaskea Armawiya sono tra questi).

Riguardo Tawananna, ovvero la principessa babilonese data in sposa a Suppiluliuma I come moglie di secondo rango e matrigna di Mursili II, il suo nome non è noto dalle fonti (erronea si è rivelata l'interpretazione di Malnigal, da tempo rifiuta dagli studiosi); compare nei sigilli con quello che è il titolo regio della Gran Regina di Hatti (appunto *tawananna*), che è testimoniato nei documenti ittiti anche come nome proprio di persona.

Su Henti, la sposa di primo rango di Suppiluliuma I e madre di Mursili II, tra gli storici ci sono opinioni discordanti riguardo ai suoi ultimi anni di regno. C'è chi, infatti, ritiene che le sia succeduta Tawananna dopo la sua morte naturale, chi invece pensa che sia lei la regina esiliata di cui si fa menzione nel breve testo lacunoso *AhT* 12 (*CTH* 214.12.A). All'interno del romanzo viene proposta questa seconda ipotesi, che ho ritenuto drammaturgicamente più interessante per il destino di entrambe le sovrane, e ci sono altre ricostruzioni storiche che sono state dettate da esigenze narrative.

Quanto all'interpretazione e alla traduzione italiana dei testi ittiti che compaiono nel volume (preghiere, rituali, invocazioni, ecc.), si basano sulla mia conoscenza linguistica dell'ittita e sui contributi degli studiosi citati nelle singole note.

Ho voluto, inoltre, inserire all'interno della narrazione alcuni termini ittiti per dare un'idea al lettore di questa lingua e di alcuni concetti fondamentali per il popolo di

Hatti, come quello di *papratar* ("impurità"). Ho inserito anche accadogrammi e sumerogrammi, utilizzati ad esempio per designare le cariche dei dignitari.

Per la trascrizione dei toponimi e dei nomi di persona e di divinità, è stata adottata la seguente convenzione: i segni cuneiformi composti con *Š/š*, il cui suono è analogo a quello dell'italiano *sc* seguito da vocale *e* oppure *i* (per esempio *scelta*), compaiono come tali dove vengono riportati termini accadici e hurriti, mentre sono stati resi con *S/s* per le parole ittite. I segni cuneiformi contenenti *Ḫ/ḫ* sono stati trascritti con *H/h*, corrispondente a un suono molto aspirato, grosso modo *kh*.

Infine, ma non da ultimo, il motivo che mi ha spinto a imbarcarmi in questa magnifica avventura è poter ridare agli ittiti la fama di cui godevano tra i loro contemporanei, presso i quali lasciarono un segno indelebile, come lo hanno fatto nel mio cuore.

Valentina Cambi

# *Glossario*

agg. = aggettivo
s.c. = sostantivo comune
s.n. = sostantivo neutro

TERMINI ITTITI

A
*alwanzatar* = s.n. magia nera
*arkammi-* = s.n. strumento musicale (tamburino)
*arkuwar* = s.n. preghiera, supplica
*aruna-* = s.c. mare
*arzana-* = s.c. locanda, osteria
*assussanni-* = s.c. addestratore di cavalli

H
*ḫaliyattalla-* = s.c. guardiano
*ḫarnau-* = s.c./n. sedia per il parto
*ḫasawa-* = s.c. guaritrice (di bambini)
*ḫassa-* = s.c. focolare
*ḫas(sa)nupalla-* = s.c. levatrice
*ḫilammar* = s.n. portale
*ḫenkan-* = s.n. malattia, epidemia, morte

$^{É}$*ḫesta* = s.c. casa *ḫesta*
*ḫukmai-* = s.c./n. scongiuro
*ḫuluganni-* = s.c. carro cerimoniale (carrozza)
*ḫunzinar* = s.n. strumento musicale (lira di grandi dimensioni)
*ḫurtai-* = s.c. maledizione

E, I
*isḫamai-* = s.c. canto
*esḫar/n* = s.n. sangue
*isḫiul-* = s.n. vincolo, trattato

K, G
*galgalturi-* = s.n. strumento musicale (crotali)
*kalmisana-* = s.c. ceppo ardente, corpo celeste (meteorite)
*kalmus-* = s.n. bastone ricurvo del re
*karimmi* = s.n./c. tempio
*kisḫi-* = s.n. trono, sedia

L
*lingai-* = s.c. giuramento
*lupanni-* = n.c. copricapo regale

P, B
*paḫḫur* = s.n./c. fuoco, febbre, infiammazione (*paḫḫunas*, gen.)
*paḫḫursi-* = s.c. figlio naturale del re
*papratar* = s.n. impurità
*parnulli-* = s.n./c. una pianta aromatica
*patili-* = s.c. un sacerdote addetto alla purificazione
*purulli-* = s.c. una festa celebrata in primavera

S
*saḫi-* = s.c. una pianta aromatica

*salli-* = agg. grande
*sallis wastais* = grande mancanza/colpa, funerale regio
*sankunni-* = s.c. sacerdote
É*sinapsi-* = s.c. casa *sinapsi*
*suhha-* = s.c. tetto

T, D
*daganzipa-* = s.c. terra
*dankui-* = agg. nero
*taptara-* = s.c. (collettivo) donne che eseguono le lamentazioni
*tarpa(na)lli-* = s.c. sostituto
*tuhkanti-* = s.c. erede al trono

U
*uriyanni-* = s.c. un alto dignitario della gerarchia militare

W
*walhi-* = s.n. un tipo di bevanda
*wastai-* = s.c. peccato

## SUMEROGRAMMI

A

ALAM = statua

AMA.DINGIR = madre del dio, un tipo di sacerdotessa

AN.TAḪ.ŠUM = una festa celebrata a primavera

$^{\text{LÚ}}$A.ZU = medico

D

DUB.SAR = scriba

E

É.DINGIR = tempio

É.NA$_4$ = “casa di pietra”, mausoleo

É $^{\text{NA}_4}$KIŠIB = “casa/deposito del sigillo”

É.ŠÀ = stanza interna

É $^{\text{LÚ}}$ŠÁ.TAM = “casa/deposito del tesoro”

G

GAL DUB.SAR = Grande/Capo degli scribi

GAL DUMU$^{\text{MEŠ}}$ É.GAL = Grande/Capo degli inservienti di palazzo

GAL GEŠTIN = Grande del vino

GAL KUŠ$_7$ = Grande/Comandante dei combattenti su carro

GAL *MEŠEDI* = Grande/Comandante delle guardie del corpo reali

GAL SAGI = Grande/Capo dei coppieri

GAL SANGA = Grande/Capo dei sacerdoti

GAL UKU.UŠ = Grande/Comandante delle truppe pesanti

GUNNI = focolare

Ḫ

$^{\text{LÚ}}$ḪAL = indovino, aruspice

I

Ì.DÙG.GA = olio fine

K

KARAŠ = esercito, accampamento

KIN = tipo di pratica oracolare

L

LUGAL = re

LUGAL.GAL = Gran Re

M

MUNUS.LUGAL = regina

MUNUS.LUGAL.GAL = Gran Regina

$^{\text{LÚ}}$MUŠEN.DÙ = àugure, uccellatore

S

$^{\text{LÚ}}$SANGA = sacerdote

SISKUR = rituale

Š

$^{\text{MUNUS}}$ŠU.GI = “la vecchia”, maga

LÚ$^{\text{MEŠ}}$ ŠUKUR KÙ.SIG$_{17}$ = uomini dalla lancia d’oro

U

$^{\text{D}}$UD.SIG$_{5}$ = divinizzazione del Giorno Favorevole

$^{\text{MUNUS}}$UMMEDA = nutrice

UR.SAG = eroe

Z

ZÀ.AḪ.LI = crescione

ACCADOGRAMMI

B

*BĒL MADGALTI* = Governatore della marca di frontiera

Ḫ

*ḪAZANNU* = sindaco

M

*MEŠEDI* = guardia del corpo reale

## TEONIMI

*Anzili*
Dea ittita che presiede alle nascite insieme alla dea Zukki.

*Dea Sole di Arinna*
Dea solare della città di Arinna, consorte del dio della Tempesta, e principale divinità solare del pantheon ittita.

*Aruna*
Personificazione divina del Mare.

DGUL-*ses* (Gulses)
Dee del fato, simili alle Parche, che definiscono i limiti della vita umana.

*Hebat*
Dea hurrita, sposa del dio Tešub e madre del dio Šarruma.

*Huwassanna*
Divinità a capo del pantheon locale di Hupisna, città situata in zona di cultura luvia.

*Inara*
È un'antica dea anatolica, figlia del dio della Tempesta.

*Išhara*
Dea di origine mesopotamica, che presiede ai giuramenti e alla medicina.

D*IŠTAR*
Divinità accadica dell'amore e della guerra, identificata con la dea hurrita Šaušga, sorella di Tešub.

*Istanu*
Nome ittita del dio Sole.

*Lelwani*
Divinità ctonia.

*Kamrusepa*
Nome ittita e luvio della dea anatolica della magia.

*Kumarbi*
Dio hurrita, figlio di Alalu e terzo re degli dèi. È il padre del dio Tešub.

*Tarhunta*
Dio della Tempesta e principale divinità del pantheon ittita, definita con il nome Tarhunna (anche Tarhun e Tarhu). La forma Tarhunta è un prestito in ittita dal luvio Tarhunt.

*Taru*
Nome hattico del dio della Tempesta.

*Telipinu*
Dio di origine hattica, figlio del dio Taru e della dea Wurunšemu. Ha caratteristiche di divinità della natura e di dio della Tempesta.

*Dea Sole della Terra*
Ipostasi della dea Sole di Arinna che sovrintende al mondo degli Inferi.

*Tešub*
Nome hurrita del dio della Tempesta.

*Ullikummi*
Mostro fatto di pietra diorite, figlio del dio Kumarbi.

*Wurunšemu*
Dea hattica consorte di Taru.

*Zukki*
Dea ittita che presiede alle nascite insieme alla dea Anzili.

# *Note*

Capitolo 1

1. *Tabarna/labarna* è un titolo regio che indica il re di Hatti; inizialmente era un nome proprio nella forma Labarna, che fu un sovrano dell'Antico regno ittita.

2. Perifrasi che viene utilizzata per definire la morte del sovrano (DINGIR$^{LIM}$ *kis-* "diventare dio"). I re ittiti, infatti, dopo la morte diventavano una sorta di dèi tutelari della famiglia reale di Hatti.

3. Kar(an)duniya(s) è uno dei tre toponimi con cui nei testi ittiti viene indicata Babilonia (sia la città sia il Paese), a partire dal periodo di Suppiluliuma I. Gli altri nomi attestati, che compaiono, in particolare, in documenti databili a periodi storici precedenti, sono KÁ.DINGIR.RA e Sanhara.

4. Termine che in lingua ittita è documentato sia come nome di persona (si chiamava Tawananna la consorte del re Labarna) sia come titolo regio che indica la regina di Hatti.

Capitolo 2

1. In ittita il termine *arma-* identifica la "luna" e la divinità lunare (dietro l'espressione logografica DEN.ZU o D30). $^{*}$*Arma-wiya-* = "il dio Luna l'ha mandata/mandata dal dio Luna".

2. È un nome parlante, che significa "moglie del re".

3. Giuseppe F. Del Monte, *Le gesta di Suppiluliuma. L'opera sto-*

*riografica di Mursili II re di Hattusa. Volume I,* Edizioni Plus - Pisa University Press, Pisa, 2009.

4. Nome ittita con cui viene indicato l'Egitto.

5. Halpa è il nome ittita con cui viene indicata la città siriana di Aleppo.

Capitolo 3

1. L'espressione DUTU*ŠI*, dal significato letterale "il mio Sole", è l'appellativo del re di Hatti.

2. Giuseppe F. Del Monte, *Antologia della letteratura ittita*, SEU, Pisa, 2003; Alfonso Archi, "Il culto del focolare presso gli ittiti", in *Scritti di Alfonso Archi sulla religione degli Ittiti*, a cura di Rita Francia, Valerio Pisaniello & Giulia Torri, Sapienza Università Editrice, Roma, 2020.

Capitolo 4

1. H. Craig Melchert, "Death and the Hittite King", in *Perspectives on Indo-European Language, Culture and Religion. Studies in Honor of Edgar Polomé, Vol. 1*, McLean, VA: Institute for the Study of Man, 1991.

Capitolo 5

1. Questa espressione in ittita significa "grande mancanza/colpa" e indica il funerale regio.

2. Alexei Kassian, Andrej Korolëv & Andrej Sidel'tsev, *Hittite Funerary Ritual* šalliš wastaiš, Ugarit-Verlag, Münster, 2002.

3. Il Giorno Favorevole, che per gli Ittiti rappresentava la deificazione del giorno della morte.

4. "Bere la divinità" è un'azione rituale che viene di solito compiuta bevendo il vino o un'altra bevanda da un rhyton a forma dell'animale che rappresenta la divinità cui si offre la libagione. In questo modo si stabilisce un contatto diretto con gli dèi.

5. Alexei Kassian, Andrej Korolëv & Andrej Sidel'tsev, *Hittite Funerary Ritual* šalliš wastaiš, Ugarit-Verlag, Münster, 2002; Matteo Vigo & Benedetta Bellucci, "Note sulla concezione del post mortem presso gli Ittiti", Edizioni Quasar, Religio Collana di Studi del Museo delle Religioni "Raffaele Pettazzoni", Roma, 2014.

6. Itamar Singer, *Hittite Prayers*, edited by Harry A. Hoffner, Jr., Society of Biblical Literature, Atlanta, 2002; Giuseppe F. Del Monte, *Antologia della letteratura ittita*, SEU, Pisa, 2003.

Capitolo 6

1. L'espressione *dankuis daganzipas*, la "scura/nera terra", si riferisce al regno delle divinità ctonie, ovvero il mondo sotterraneo, l'Oltretomba.

Capitolo 7

1. Giuseppe F. Del Monte, *L'annalistica ittita*, Paideia Editrice, Brescia, 1993.

2. Non conosciamo la preghiera rivolta da Mursili II alla dea Sole di Arinna in occasione di questa festa. Ho ricostruito e immaginato il testo a partire da altre preghiere di Mursili a proposito dell'epidemia e in base al prologo degli Annali Decennali. Per le varie interpretazioni relative a queste preghiere: Itamar Singer, *Hittite Prayers*, edited by Harry A. Hoffner, Jr., Society of Biblical Literature, Atlanta, 2002; Giuseppe F. Del Monte, *Antologia della letteratura ittita*, SEU, Pisa, 2003.

Per gli annali di questo sovrano: Giuseppe F. Del Monte, *L'annalistica ittita*, Paideia Editrice, Brescia, 1993.

3. Albrecht Goetze, "Soldiers' Oath", in *Ancient Near Eastern Texts relating to the Old Testament*, edited by James B. Pritchard, Princeton University Press, Princeton, 1969; Norbert Oettinger, *Die militärischen Eide der Hethiter*, StBoT 22, Harrassowitz Verlag, Wiesbaden, 1976; Giulia Torri, "Sacerdoti, esorcisti e rituali magici", in *Ittiti. Una civiltà riscoperta*, a cura di Stefano de Martino, Massimiliano Marazzi & Clelia Mora, *Archeo Monografie* n. 49, 2022.

4. Albrecht Goetze, "Soldiers' Oath", in *Ancient Near Eastern Texts relating to the Old Testament*, edited by James B. Pritchard, Princeton University Press, Princeton, 1969; Norbert Oettinger, *Die militärischen Eide der Hethiter*, StBoT 22, Harrassowitz Verlag, Wiesbaden, 1976. Da qui sono tratti anche i rimanenti passi del giuramento dei soldati presenti nel capitolo.

Capitolo 8

1. L'aggettivo *muwatalli-* significa in lingua ittita "forte, potente". Muwatalli II è il figlio di Mursili II e Gassulawiya, e diventerà il Gran Re di Hatti alla morte del padre.

Capitolo 9

1. Gary Beckman, *Hittite Birth Rituals*, StBot 29, Harrassowitz Verlag, Wiesbaden, 1983; Giuseppe F. Del Monte, *Antologia della letteratura ittita*, SEU, Pisa, 2003.

2. Gary Beckman, *Hittite Birth Rituals*, StBot 29, Harrassowitz Verlag, Wiesbaden, 1983.

Capitolo 15

1. Giuseppe F. Del Monte, *L'annalistica ittita*, Paideia Editrice, Brescia, 1993.

2. Giuseppe F. Del Monte, *L'annalistica ittita*, Paideia Editrice, Brescia, 1993.

Capitolo 16

1. Gli Ittiti definivano il momento di passaggio tra la vita e la morte come il "giorno della (propria) madre".

Capitolo 17

1. Oliver R. Gurney, *Some Aspects of Hittite Religion*, British

Academy, Oxford, 1977. Da qui sono tratti anche gli altri passi del rituale presenti nel capitolo.

2. Giuseppe F. Del Monte, *L'annalistica ittita*, Paideia Editrice, Brescia, 1993.

3. Giuseppe F. Del Monte, *L'annalistica ittita*, Paideia Editrice, Brescia, 1993.

Capitolo 18

1. Franca Pecchioli Daddi & Anna Maria Polvani, *La mitologia ittita*, Paideia Editrice, Brescia, 1990.

Capitolo 20

1. Edificio dove avvenivano riti di purificazione. Nel rituale di Papanikri, dopo che la partoriente diventa impura, perché il *harnau* si è rotto, viene condotta all'esterno della $^{\text{É}}$*sinapsi* per partorire e, in seguito, dentro e fuori questa "casa (tempio)", viene fatta una serie di offerte.

Capitolo 21

1. Giuseppe F. Del Monte, *L'annalistica ittita*, Paideia Editrice, Brescia, 1993.

2. Itamar Singer, *Hittite Prayers*, edited by Harry A. Hoffner, Jr., Society of Biblical Literature, Atlanta, 2002; Giuseppe F. Del Monte, *Antologia della letteratura ittita*, SEU, Pisa, 2003.

3. Personificazione divina del Mare (ittita *aruna-* = mare).

Capitolo 25

1. Un importante edificio dove si svolgevano i riti dedicati alla dea Lelwani.

2. Itamar Singer, *Hittite Prayers*, edited by Harry A. Hoffner, Jr., Society of Biblical Literature, Atlanta, 2002. Per cui anche gli altri passi dello stesso rituale presenti nel capitolo.

Capitolo 26

1. José Virgilio García Trabazo, "*CTH* 419, Ritual de sustitución real edición crítica y traducción", *Historiae 7*, 2010. Tratti da qui anche gli altri passi dello stesso rituale presenti nel capitolo.

Capitolo 28

1. Termine con cui in ittita si indica il fiume Eufrate.

2. Ovvero l'Oltretomba, indicato anche come la strada della dea Sole della Terra.

3. Matteo Vigo & Benedetta Bellucci, "Note sulla concezione del post mortem presso gli Ittiti", Edizioni Quasar, Religio Collana di Studi del Museo delle Religioni "Raffaele Pettazzoni", Roma, 2014.

Sono numerosi i contributi di studiosi italiani e stranieri che ho consultato per la redazione di questo romanzo, i cui riferimenti bibliografici esulano i limiti di questa pubblicazione.

Il lettore che voglia approfondire la conoscenza degli Ittiti può fare riferimento ad alcuni recenti volumi editi in lingua italiana. Sulla civiltà: Stefano de Martino, *La civiltà degli Ittiti. XVII-XII secolo a.C.*, Carocci editore, Roma, 2020; *Ittiti. Una civiltà riscoperta*, a cura di Stefano de Martino, Massimiliano Marazzi e Clelia Mora, *Archeo Monografie* n. 49, 2022. Sulla storia: Stefano de Martino, *Da Kussara a Karkemish. Storia del regno ittita*, LoGisma editore, Firenze, 2016. Sulla lingua: Rita Francia & Valerio Pisaniello, *La lingua degli Ittiti*, Hoepli, Milano, 2019.

Certificato PEFC
Questo prodotto è realizzato con materia prima da foreste gestite in maniera sostenibile e da fonti controllate
PEFC
PEFC/18-31-226
www.pefc.it

Piemme usa carta certificata PEFC
che garantisce la gestione sostenibile delle risorse forestali

GRAFICA VENETA
GV CARBON NEUTRAL

Questo libro è fabbricato da Grafica Veneta S.p.A.
con un processo di stampa e rilegatura certificato 100% carbon neutral
in accordo con PAS 2060 BSI

Finito di stampare presso Grafica Veneta S.p.A.
Via Malcanton, 2 – Trebaseleghe (PD)
Printed in Italy